U1018681

职业教育综合素养系列教材

应用文情境写作

主编　孟　虹　张忍华

副主编　周志礼　李桂珍

電子工業出版社

Publishing House of Electronics Industry

北京·BEIJING

内 容 简 介

本教材从职业院校毕业生就业岗位的需求出发，根据职业院校学生的知识、能力、经验与兴趣，选取 36 种应用文作为教学内容，按 6 个单元编写，每个文种由案例、评点、相关知识和写作实践四部分组成，各单元还有综合练习。

本书通俗易懂，可操作性强，可供相关院校师生教学使用，也可供文秘工作者及广大业余爱好者自学使用。

图书在版编目（CIP）数据

应用文情境写作 / 孟虹，张忍华主编. —北京：电子工业出版社，2011.9
（职业教育综合素养系列教材）
ISBN 978-7-121-13858-4

Ⅰ. ①应… Ⅱ. ①孟…②张… Ⅲ. ①汉语－应用文－写作－中等专业学校－教材 Ⅳ. ①H152.3

中国版本图书馆 CIP 数据核字（2011）第 114372 号

策划编辑：施玉新 syx@phei.com.cn
责任编辑：张 凌
印　　刷：涿州市京南印刷厂
装　　订：涿州市京南印刷厂
出版发行：电子工业出版社
　　　　　北京市海淀区万寿路 173 信箱 邮编：100036
开　　本：787×1092 1/16 印张：15 字数：403.44 千字
印　　次：2014 年 1 月第 2 次印刷
印　　数：1 500 册 定价：28.00 元

凡所购买电子工业出版社图书有缺损问题，请向购买书店调换。若书店售缺，请与本社发行部联系，联系及邮购电话：（010）88254888。

质量投诉请发邮件至 zlts@phei.com.cn，盗版侵权举报请发邮件至 dbqq@phei.com.cn。

服务热线：（010）88258888。

前　言

为培养职业院校学生具有适应未来职场需要的写作能力，使他们掌握常见应用文的写作方法和技巧，并能在今后的职业活动中根据特定的情境和具体的要求，熟练写作应用文，我们依据职业院校语文教学大纲，结合学生的实际，编写了这本《应用文情境写作》。

为从知识、方法、能力等方面体现应用文教学目标，编写以引导学生实践为主要特点的教科书，我们根据高素质劳动者日常生活、工作和学习的实际需要组织内容，按照学习者写作应用文“感性认知—理性思考—实践掌握”的基本规律，构建本书的逻辑结构和体例框架，依据中等专业学校培养目标及专业设置的特点，遴选案例，设计练习，使本书具有较强的实用性、相当的适应性和鲜明的特色。

本教科书全一册，共 6 个单元，36 个文种，按 36 课时编排。各单元按项目分列，每项目由案例、评点、相关知识、写作实践 4 个部分构成。其中，案例选择具有典范性、时代性，并能体现专业特色和日常学习、生活、职场情境的应用文样本，以激发学习者阅读兴趣，从中引出相关知识；评点是通过概述案例内容，说明该应用文在日常学习、职场生活中的作用，提示知识要点，帮助学习者理解案例；相关知识部分，梳理并简要阐释应用文的概念、种类、格式和写作要求，让学习者掌握应用文的写作规律；写作实践，结合专业类别，按照情境性的原则，设置多种写作题型，帮助学习者运用知识、技能形成应用文写作能力。各教学单元最后是综合练习，设置了一些与学习者实际生活及未来职场活动相关联的应用文写作练习，以使学习者学练结合，在职业情境中练习写作，切实掌握应用文写作的方法与技巧，做到学以致用，解决职场活动中的问题。

本书由孟虹、张忍华主编，周志礼、李桂珍担任副主编，周美兰、钱和生、何忠、苏娅、田开元、李俊萍、韩爱华、许咏霞参与编写。

本书在编写过程中参考了一些同类教材，在此谨表谢忱。由于编者水平所限，书中难免有疏漏之处，恳请使用者批评指正，以利今后改进。

编　者

2011 年 6 月

目　录

第 1 单元

1.1 请　柬

案例 1

东宁是一个古城，她无数的历史古迹让人们流连忘返；东宁又是一个发展中的现代化城市，一座座高楼大厦正在拔地而起。如何将悠久的历史与现代的发展融合起来呢？东宁市规划局在对城市的发展进行规划时，希望相关的专家能提供意见和建议。为此，东宁市规划局决定邀请这方面颇有建树的张泰宁等专家参加下周召开的“历史街区发展研讨会”。规划局调研科的小张受命撰写并寄发请柬。

请　柬

尊敬的张泰宁院长：

兹定于 2008 年 5 月 8 日（星期四）下午 14∶30 在东宁市泰昌路 59 号文峰大厦 501 会议室举行“历史街区发展研讨会”，敬请莅临指导。

东宁市规划局（盖章）
二〇〇八年四月三十日

根据所要请的专家，小张拟写好全部的请柬，然后一一发出。一周后，专家们按照约定的时间、地点参加了研讨会。会上，专家们纷纷阐述了自己的相关设想。规划部门的领导及工作人员都感到得益匪浅，也就相关问题与专家们交换了意见，得到了专家们的认可。研讨会圆满结束。

评点

规划部门要做科学的规划，专家们的意见是必须考虑的。一份正式的书面的请柬，让专家们体会到政府部门尊重知识、尊重人才的态度。可见，请柬在正式场合的重要礼仪作用。

这是一份会议请柬。会议请柬要使被邀请者对会议的议题、时间、地点等一目了然。请柬的措辞必须合乎礼仪，对被邀请者表达足够的敬意，比如例文中“尊敬的”和“敬请莅临指导”等礼仪用语。

案例 2

南海市经纬中等职业学校的学生王明一贯品学兼优。他从小一起长大的表哥半个月后就要举行婚礼了，王明看表哥忙得团团转，就自告奋勇地承担了为表哥撰写请柬的任务。表哥把要邀请的宾客名单开列出来，交给了王明。王明上网浏览了一番，根据当前青年人的喜好，把请柬设计成了火车票的形式。王明首先拟写的是给自己一家的请柬。

请　柬

尊敬的王文海先生和吕爱玲女士，亲爱的王明表弟：

本次列车为 8081 次，从常州开往南海市友好宾馆，发车时间：2010 年 3 月 28 日 11 点 28 分。座位 3 号车厢 1、2、3 号。在这里，你们将分享我们爱的喜悦，见证我们爱的幸福，祝福我们爱的征途。

诚挚地欢迎你们的光临。

列车长许峰先生和杨梅小姐恭候

列车的车次 8081 是表哥和表嫂出生年份的后两位，条形码上的数字是他们俩认识的日子，3 号车厢表示 3 号桌。表哥看了，非常满意。婚礼当天，亲友们手持这颇具特色的个性请柬参加了婚礼。

评点

婚礼请柬是应用极为广泛的请柬。婚姻是人生大事，婚礼的重要性不言而喻。新人发出请柬，既表达了对被邀请者的尊重，也表达了新人对自己婚礼的郑重态度。

在对婚礼举行的地点、时间、新人的姓名以及来宾的座位等都说明清楚的情况下，这份个性婚礼请柬采用新颖的形式，把新人们有寓意的日子记录在案，给接到请柬的亲朋好友们都留下了深刻的印象。

相关知识

请柬又称为请帖，是为了邀请宾客参加某项活动而发的礼仪性书信。从古至今，请柬在社会生活中就有着广泛的应用，凡召开会议，举行典礼、仪式和活动，都会使用请柬。这样既可以表示对被邀请者的尊重，又可以表示邀请者对此事的郑重态度。

一、请柬的类别

根据内容分，请柬通常包括会议、典礼及活动请柬，婚礼请柬就是现代社会最为常见的一种典礼请柬。根据形式分，有单面式和双面式。双面式又称为折叠式，即，一为封面，写“请柬”二字；一为封里，写称谓、正文、敬语、落款等。婚礼请柬多见折叠式。

二、请柬的格式

一般都包括标题、称谓、正文、敬语和落款。

1. 标题

标题即“请柬”二字，双面请柬是印或写在封面上；单面请柬则写在页面顶端第一行，字体较正文稍大。

2. 称谓

在标题下一行或里页首行顶格写清被邀请单位名称或个人姓名，其后加冒号。如“南海市经纬职业学校教科室”。个人姓名后要注明职务或称谓，个人姓名前有时可以加尊称，如“尊敬的王文海先生”、“傅华院长”。

3. 正文

称呼下另起一行写正文，前空两格。首先交待邀请参加的活动内容，如开座谈会、研讨会、联欢晚会、生日晚会；其次要交代举行活动的时间和地点。如果是请看戏或其他表演还应附上入场券。

4. 敬语

一般以“敬请（恭请）光临”、“此致敬礼”等作结。应写在正文下一行，前空两格。“敬礼”是在“此致”的下一行，须顶格。

5. 落款

在敬语的右下方一行，写明邀请单位名称或个人姓名，下方写日期。

此外，请柬在中国由来已久，形式有直有横，而西式的请柬，则多为横式。

三、请柬的写作要求

1. 语言要准确明白

请柬是较庄重正式的一种文体，而且文字容量有限，所以语言要准确明白，凡涉及时间、地点、人名等一些关键性词语，一定要核准、查实。

2. 语言要得体、庄重

请柬的语言要充分表现出邀请者的热情与诚意，并表示对被邀请者的尊重。

3. 设计上注意艺术性

在请柬的纸质、款式和装帧设计上，要做到美观、大方，体现庄重和严肃，使被邀请者感到喜悦和亲切。

4. 请柬的发送要掌握好时间性

请柬发送得太早，被邀请者容易遗忘；发送太晚，又容易使被邀者感到时间仓促，安排有困难。所以，请柬发送的时间一定要适当。

写作实践

一、三阳中等专业学校有一个很好的传统，就是特别注重家庭教育和学校教育相结合，使家庭教育和学校教育形成合力。每次新生入学之后一个月，学校都会邀请家长来校参加家长会。本次家长会将在 2011 年 9 月 30 日上午 10 点举行，地点在各班教室，中心议题是与家长探讨如何引导孩子适应新的环境、找准新的目标。为了体现对家长的尊重，学校要求每个班级以自己班级所有任课老师的名义给各位家长发出请柬。11 级电子商务的教室在教学楼 A 区的 401 室，班主任王榕代表所有任课老师为家长会拟写了一份请柬。

二、下面是一则会议请柬，请指出其中的两个错误。

请　　柬

尊敬的涂红新教授：

兹定于 2011 年元月 7 日上午在黎山宾馆举行宁西市经济和社会发展专家咨询委员会年会，敬请光临。

宁西市发展和改革委员会（盖章）

二〇一一年元月四日

1.2 聘　　书

案例 1

赵民举在昆仑家电公司维修部做了将近 10 年的总工程师了。公司改制为昆仑家电集团后，为了深化集团的人事制度改革，统一实行合同聘用制。合同聘用制不仅使集团与所有受聘人员确立了聘用关系，也明确了双方的权利和义务，是现代社会人事改革的大势所趋。聘用合同一经签订，即具有法律约束力。昆仑家电集团为此首先与维修部的赵民举等员工签订了聘用合同，并发放了聘书。

聘　　书

兹聘请赵民举同志为昆仑家电集团维修部总工程师。聘期自 2008 年 1 月 1 日至 2013 年 12 月 31 日，聘任期间享受集团高级工程师工资待遇。

昆仑家电集团（盖章）

二〇〇八年一月一日

赵民举对这份聘书倍加珍惜，带回家后郑重地锁进了写字台抽屉里。

评点

作为企业的一名员工，赵民举收到的这封聘书明确了昆仑家电集团与赵民举之间的聘任与被聘任的关系，加强了赵民举的责任感和使命感。

这是一则企业为规范人事制度而发出的聘书，正中以文种为标题；正文是聘书的核心内容，交代受聘者担任的具体职务，以及准确的任职期限，然后写明职务待遇；落款署上发文单位名称及加盖公章，写明日期，到此这张聘书便完成了。该聘书短小精悍，语言简洁明了、准确流畅，同时体现出发文者严肃、诚恳的态度。

案例 2

张海诚教授是位在社会科学领域颇有建树的著名学者，相关著作颇丰，治学严谨，求实创新。锦城社会科学院曾经多次邀请其来校讲学，老师们深为其学识折服。为了进一步提高锦城社会科学院的科研水平，学院决定聘请张教授作为学校科研项目评估委员会的学术顾问。院办特拟写了聘书，并为其专门举行了聘用仪式。

聘　　书

为提高科研水平，我院成立了科研项目评估委员会，特聘请张海诚教授为学术顾问，指导我院的科研工作。

此致

敬礼!

锦城社会科学院院长：章炎

锦城社会科学院（盖章）

二〇〇九年六月五日

张教授深为锦城社会科学院的诚意所感动，欣然接受。在张教授的指导下，该院的科研水平得到迅速提高。在很大程度上，也提高了锦城社会科学院的学术声誉和社会声誉。

评点

一份聘书成功达成了锦城社会科学院聘请著名学者张海诚教授为学术顾问的目的，这份聘书充分体现了对张教授学术水平和声望的肯定，及聘请方的一片诚意。

这份聘书开门见山地交代了聘请原因，并在聘书结尾写上表示敬意和祝颂的结束用语，以表诚恳之意。发文者郑重严肃、诚恳完整地交代清楚了聘请内容，使人一目了然。聘请社会名流担任顾问的聘书一般不写年限，也不涉及工资报酬，多另行用公函约定薪酬。

相关知识

聘书是聘请书的简称。它是用于聘请某些有专业特长或名望权威的人完成某项任务或担任某种职务时的书信体文书。聘书在现代化用人体制下，不仅把人才和用人单位很好地联系了起来，起到了加强双方协作的纽带作用，也加强了应聘者的责任感和荣誉感，更可以表现双方的郑重、信任和守约。

一、聘书的类别

根据内容及目的，聘书可分为两类：一类是单位团体为扩大影响、提高知名度，聘请有名望的人作顾问、指导的聘书；另一类是企事业单位聘用专业人才以利于本单位发展的聘书。

二、聘书的格式

聘书一般已按照书信格式印制好，中心内容由发文者填写即可。完整的聘书的格式一般由以下几部分构成。

1．标题

多在首行正中写上“聘书”或“聘请书”字样，有的也可以不写标题。已印制好的聘书标题常用烫金或大写的“聘书”或“聘请书”字样组成。

2．称谓

称谓可以在标题下一行顶格写，然后加冒号；也可以在正文中写明受聘人的姓名称呼。常见的印制好的聘书则大都在第一行空两格写，如“兹聘请王明……”。

3．正文

首先，交代聘请的原因和所要从事的工作或担任的职务。

其次，写明聘任期限，如“聘期两年”“聘期自2008年2月20日至2009年2月19日”。

再次，写明聘任待遇。可直接写在聘书上，也可另附详尽的聘约或公函写明具体的待遇，这要视情况而定。

另外，正文还要写上对被聘者的希望。这一点一般可以写在聘书上，但也可以不写，而通过其他的途径使受聘人切实明白自己的职责。

4．结尾

结尾一般写上表示敬意和祝颂的结束用语，如“此致敬礼”、“此聘”等。

5．落款

落款要署上发文单位名称或单位领导的姓名、职务，并署上发文日期，同时加盖公章。

三、聘书的写作要求

（1）对聘请的有关内容要交代清楚，以免双方理解不一致，产生分歧、矛盾。

（2）聘书的语言要准确简洁，措辞要郑重严肃、谦虚诚恳。

（3）聘书以单位名义发出，必须加盖公章才有效。

写作实践

一、宁南中等专业学校的校园电视台成立不久，各方面工作还在起步阶段，特别是一些后期制作问题一直没有得到妥善的解决。学校信息技术专业部近期邀请江东城市大学影视专业的张冠亚教授到校开讲座。张教授的讲座生动而丰富，尤其是张教授给大家欣赏的一系列自制的专题片深深吸引了同学们。课后，大家围在张教授的周围，七嘴八舌地问着。校园电视台的张倩台长灵机一动：何不聘请张教授做我们电视台的顾问呢！这个设想得到了学校指导电视台工作的团委老师的支持和认同。张倩着手拟写了一份聘书。

二、请指出下面这则聘书中缺漏的和多余的内容。

聘　书

我校成立了校家长委员会，特聘请单海南先生担任我校家长委员会的成员。单海南先生是心理健康领域的专家，尤其在学生心理健康教育方面颇有建树。希望单先生能在百忙中抽出时间协助学校的教育工作。

江滨职业学校（盖章）

二〇一一年六月十日

1.3 对　联

案例 1

1984 年底，中国楹联学会成立后的第一次社会活动，是为北京保温瓶工业公司（原北京鹿牌保温瓶厂）举办春联笔会。会前，马萧萧、顾平旦、常江和曾保泉四位对联家应邀合撰了一联。

一口能吞二泉三江四海五湖水

孤胆敢入十方百姓千家万户门

此谐趣联一出，满座叫好。

评点

这是一副行业联。既抓住了产品的特色，又颇有趣味，体现了对联的实用性和文学性。

保温瓶的特点在于能贮水，上联就此发挥，连用一至五的数字，“吞”字极生动；保温瓶依仗瓶胆起保温作用，下联借“胆”发挥，又有“胆量”之义，誉产品能进“千家万户门”，受“十方百姓”的欢迎。“孤”，有“个”之义，这样便用“个、十、百、千、万”与上联“一、二、三、四、五”顺序递进相对，自然而又风趣。联语用拟人手法，蕴蓄哲理，虚实溢美。

案例 2

2010 年 2 月，南京地铁运营分公司联合江苏省楹联研究会等机构，在地铁新街口站举行春联征集颁奖仪式，30 副春联作品最终从来自全国 9 省市的 1200 余条作品中脱颖而出，分获不同奖次。来自河南的莫非荣获唯一的一等奖。他的对联是：

龙盘虎踞城，谁敢纵横大地；

虎步龙骧势，我来提速春天。

此联获得了江苏省楹联研究会专家的一致好评。随后不久，30 副优秀春联作品就出现在了南京各地铁站台，与南京的地铁乘客一起喜迎新春。

评点

春联在现代城市的新鲜事物——地铁中亮相，将中国传统文化和现代社会的物质文明完美地结合在了一起。

这副春联押韵严整，不仅将南京的地势、故称巧妙融合到对联里，而且“提速”一词一语双关，既切合地铁的特点，又形象反映了城市交通的发展形势。

相关知识

对联，俗称为“对子”，雅称为“楹联”或“楹帖”，是写在纸上、布上或刻在竹子上、木头上、柱子上的两行对偶的语句。

对联言简意深，对仗工整，平仄协调，雅俗共赏，不仅最为人们所喜闻乐见，而且也是最为普遍地运用到老百姓生活中的兼具文学性和实用性的文体形式，具有极大的生命力。在今天，对联的应用也极其广泛，其文学性和实用性经久不衰。

一、对联的类别

根据使用目的和场所的不同，分为春联、婚联、寿联、贺联、挽联、装饰联、行业联等。

1．春联

我国旧俗，在旧历除夕用红纸书写贴于门上的对联，叫春联。春联是民间使用最多的对联。比如：“春晖盈大地，正气满乾坤”“爆竹二三声，人间易岁；梅花四五点，天下皆春”。

2．婚联

婚联是用于嫁娶喜事的对联，又称为喜联，内容多是对婚姻双方的祝福和赞美。比如，著名楹联学家顾平旦曾在2000年5月1日贺陈开颜、李霁新婚时题联：“满苑花开增颜色，长岭雪霁尽美妍。”巧妙将新婚夫妇的名字嵌入联中，更有赞美祝福之意。

3．寿联

寿联是用于寿辰祝福的对联。根据祝寿对象的年龄、性别、职业、生日时间等不同而不同。例如，1941年11月，郭沫若五十寿辰，叶挺题写了一副对联赠与郭沫若：“寿比萧伯纳，功追高尔基。”写出对郭沫若的尊敬和赞誉。再如：“活到老学到老，老不服老；画亦精字亦精，精益求精。”此联不仅赞美了寿者的字画精美，还赞美了寿者精益求精、不服老的探索和进取精神。

4．贺联

贺联一般是对盛大节日、重要喜事等表示祝贺。例如，祝贺百货商店庆典的一副联“货好门若市，心公客常来。”突出此商家以诚信取胜。“无限春光无限路，有为时代有为人。”则是对公交公司开业的祝福。

5．挽联

挽联是为吊唁死者而用白纸写成的对联，贴在灵堂两侧或花圈两边。特殊情况下也可以发表或写在特定的地方。内容多是颂扬死者功德情操，或哀悼死者。例如，我国著名京剧表演艺术家言慧珠，在“文革”期间被迫害致死。1970年，在为其平反昭雪的追悼会上，当代戏剧理论家许姬传先生送一挽联，以告慰九泉英灵：“惊变埋玉，洛水神悲生死恨；还巢失凤，游园遥想牡丹亭。”对联巧妙地将言慧珠生前表演的主要剧目《惊变》、《埋玉》、《洛神》、《生死恨》、《凤还巢》等和汤显祖名著《牡丹亭》嵌在联语中，用词典雅，情真意切，同时也概括了她一生的艺术成就。

6. 装饰联

装饰联一般指门联、居室厅堂对联条幅、姓氏宗祠联和风景名胜楹联，主要作用是装饰居室、风景名胜地区等。例如，南京莫愁湖联：“王者五百年，湖山具有英雄气；春光二三月，莺花合是美人魂。”写出了莫愁湖的有关历史事实、历史人物，既描写了莫愁湖莺飞草长的美丽春光，又有对历史的慨叹和对英雄人物的赞誉。

7. 行业联

行业联是根据各行各业不同的特征撰写的反映行业特点、点缀门厅、招徕顾客、树立形象的对联。以各行各业的特色为语，生动、形象，既鲜明了主题，突出了行业特点，更是不拘一格，各式各样，妙趣无穷。比如，美学家王朝闻曾引用山西戏台上的一副对联“三五步走遍天下，六七人百万雄兵”，说明中国戏剧高度的艺术概括性。再如，现代通信行业有副对联为“银线根根地北天南通话，轻鸿只只三湘八皖知音”，写出了现代通信行业在传播信息方面快捷便利的优势。“喜待东西南北客，欣捧兄弟姐妹情”则写出了宾馆、旅社行业的特点。

二、对联的形式

除了上下句要字数相等、平仄相对之外，对联最重要的特点是讲究对仗工整，指句式相当、词类相同、结构相应。比如，北京颐和园养云轩有联：“天外是银河，烟波宛转；云中开翠幄，香雨霏微。”上下联均为二三、二二句式，都为主谓结构，而且相同位置词性相同。

对仗时，对联上下联之间有着可遵循的规律，这种规律大约有：并列关系、相对关系、转折关系、连贯关系、递进关系、因果关系等。体现这些关系的几种主要形式有：正对、反对、流水对、回文对、借对、无情对等。

1. 正对

正对是对联中最多的一种。上下联内容相似、相近或相关，各类字词工整相对。但内容不可相同，同义实词不可相对。如写水利工程的一联“修渠攀岭碧流飞千里，引水上山银河落九天。”

2. 反对

反对是指对联在内容构成上有转折（变换）关系、目的关系，但上下联意思是相反的，体现一个事物的正反两面性，所用的词语也多是相反或相对的。比如，提倡人们运动养生的一副联“古今未见一人服仙丹长生不老，中外已闻万例凭锻炼益寿延年。”

3. 流水对

流水对也叫串对。一个意思分两句来说，上下联独立起来都无意义，至少意义不全，所以上下联一般都有因果、连贯、递进、条件、假设等关系。如王之涣的《登鹳雀楼》中“欲穷千里目，更上一层楼”一句，意思连贯而下，好像不是对偶，实际上对得很工整，均齐、自然而不呆板，意思连贯而下并不损害内容，是很好的对仗。

4. 回文对

回文，即回环往复皆可读，顺读、倒读都成文，颇有意趣，如“人过大佛寺/寺佛大过人。”、“客上天然居/居然天上客。”、“僧游云隐寺/寺隐云游僧。”

5．借对

借对是指对联中一个词有两个以上的意义，作者在对句中用的是甲义，但是同时借用它的乙义或者丙义来与另一词相对。例如：杜甫《江南逢李龟年》中“歧王宅里寻常见，崔九堂前几度闻。”这里“寻常”是平常的意思，但是古代八尺为寻，两寻为常，所以借来对数目。这种借对在对联中广泛使用。

6．无情对

无情对是对联中最具特色的联种。这类对联，上下两句可谓风马牛不相及，但细读起来，则又字字相对，十分工整、巧妙。这类对联，最能使人领略汉字的无穷妙趣。如“孙行者”对“祖冲之”；清末重臣“张之洞”对北京名胜“陶然亭”；《红楼梦》人名“马道婆”对唐朝牛李党争的主角“牛僧儒”。传说私塾中有位姓李的先生，在一次布置课堂作业时，以“庭前花正放”为题让学生对下联，结果一位学生的答联是“足下李先生”，弄得先生哭笑不得。

三、对联的写作要求

1．要有针对性

要反映不同对象的特点和特色，写的若是店铺，就要把握那个店铺属于何种行业。“到来尽是弹冠客，此去应无搔首人”这副对联是代表理发店的，把握了行业个性。

2．要立意新颖

也就是说，要不落俗套。要在确定了所写的对象并对它有了比较清楚的了解之后，再充分发挥想象力。古书记载，明太祖出句 “风吹马尾千条线”，建文帝对 “雨洒羊毛一片毡”，太祖不悦。永乐帝对“日照龙鳞万点金”，太祖大悦。这就是想象力不同的结果。

3．要反映时代精神

“小楼容我静，大地任人忙”，显示了对尘世生活的漠然态度，宣传的是清静无为的老庄哲学。“双鬓多年作雪，寸心至死如丹”，表达了今天的教师们对教育事业的无限忠诚。这些对联，都打上了时代精神的烙印。我们今天作对联，思想内容要健康，符合社会公德、社会道德、国家法律标准，反映人民群众的愿望和要求。

4．要用词贴切

贴切，就是恰到好处。马子华先生在《对联漫谈》一文中说：歌颂英雄的要“沉雄”，品评人事的要“端庄”，室内悬挂的要“清雅”，赠送友人的要“精巧”，表示意见的要“婉曲”，追念死者的要“悱恻”。虽不必完全拘泥，但充分说明了语言贴切的重要。

5．要符合对联的体式

对日常用联，在对仗平仄上可以不必苛求，但这绝不意味着可以不要艺术性。不管写什么对联，努力提高创作境界，是大有好处的。

此外，对联横写时，上联在上，下联在下；竖写及悬挂、张贴时，上联居右，下联居左。

写作实践

一、中联职业教育中心现代服务部的校园学生实训基地建成了，09 市场营销 1 班的同学承包了其中的一个铺面，主营文具业务。为了庆贺开业，任教该班语文的王新华老师送去了一副贺联。

二、下面几副对联，请指出所属行业。

1. 衣食住行衣为首，嘉业兴旺今十载。
2. 物流喜迎八方客，客满意；配送换来四海财，财源兴。
3. 墨块磨开可调数千壮马，笔尖挥动能麾百万雄兵。
4. 满座东西南北，一桌麻辣烫鲜。

1.4 贺　信

案例 1

永达快餐公司是来阳市饮食行业的明星企业，其连锁经营网络遍布全国。民营企业家来永达在 20 世纪的 90 年代，以一家小铺面为起点，与两个志同道合的友人把永达快餐发展成今天年利润数千万元，上缴利税数百万元的规模化、集团化的连锁企业。今年 5 月，公司迎来了 20 周年庆典。同为来阳市饮食行业著名连锁企业的任阿婆水饺公司发来了贺信，总经理任华与众宾客一起出席了庆典。

贺　　信

永达快餐公司：

欣闻贵公司 20 周年庆典，我公司谨向永达快餐公司和公司的全体员工及其家属表示热烈的祝贺和亲切的慰问。

二十年风风雨雨，二十年艰苦创业。永达快餐与来阳市共同发展强壮。在来永达董事长的带领下，在社会各界的关心支持下，永达快餐人凭着“同心同德，艰苦创业，开拓进取”的企业精神，把公司逐步发展为规模化、集团化的连锁经营企业。为了保证饮食原料的质量，永达快餐还成立了专门的食品生产基地。二十年的发展，使永达快餐拥有了雄厚的物质基础，树立了价值可观的品牌，成为全国饮食行业的明星企业。

二十年来，永达快餐热心回报社会，参与资助科技、教育、文化、体育、卫生等公益事业。其中资助教育事业达数千万元，在陕西、西藏、云南等贫困地区修建了多所希望小学，救助失学儿童近万名。永达快餐在全国各地的连锁企业给上万人创造了就业机会，二十年来实现利税达数亿元，为国家的经济发展、社会的稳定和人民的富足做出了极大贡献。

我们坚信，在来永达董事长的带领和全体员工的不懈努力下，贵公司必将迎来更加辉煌和灿烂的明天！衷心希望我们同心携手，进一步增进相互间的友谊，不断加强双方合作，用智慧和双手创造我们更加美好的未来。

衷心祝愿永达快餐蒸蒸日上，兴旺发达！

衷心祝愿贵公司全体员工身体健康，生活更加美好！

来阳市任阿婆水饺公司（盖章）

二〇一〇年五月十日

庆典之后，两家饮食巨头共话发展大业，并对两公司多方面的合作做了进一步的交流。

评点

同为饮食行业的著名连锁企业，任阿婆水饺公司发来的贺信密切了两家饮食巨头的行业合作，加深了理解与互信。可见贺信在当今市场经济社会中发挥着越来越重要的交流和礼仪作用。

这封贺信是由一家单位向另一家单位的周年庆典表示祝贺。贺信中，首先表示祝贺之意，接着回顾所取得的成绩，尤其对永达快餐回报社会的种种努力给予了高度评价。最后，对未来发展和双方合作做了进一步展望。语言简洁，评价中肯，感情真挚。

案例 2

一年一度的教师节来临了，在全校庆祝大会上，永洋中等专业学校校党委、校行政为了感谢老师们一年的辛苦工作，为每位老师送上了一份精美的教师节贺卡。贺卡内页左侧印着老师们献身教育事业的共同誓言，右侧是一封热情洋溢的教师节贺信。

贺　信

尊敬的各位老师：

你们好！你们辛苦了！

今天是第 24 个教师节。在这个光荣的节日里，永洋中等专业学校校党委、校行政谨向你们致以亲切的问候和崇高的敬意！

自从你们踏进师范院校，自从你们走进教师队伍，你们的人生就与人民的教育事业紧密相连，与我们可爱的学生相连。而当你们来到永洋中等专业学校，你们便与永洋的教育使命相连。你们为永洋培养了一代又一代有觉悟、有文化、有技能、有素养的各行各业的合格的劳动者。为此，你们勤勤恳恳地备好每一节课，写好每一篇教案，改好每一篇作业；为此，你们精益求精地在教科研的领域里积极探索，使自己的学养和教书育人的本领进一步提高；为此，你们苦练专业技能，孜孜不倦地追求自己心目中的最高境界，以求最好的示范操作；为此，你们率先垂范，事事为学生们做榜样，在潜移默化中感染学生、熏陶学生。永洋有史以来每一项成绩的取得，都渗透着你们的辛勤劳动。永洋中等专业学校感谢你们，永洋中等专业学校的学生们感谢你们。

永洋中等专业学校的进一步发展壮大，离不开你们的关心支持；永洋中等专业学校的学生们，离不开你们的悉心教导。希望你们一如既往地把学校的发展和自身的发展紧密结合，实现学校发展和个人发展的双赢。

祝你们节日愉快，身体健康！

此致

敬礼！

永洋中等专业学校校党委、校行政（盖章）

二〇〇九年九月十日

老师们拿着这精致的贺卡，读着这特殊的贺信，感动之情溢于言表。

评点

一封贺信让老师们感受到节日欢欣的同时，更充分感受到永洋中等专业学校校党委、校行政对教师的尊重，起到了很好的交流信息、沟通感情的作用。

贺信首先对老师们表示了热切的节日祝贺，接着对老师们历年来辛勤的付出给予极高的评价，明确指出正是老师们孜孜不倦的付出，学校才能取得今天的成绩。最后，表达了对老师们的期待和勉励。语言流畅，入情入理，感人至深。

相关知识

贺信，也称贺电，是指党政机关、企事业单位、社会团体或个人向其他集体、单位或个人表示祝贺的一种专用书信。它是日常应用写作的重要文体之一。今天贺信已成为表彰、赞扬、庆贺对方在某个方面所作贡献的一种常用形式，它还兼有表示慰问和赞扬的功能，在单位或个人之间起到了传达友好信息的作用。

一、贺信的类别

贺信一般有两种：一种是单位、团体或个人向其他单位、团体或个人在某个方面所做贡献的表彰和赞扬；一种是对重要的节日、重大的活动表示祝贺。

二、贺信的格式

一般由标题、称谓、正文、祝颂语和落款五部分构成。

1．标题

正式的贺信，标题应包括发文单位、内容和文种，如“中共中央 国务院 中央军委对神舟六号载人航天飞行成功的贺电”。也可只用文种名，写在首行正中。

2．称谓

顶格写明被祝贺单位或个人的名称或姓名，前面可加敬称，如“敬爱的毛老师”。称呼后用冒号。

3．正文

正文应交代清楚以下几项内容。

开头，表达祝贺之情，说明祝贺缘由。如案例 1 中“欣闻贵公司 20 周年庆典”等。

主体，结合当前的形势状况，表明祝贺的大背景，及其重大意义；概括说明对方取得的突出成绩；分析其成功的主观、客观原因。如案例 2 中主体部分对老师们的突出成绩给了高度评价，并指出学校的发展与老师们的辛勤付出密不可分。

结尾，再次表示热烈的祝贺。要写出祝贺的心情，由衷地表达自己真诚的慰问和祝福，也可提出希望和共同理想。

4．祝颂语

最后要写上祝愿的话。如“此致敬礼”、“祝您健康”等。

5．落款

落款写明发文单位名称或个人的姓名，并署上成文的时间。

三、贺信的写作要求

1．用语要有鲜明的感情色彩

因为是表彰、赞扬、庆贺对方，语言要积极、昂扬、具感染性，应使人感到温暖和愉快，受到鼓舞和教育。

2．要实事求是

语言表达一定要注意实事求是，太多溢美之词会削弱贺信的真实表达，反而让被赞扬者不愿接受。

3．宜简洁明快

贺信不需要在细节上过分展开，对祝贺原因交待清楚并表示祝贺后即可。

写作实践

一、08 汽修班路明的一位相处甚好的学长张海在一家著名的汽车 4S 店实习。因为他出色的维修技能和良好的服务意识，他被这家 4S 店留用，并签订了劳动合同，待遇优厚，发展前景可喜。路明对张海非常佩服，特别给张海发出了一封贺信。

二、下面这封开业贺信在内容和形式上都有些毛病，请一一指出，并加以修改。

贺　　信

尊敬的徐沁:

你好!

听说你的文具店开业了，我们都为你高兴。回想起我们的同窗生涯，真是感慨良多，我们一起去食堂，一起去运动场，一起去教室，结下了深厚的情谊。当然，你最可贵的就是你一直在校园实训基地忙着。你说，我们要学习知识，培养能力，学校给我们提供了这么好的环境让我们积累经验，增强我们的实践能力，我们该好好把握。你也说，有朝一日一定要有一番作为。今天，你终于实现了做老板的梦想，你应该很开心吧。

预祝你取得成功。

307 舍全体舍友
二〇一〇年十月

1.5 慰 问 信

案例 1

安怀通信有限公司是高汉市知名企业，其业务网络不仅遍布国内，在国际市场也已经打开局面，公司发展前景良好。在 10 余年的发展历程中，公司各级领导深知人才是公司的生命线，不仅有一套完善的人才培养和考核机制，同时还注重公司的精神文明建设，关心员工的思想生活动态。虎年到来之际，公司党组和管理层向广大员工发出了一封慰问信。

慰问信

安怀通信有限公司全体员工:

年逢寅虎群情奋，岁别丑牛大地春。值此新春佳节之际，公司党组和管理层向公司全体员工，特别是仍然坚守在海外一线工地的同志们，致以诚挚的问候和崇高的敬意，你们辛苦了!

2009 年是公司发展史上十分重要的一年，是公司调整改革年、规范运作年、加快发展年。面对竞争日益激烈的通信建设市场，你们能克服各种各样的困难，紧紧围绕公司年初提出的“抓住机遇、深化改革、规范管理、加快发展”的工作主题，开启了安怀通信建设新篇章。在大家的共同努力下，我们抓住了发展契机，充分利用国家鼓励“走出去”的政策，取得了国内业务新进展，国际业务新突破。

2010 年，机遇与挑战并存，我们呼吁大家围绕“提升能力，规范运营，实现国内国际发展上水平”这一工作主题，全面完成 2010 年经营目标。2010 年又是一个创造梦想、扬帆起航的关键之年，让我们大家一起把握机遇，携手并进，锐意进取，迎难而上，为创造公司 2010 年新的辉煌而努力！

在此，向安怀通信的全体员工以及支持、理解和关心我们工作的各位家属表示衷心的感谢和亲切的慰问！祝大家虎年大吉，幸福安康，阖家欢乐！

安怀通信有限公司党组和管理层（盖章）

二〇一〇年二月十二日

安怀通信的员工，尤其是坚守在海外一线工地的员工们感受到来自公司的真切关心。

评点

这封来自公司领导层的慰问信，对于一年来辛苦付出的员工们，尤其是在春节期间仍然坚守在海外一线工地的员工们，是莫大的鼓舞和安慰。

这是一封节日慰问信。开头首先表达对全体员工的节日慰问；正文在回顾了 2009 年公司取得重要成绩的基础上，激励全体员工在 2010 年继续奋进，为创造公司新的辉煌而努力；结尾对全体员工及其家属再次表达节日的慰问。行文流畅，鼓舞性很强。

案例 2

明海医院是宁海市一家综合性三甲医院。2010 年 4 月 14 日 07 时 49 分许，青海省玉树藏族自治州玉树县发生 7.1 级地震，地震造成上万人死伤。明海医院第一时间抽调各科骨干医护人员组成了医疗队，其中部分成员曾参与 2008 年四川汶川地震灾区医疗救助工作，并快速筹措了必需的医疗器械、药品和生活保障用品。次日晨 7 点，他们即踏上了赴青海玉树的行程。医疗队赴青海玉树后，明海医院与医疗队始终保持着密切的联系，医疗队医护人员在一线的种种坚持和努力让全院上下深受感动，院党委、院行政给战斗在一线的医疗队的全体医护人员发出了慰问信。

慰问信

亲爱的明海医院医疗队的全体同志:

你们辛苦了！

青海玉树的 7.1 级地震牵动着全国人民的心，也激荡起你们——人民的健康和生命所系的白衣战士心中的波澜。面对灾情，你们怀着强烈的责任感和爱心义无反顾地参加医疗队，投入到紧张的抢险救灾之中。连日来，你们怀着“不抛弃、不放弃”、“只要还有一线希望，就要付出百分之百努力”的信念，发扬不怕疲劳、连续作战的作风，夜以继日地忘我工作，从坍塌的瓦砾下抢救出一个个伤员，从绝地死亡线上夺回了一条条生命，你们以自己的壮举体现着崇高的人生价值，诠释着对党和人民的赤胆忠诚！

亲爱的同志们，灾区条件艰苦，环境恶劣，险情不时发生。尽管你们全力抢险救灾早已将生死置之度外，但“保重身体、注意安全”却是我们深深的寄语和关怀。因为，你们所承载的，不仅仅是生命，还有家人的牵挂、医院的嘱托……

亲爱的同志们，我们虽不能亲临灾区与你们并肩战斗、抢险救灾，但我们无时无刻不与你们同在！眼下，全院的医职人员们正以各种方式表达对灾区的关爱，全力做好了后续工作：新组建的医疗队正整装待发；预留病房和精干医护力量随时准备接收来自灾区的伤员……这一切无不表明，我们与你们心连心，医院始终是你们的坚强后盾！

亲爱的同志们，我们以你们为荣，并期待着你们胜利凯旋！

明海医院院党委、院行政（盖章）

二〇一〇年四月二十日

医疗队队长满含深情地给同志们读着这封来自后方的慰问信，全体队员饱含热泪聆听着，深受鼓舞。随即，他们又义无反顾地踏上了抢救伤员的征程。

评点

这封满含关切、褒扬的慰问信，使奋战在救灾一线的白衣天使们深受感动，备受鼓舞。它在肯定医护人员成绩的同时，也增进了领导层与一线医护人员的感情。

这是一封对取得重大成绩的集体表示慰问的慰问信。开头对医疗队全体同志表达慰问；主体部分充分肯定了医疗队成员高度的责任感和爱心，对他们连日来奋勇救护伤病员的艰苦努力表达了崇高的敬意，同时，也表达了深深的关切，嘱咐他们要注意安全，保重身体，还不忘告诉奋战在一线的同志们，医院所有医护人员是他们的坚强后盾；最后，再次表达对医疗队成员的敬意，期待他们凯旋。情感真挚，令人动容。

相关知识

慰问信是以组织或个人的名义，向有关单位或个人表示关怀、问候、致意的专用书信。往往通过以赞扬表达崇敬之情、以同情表达关切之意，达成双方的情感交流和相互理解。

一、慰问信的类别

慰问信有三种类型：一是对取得重大成绩的集体或个人表示慰勉；二是对由于某种原因而遭到暂时困难和严重损失的集体或个人表示同情、安慰；三是在节日之际对有贡献的集体或个人表示慰问。

二、慰问信的格式

慰问信一般由标题、称谓、正文、结束语和落款五部分组成。

1. 标题

标题通常由文种构成，在第一行正中书写“慰问信”三字，或者由慰问双方和文种名共同组成，如《周恩来致邹韬奋夫人沈粹缜的慰问信》。

2. 称谓

标题下一行顶格写明受慰问的单位或个人的名称或姓名，一般要加上敬称，如“乔治·沃克·布什总统阁下”、“亲爱的员工们”，后面要用冒号。

3. 正文

正文先写明慰问的原因，其次叙述对方的模范事迹或遭遇困难、损失时表现出来的高尚品质，并向对方表示慰问。例如，甘肃玉树发生 7.1 级地震后，对玉树县第一民族中学的师生们互助创造的“零死亡”的奇迹表达赞赏和慰问。

4. 结束语

表示良好的祝福、殷切的希望和深情的问候，如“谨致热烈的敬礼”、“取得更大成绩”等。

5．落款

落款写明发文单位或个人，如不止一个，则要一一写上，并署上成文的时间。

三、慰问信的写作要求

1．要根据所慰问的不同对象，确定信的内容

要根据不同对象、不同情况，表达真挚自然的慰问之情。对有贡献的集体和个人，应着重赞颂他们的巨大成绩；对遭到暂时困难的集体和个人，则应着重向他们表示关怀和支持。

2．语言要诚恳、真挚

慰问信的语言抒情性较强，字里行间要充分体现来自单位或个人的关心和问候，反对虚伪、应付、客套，应亲切、生动。

3．要讲求时效性

慰问信均强调发出时间的及时、恰当。对遭遇困难或灾难的个人或组织表示安慰的慰问信须在事故或灾难发生的第一时间发出，在节日表示问候的慰问信须在节日到来之前或节日到来之际发出。

写作实践

一、春歌是华阳市知名的旅游服务公司，2009 年全年接待国内外游客达到 20 万多人次，超额完成了年度目标任务。而使春歌拥有如此成绩，做出最大贡献的是占公司员工数 80%的女同胞们。所以春歌的女同胞们不仅仅是撑起了半边天，而且是春歌在华阳市不断发展壮大的主力军和大功臣。在第 100 个“三八” 妇女节到来之际，春歌旅游服务公司的总经理春晖为了表达对公司所有女员工的深深的敬意，为她们送上了一封热情洋溢的慰问信。

二、下面的慰问信有两处格式错误，正文部分的段落次序也存在问题，请修改。

慰问信

全体战斗在防治“非典”第一线的同志们，

你们辛苦了！

我们坚信在这场与非典型肺炎的战役中，万众一心，一定能够彻底战胜病魔，造福人民！我们衷心地祝愿全体战斗在防治“非典”第一线的同志们健康、平安！

自从出现第一例输入性非典型肺炎病例以来，该病严重威胁着人民群众的身体健康和生命安全。面对突如其来的疫情，我院党委、行政果断决策和统一部署。全体医护人员临危受命，以无私奉献的可贵品质，发扬救死扶伤的人道主义精神和大无畏的精神，日夜奋斗在防治“非典型肺炎”第一线。在防治工作中，我院广大医护人员积极请战，不畏艰险，任劳任怨，以高超的医术与病魔抗争，为人民的生命健康做出了重大贡献，用实际行动实践了“竭尽全力除人类之疾痛，维护医术的圣洁和荣誉”的誓言。我院抽调干部参加“非典”领导小组的工作，“非典”领导小组的领导、工作人员废寝忘食，夜以继日，紧张工作，科学领导，为有效控制“非典”作出了重要贡献。在此，谨代表工会和全院职工，向全体战斗在防治“非典”第一线的同志们致以崇高的敬意和诚挚的慰问。

容海医院工会（盖章）

二○○三年四月十八日

1.6 欢迎辞、欢送辞

案例 1

2008 年 3 月，夏远市田园床垫机械有限公司作为中国床垫行业的知名企业，为了进一步适应市场对床垫产品的新要求，在省市家具协会的支持下，发起开设并承办了“床垫行业发展专家论坛”，邀请了省市家具协会的领导、床垫机械行业的专家和相关的同行参加这个论坛。总经理洪得知在论坛上致欢迎辞。

欢迎辞

各位领导、专家，企业界各位同仁：

大家上午好！

今天，在春意盎然、风景秀丽的夏远市，我们迎来了省家具协会和夏远市家具协会联合主办的以“床垫行业发展前景”为主题的“床垫行业发展专家论坛”。首先，请允许我代表论坛的承办单位——夏远市田园床具机械有限公司对此次论坛的成功举办表示热烈的祝贺，为大家多年来对床垫行业和床垫机械的发展和支持致以衷心的感谢。

随着我国人民生活水平的日益提高，床垫的卫生、舒适、美观、耐用以及价格合理正在成为消费者选购的基本标准。因此，促进人们健康生活就成了床垫生产企业永恒的主题。近十年来，我国家具行业得到了快速、稳步的发展，成为我国轻工业的一个重要的、充满活力的行业之一，以弹簧软床垫为主体的床垫业更是一马当先，这对我们床具机械行业来说，也提出了更新、更高的要求。

领导、专家、同行们的到来，给我们床垫机械的科技开发提供了一个很好的学习机会，我衷心希望本次论坛给我们提出更多宝贵意见，推动更多的新产品问世，为促进人们健康睡眠、快乐人生作好后勤服务工作，共同打造床垫生产的“航空母舰”，共同创造中国床垫行业的辉煌明天！

最后，预祝本次专家论坛圆满成功！

祝各位身体健康，工作顺利！

田园床垫机械有限公司总经理　洪得知

二〇〇八年三月十八日

评点

这则欢迎辞表达了主人对来宾的热烈欢迎，为论坛的顺利召开打下了良好的基础。可见欢迎辞在重要集会中的礼仪作用。

欢迎辞首先对各方宾客表示了热烈的欢迎，并介绍了论坛探讨的主题；正文部分对行业发展的时代背景进行了简要的阐述，并表达对本次论坛寄予的厚望，有效地引入了论坛的正题。最后，表达了对论坛的期望和对来宾的祝福。紧扣主题，热情恳切。

案例 2

德国籍教师戴维先生于 2009 年 2 月到通海职业技术学校担任汽修专业课的教学，他对学生和蔼、耐心、严格，课上得生动有趣。在他一年任期结束，即将回国前夕，08 汽修 3 班的班长许民代表全体同学致欢送辞。

欢送辞

亲爱的戴维先生：

您好！

非常不舍地要对您说再见了，尽管我们对您是那么依恋。

记得您刚给我们上课的时候，我们是那么调皮，可是您一点都不生气，一点点地打开了我们的心扉，用您的生动幽默深深地把我们吸引。一开始我们之间还有一些语言障碍，但是在您的努力下，这很快就不成问题了。当我们迷惑不解时，你耐心地指导我们，手把手地教我们操作。从您的身上，我们充分感受到德意志民族严谨、细致的优秀品格。

时间过得太快了，转眼一年就快结束了，而您的归程也近了。我们期盼着您能再次来到中国，与我们在一起！

祝愿您归途愉快，一路顺风！

08汽修3班班长许民携全体同学

二〇一〇年二月十日

评点

在师生离别之际，一则欢送辞传达了同学们对戴维老师的依依惜别之情，从而更密切了师生之间的感情。

这是篇简短然而真挚的欢送辞。称呼自然亲切；正文一开始便直抒胸臆，表达依恋和感伤交织的复杂感情；然后回顾了戴维的和蔼、耐心、严格和他的生动幽默，这些都给同学们留下了深刻的印象；最后是饱含期望的美好祝愿。全文语言流畅朴实、深情自然，使整个欢送辞具有感人至深的力量。

相关知识

欢迎辞是在迎接宾客的仪式、集会、宴会上主人对宾客的光临表示热烈欢迎的致辞。欢送辞是指客人结束了访问、会议或活动后，主人对客人的离去表示热烈欢送的致辞。中国自古是礼仪之邦，迎来送往乃是传统礼节。今天，欢迎辞和欢送辞在各级各类活动中仍然发挥着重要的礼仪作用。

一、欢迎辞和欢送辞的格式

欢迎辞和欢送辞一般都由标题、称谓、正文、结束语组成。

1．标题

标题通常有三种写法：一是以文种命名，即在首行正中书写“欢迎辞”或“欢送辞”；二是由活动内容和文种名共同构成，如《在安全生产研讨会上的欢迎辞》；三是以致辞者、致辞场合（或被欢迎、欢送的宾客）和文种名共同组成，如《中共中央总书记胡锦涛会见连战时的致辞》《刘华清在欢送驻港部队大会上的致辞》。

2．称谓

顶格写明欢迎或欢送的人名，要加上敬称。如“尊敬的罗格先生”、“亲爱的各位同仁”。如果欢迎欢送的是一群人，可称为“尊敬的女士们、先生们”。

3．正文

欢迎辞的正文应首先对宾客的光临表示热烈的欢迎；然后根据具体场合，回顾相互交往的历程，阐明宾客来访的意义；最后展望美好的未来。例如，2008年5月15日，国务院台湾事务办公室主任陈云林在讲话中，不仅表达了对台湾红十字组织派遣救援队参与四川地震灾区救援的诚挚欢迎，而且就国台办和我方红十字总会协助台湾救援人员尽快抵达灾区的相关接待工作做了介绍，最后还对台湾广大同胞和社会各界为四川汶川特大地震灾害救援提供大力协助表示了诚挚的感谢。

欢送辞的正文应首先对来宾完成行程、达成效果表示祝贺，并展开对本次行程或活动的回顾，总结本次来访的意义，最后期望下次重逢，表达惜别之情。也可以如《在欢送县赴川抗震救灾电力应急队仪式上的讲话》那样，先概括地震灾情和党中央发出的抗震救灾号召，以交待欢送的背景和意义，然后表达希望和鼓励。

4．结束语

欢迎辞应再次表示感谢或良好祝愿，如“祝各位愉快”、“对大家光临表示热烈欢迎”等。欢送辞应对宾客离去表示热烈欢送，并发出再次来访的邀请，如“祝您一路顺风”、“希望不久的将来再次见面”等。

5．落款

在结尾右下方署上致辞人的姓名或单位、致辞的日期，如果标题中已有名称可不再署名，只标明日期即可。

二、欢迎辞、欢送辞的写作要求

1．称呼要用尊称，感情要真挚，要得体、恰当地表达自己的态度。

2．措辞要慎重，勿信口开河，同时要注意尊重对方的风俗习惯，应避开对方的忌讳，以免发生误会。

3．语言要热情、友好、温和、礼貌。在遣词用语上要运用生活化的语言，既简洁又富有生活的情趣。

4．篇幅宜短小，言简意赅。一般的欢迎辞、欢送辞都是一种礼节性的外交或公关辞令，宜短小精悍，不必长篇大论。

写作实践

一、后江市是酒店用品产业最具知名度和影响力的集散地。后江市酒店用品行业协会自2006年成立以来，秉承“争创一流、发展共赢”的理念，为当好政府与企业的桥梁和纽带而不懈努力。协会时刻关注行业动态、热心帮助行业发展，积极为会员企业、行业、政府服务，促进与各相关组织的经济交流与合作。2008年6月，后江市酒店用品行业协会在后江市市政府的指示下，发起组织了后江市国际酒店设备及用品展览会，展览会于2008年6月20日至6月22日在后江国际展览中心举办。为此，后江市酒店用品协会作为主办单位，在博览会举办前，于6月18日下午两点在后江宾馆的会议室向来自省内外的领导、同行举行了后江市国际酒店设备及用品展览会信息发布会。协会的会长达德先生对参会的领导和来宾致欢迎辞。

二、下列这则欢送辞在格式和内容上都有些问题，请指出并加以修改。

欢送辞

亲爱的学长们：

你们好！

明天，你们就要离开母校了，在这即将分别的时刻，我们依依不舍。大家相处的时间是短暂的，但我们之间的校友情谊是长久的。我国有句古语：“来日方长，后会有期。”我们欢迎各位学长在方便的时候再次回母校来看看，看看我们的成长，看看母校的发展。

我谨代表现任校学生会，对你们参加 50 周年校庆活动行程圆满结束表示热烈的祝贺。这一届学生会在团委老师的指导下，取得了很多的成绩，我们将一如既往地为同学服务，为校友服务，请学长们督促我们的工作。

祝大家一路顺风，万事如意！

学生会主席 李博

二〇一一年六月二十五日

综合练习

一、为了迎接 2011 年“六·五世界环境日”，由通江市环保局主办、通江市海洋社区学院等 12 所社区学院协办的百万市民环保竞赛于 2011 年 6 月 4 日上午 9 点整在海洋社区学院举行。全市各个区县都派出了代表队参赛。

为了保证本次活动的顺利进行，环保部门特地邀请了大同律师事务所的陆海生、卢文华律师作为本次活动的法律专家，还邀请了民间环保人士张爱丽女士和来自通江市环境科学院的李翔中教授作为本次活动的评委。

本次活动由通海市电视台“热点”栏目以直播的形式播出，在广大群众中引起强烈的反响，引发了一股全民环保热。大家纷纷关注身边的环保问题，热心建言完善环保法律法规，社会效果显著。为此省环保局特此表彰通江市环保局，以新元电视台为首的各大电视台发来贺信，以《文海报》为首的各报刊发来贺电，纷纷称道通江电视台以鲜明生动的形式引导全民共同关注环保活动的创举。

请想一想，在以上情境中会用到本单元哪些文种呢？你能写出其中的 2～3 种吗？

二、酷运是通江市知名的一家专营体育用品的公司，公司旗下网站叫“我迷”，网站点击率在每天 5 万人次左右。为了抓住四年一度的世界杯的巨大商机，“我迷”网营销部在主任的带领下，在五月份经多次研究，确定开展如下营销活动：1. 请酷运公司总经理大和亲自盛情邀请了资深评球人鸿又雁作为特邀嘉宾，在世界杯期间每天 1 小时在“我迷”网与球迷互动评球。球迷的精华点评将与资深评球人鸿又雁的点评一起被置顶于网站首页。2. 在“我迷”网在线报道世界杯赛事新闻的同时，根据每日赛事准备了有奖竞答题，根据答对率设置不同的奖项。3. 世界杯期间，网站每日推出不同类型体育用品回馈球迷活动，每日详细优惠见当日网站公告。

“我迷”网营销部的工作人员为此特地为鸿又雁先生举行了一个小小的欢迎仪式，大和总经理亲自参会并发表了欢迎辞。这个欢迎仪式在“我迷”网报道后，大大地吸引了“我迷”网的球迷们。

此活动在世界杯期间取得巨大成功，公司月营业额猛增了数十万元，网站的点击率也大大增加。为此，酷运公司总经理大和高度赞扬了“我迷”网的全体营销人员，并向大家致以诚挚的慰问。

请你想一想，在以上情境中会用到本单元哪些文种呢？你能写出其中的 2～3 种吗？

第 2 单元

2.1 便　条

案例 1

周末李芳去同学王华家，想与她商讨参加学校数控专业技能大赛培训的事。可王华的奶奶说，王华去参加初中同学的生日宴会了，要到晚上才能回来。王华没有手机，奶奶又不知道王华初中同学的电话号码。于是，李芳就给王华写了一张留言条，让奶奶帮忙转交。

留言条

王华：

你好！

今天我来你家，准备和你商讨报名参加学校数控技能大赛的事，恰巧你有事外出。我明天下午 2 点再来，请你在家等候。

李芳

二十二日下午三时

评点

李芳访问同学未遇，在没有能达到来访目的情况下写了一份留言条。可见留言条能起到很好的沟通、交流的作用。

留言条是人们日常生活中最经常使用的一种便条。李芳写的这份留言条，语言简洁，目的清晰。正文部分说明来访的目的，并与王华约定了下次见面的时间和地点，以及对对方的要求（请你在家等候）；落款交代了来访者及时间。相信王华同学看了李芳的留言条，一定对李芳来访的目的和留言的要求都会了解、明确。

案例 2

张明同学晚上突然发高烧，被妈妈送医院治疗。医生诊断张明患的是病毒性感冒，需要打三天点滴，建议张明在治疗期间要休息。张明是一位爱学习守纪律的好同学，于是他写了一份请假条，让妈妈送给班主任王老师。

请假条

王老师：

您好！

我昨晚突然发烧，去医院就诊后，医生诊断为病毒性感冒，需要打三天点滴，因此最近不能来校上课，特请假三天。望批准为感。

特此请假。

请假人：张明

四月十六日

附：医院病假条 1 份

评点

请假条也是人们日常生活中最经常使用的便条之一。

张明同学写的这份请假条格式规范，内容明确，语言简洁得体。标题以较大的字体居中，以提醒对方，引起注意；称谓加上问候语，以表示尊重；正文部分清楚地说明了请假事由及假期时限，并表明自己的期望和谢意；另外在附件中附上医院病假条，强调了请假的必要性和依据。

相关知识

便条是人们日常生活中使用的一种条据式应用文。它带有书信的作用，是一种简便的短信。具有告知、委托、留言等作用。一般在不能面谈或不便面谈时使用。

便条与一般书信的区别主要在于一般书信通过邮局邮递，而便条则由他人代为转交或留放在对方能够看见的地方；一般书信篇幅较长，内容容量较大，可以涉及多方面的事情，而便条一般篇幅较短，内容单一。

一、便条的类别

便条的种类较多，按照内容主要可分为留言条、请假条、意见条、托事条。这里主要讲人们日常生活中使用频率最高的两种便条——留言条和请假条。

从内容上分，留言条有知启留言、寻访未遇留言、示爱留言、催讨留言和不便当面言说的留言；从形式上分，包括家庭留言、车站机场等公共场所的板上留言、贺卡留言等。随着现代科学技术和通信方式的变化，还出现了腾讯QQ的离线留言、手机短信等。

请假条多用于因事、因病不能上班、上学，或不能按时上班上学，以及不能按照原先的约定参加某项活动（如会议、专项活动等）等情况。

二、便条的格式

1．标题

因为便条是人们日常生活中经常使用的非正式性文书，故可以不写标题，如写，一般就以“留言条”、“请假条”为题，通常用较大的字号写在首行居中。

2．称谓

标题下第二行或没有标题直接顶格写称谓，明确给谁留言或向谁请假。在称谓后面加上冒号，表示下面有话要说，如“张华同学：”、“王老师：”。

3．问候语

称谓下一行空两格写问候语，加上惊叹号表示对对方的尊重和礼貌，也可不写。

4．正文

在问候语下一行空两格开始写正文。内容要明确、具体，即要将所要表达的意思、需对方办的事情写出来。同时，语言要简洁、明了、得体。如留言条：“因急于办理部门经理交办的事，不能按我们预先约定时间等您。如您有时间，请等到三点半我回来。如您有事，我们再约时间。”请假条：“因我昨晚突发高烧，现正在医院挂水，不能到校上课。特请假半天。”

5．祝语

可视具体情况，在正文之后另起一行空两格写祝语。如：“此致敬礼”、“谢谢”等。请假条也可以不写“此致敬礼”，而写“特此请假”。

6．落款

位于右下方，先写姓名，然后另起一行注明时间。留言条的时间标注可以不写年月，日期也可写“即日”，但请假条一定要注明时间，甚至要标注到时分。

三、便条的写作要求

1．由于留言条、请假条等便条是用来说明情况、传递信息的，其主要作用在于向他人解释、说明某一事情或向他人发出请求，因此必须简明扼要地交代：写给谁，什么事，谁写的，何时写的。

2．留言条、请假条等便条内容比较单一，篇幅短小，语言上要简洁明了。

3．在措辞上要谦虚、礼貌、得体，符合自己的身份。

4．写留言条、请假条等便条时不宜使用铅笔、红笔，也不宜使用彩色笔，最好使用黑色（或蓝色）钢笔、圆珠笔或签字笔。

写作实践

一、办公室肖主任需要一份今年一季度的销售情况统计表，统计员吴莉将统计表送到办公室时恰逢肖主任临时外出，吴莉准备待会儿再来。就在这时，吴莉接到本部门王经理的通知，要她立刻外出办理一件急事。吴莉想请同事张红代自己把统计表送给肖主任，可张红暂时不在办公室。于是吴莉就给张红写了一个留言条，委托她把统计表送给肖主任。

二、请指出下面这则请假条的毛病，并加以修改。

请假条

曹刚老师：您好！

我女儿钱燕因昨天晚上受凉感冒发热，我准备今天带她到医院去检查治疗。特代她向您请假壹天。请假条由周玲同学代交。

请假人：赵颖

五月五日

2.2 单　　据

案例 1

新华电子信息工程学校 09 电子信息工程专业（1）班因组织元旦班级联欢会，需一些活动道具，班级文艺委员吴颖准备去学校文体保管室借用。负责保管室的张老师看了吴颖所列的道具清单后，说：“吴颖同学，你清单中所列的东西都有，但你要办理一下借用手续。”吴颖听后，就写了一份借用单据给张老师。

欠　　条

今欠学校文体保管室文体用具一批（具体物品清单附后）。于 2010 年元月 1 日归还。此据。

欠物人：吴颖

二〇〇九年十二月二十八日

张老师看了以后说：“吴颖同学，你写错了。欠条虽然是借条的一种特殊形式，但一般用于借方在归还钱物时，没有能够一次还清，则应写下欠条。而你应写借条。同时，你签名时，应在姓名之前加上你的班级名称，以便万一你不能按时归还时，我好找你追要。”吴颖听后，红着脸重写了一份借条。

借　　条

今借到学校文体保管室文体用具一批（具体物品清单附后）。于 2010 年元月 1 日归还。此据。

具借人：09 电子信息工程专业（1）班吴颖
二〇〇九年十二月二十八日

评点

借条、欠条都属于凭证式单据，是日常生活中常用的应用文。正确书写和运用借条、欠条可以为我们的生活和工作带来方便。

吴颖同学由于未能正确地认定欠条与借条的区别，虽然写法正确，但却不能准确地起到单据应有的作用。所以，如果不了解单据式应用文的各自用途，不能够正确书写和使用这些应用文，则可能给我们的生活与工作带来意想不到的麻烦。

吴颖同学经张老师指点后所写借条，格式规范。标题采用文种标题形式；正文部分为了用语简洁，将借用的一批文体物品列为清单附后，既合乎条据的写法要求，又准确地说明了情况。

案例 2

新华职业教育中心校 09 电子信息工程专业（1）班班主任何老师，叫班级劳动委员黄华同学去学校总务处归还上周班级义务劳动时向总务处借的有关劳动工具，并再领一些班级用的清洁工具回来，同时交代黄华要完善还、领手续。黄华到总务处先向总务处王老师交还了所借的劳动工具，王老师清点后出具了收条。

收　　条

今收到 09 电子信息工程专业（1）班黄华同学归还上周班级义务劳动时所借的铁铲两把、钉耙叁把、小锹壹拾伍把。

经手人：总务处王志华
二〇一〇年三月四日

接着，黄华又根据班主任何老师的指示，向王老师领取了一些班级用的清洁工具，并办理了领取手续。

领　　条

今领到总务处扫帚肆把、毛巾两条、洒水壶壹只。

经手人：09 电子信息工程专业（1）班黄华
二〇一〇年三月四日

黄华回到班级后，将总务处王老师出具的收条交给了班主任，并将领取清洁工具给总务处王老师出具领条的情况向班主任作了汇报。班主任何老师连连称赞黄华同学做得对。

评点

领条和收条是日常工作和生活中经常使用的两种应用文样式。

案例中的领条、收条，虽然内容简单，但因涉及钱物流通、保管等实际事务，不仅写法格式规范，合乎要求；而且内容中涉及的物品种类、名称、数量书写得清楚、准确、完整，尤其是表明物品数量的数字均使用了大写。

相关知识

单据，也叫条据，是单位或个人之间，为了方便办事、清楚手续，在借到、领到、收到或欠了对方钱物时所出具的凭证。人们在日常生活中使用单据，一般起到说明事物、反映情况、传递信息的作用。

一、单据的类别

日常生活中使用的单据有借条、领条、收条和欠条四种。

借条，也称借据，是个人或单位借用他人或其他单位钱物时，由借钱物的个人或单位写给出借的个人或单位的一种文字凭据。

领条是领取钱物时由领取钱物的个人或集体，向发放钱物的个人或单位所写的一种文字凭据，它既是发放者报销账目的依据，领取者也表示已如数领取这些钱物。

收条是收到钱物的个人或单位在收到钱物时写给对方的一种凭据性应用文，它既是交钱物的个人或单位送交钱物的依据（或报销凭证），也是收到钱物的个人或单位对所收钱物进行统计的凭据。

欠条是借条的一种特殊形式。如果借方在归还钱物时，没有能够一次还清，尚有部分钱物没有归还，则应写下欠条。

二、单据的格式

单据通常由标题、正文和落款三部分组成。各部分的写法如下。

1. 标题

标题是条据必不可少的项目，它是表明单据性质的部分。在第一行中间以较大的字号注明单据的名称，其写法有两种：一种是在第一行的正中写“借条”、“收条”、“领条”、“欠条”等；另一种是把正文的前三个字作为标题，而正文从第二行顶格处接着往下写。如用“今收到”“现收到”、“已收到”作标题。

2. 正文

第二行开始写正文。以“今借到”、“今收到”等开头，以表示事实或契约发生的时间及性质；但以“今收到”为标题的收条是不空格的，接着写清楚对方的名称、钱物的名称及数量。如：

今收到

何蓉同学归还的《学习方法指导》书壹本。

正文是单据的主体部分。要写清单据的内容，明确收、领、借、还，并说明具体情况，把要写的内容、事由具体化、说明白。具体地说，这一部分不仅要使人们明白这个单据的内容是什么，而且要让人们明白立据双方的关系是怎么样的；同时，还要让人知道立据的期限。只有如此，单据才有存在的价值，才能成为真正的依据，否则，便失去了存在的意义。

3. 落款

在正文的右下方注明单据出具者的姓名，另起一行标明出具的时间，必要时还要在落款处加盖印章，表明对单据正文中的内容负责。是代别人借（收、领等）的，则要在姓名前加上“代借（收、领）人”字样。如果是单位出具的收条，除经办人签署姓名外，一般还要加盖单位公章。

三、单据的写作要求

1. 对外单位使用的单据，单位名称必须写全称，不可用简称。

2. 款项和物品的数字一定要用大写（如壹、贰、叁、肆、伍、陆、柒、捌、玖、拾、佰、仟等），不能用小写（如一、二、三等），更不能用阿拉伯数字书写（如 1、2、3 等）。数字前面不能留有空白，后面要写上单位名称（如元、斤、副等），然后写上“整”。每行的首尾不能有数字出现，以防增添涂改。如果单据中确有需要涂改内容，必须在修改处加盖印章，以示负责。

3. 为了便于保存，单据的书写不宜使用铅笔、圆珠笔、红笔，也不宜使用彩色笔，最好使用黑色（或蓝色）钢笔或签字笔。书写单据应笔迹端正、清楚。

另外，在借他人钱物归还后应及时收回借条，并及时销毁，以免带来不必要的麻烦。

写作实践

一、孙淳是国通进出口贸易公司的业务经理，这几天为去德国参加一个贸易洽谈会而忙于办理各种手续。由于是公务出差，孙淳的主要开支都由公司负担，他需要提前向公司支取现金 5000 欧元备用。4 月 5 日这天，孙淳拿着总经理同意支取现金的批条来到公司财务室，他给会计写了借条，然后领到了现金，说好回来后再与会计结算。

二、以下这则条据在写法上有哪些错误，请指出，并加以改正。

欠　条

今欠光明家具厂人民币 1000 元，定于一周内还清。此据。

欠条人：李洪
收条人：光明家具厂
2006 年 3 月 3 日

2.3 计　划

案例 1

新华职业教育中心校“风帆”文学社于 2011 年 3 月 6 日召开了新学期第一次工作会议，主要议题是讨论新学期活动计划。根据会议议程，文学社社长兼社刊主编周红同学做了开场白后，由活动计划撰稿人文学社副社长张燕同学宣读活动计划初稿。

新华职业教育中心校“风帆”文学社 2011 年第一学期活动计划（初稿）

自文学社创办以来，由于各方面的支持和全体成员的共同努力，已初步形成了一个指导有力、组织严密、活动有序、成员团结的课外文学社团，得到了广大师生的肯定。文学社成员活动积极、兴趣浓厚，为它的发展打下了良好的基础。

新的学期开始了，学校对进一步提高课外兴趣小组活动的层次和水平提出了新的要求。为此，我们结合文学社的实际情况，特制订下列工作计划。

一、活动目的和要求

文学社的各项活动必须围绕文学社“培养兴趣、吸取知识、开阔视野、交流心声、发挥才能”的宗旨，多趣味、多形式地展开。要求全体成员同心同德、积极认真、敢于创造，争取各项活动都出成果。

具体活动安排

1. 学期初，由指导教师组织大家学习学校关于进一步提高课外兴趣小组活动层次和水平的新要求，学习兄弟学校文学社的经验，明确本学期文学社活动的目的和要求，做到人人心中有数。

2. 开设文学讲座，由文学社指导教师主讲，时间每两周一次，共10次。

3. 继续办好社刊。仍然坚持每月出一期，克服以往社刊主题不明、文体单调的缺点，本学期分别围绕“爱祖国”、“师生情”、“我的乐园”等主题，认真选稿、组稿，仔细改稿、校对，进一步提高社刊质量。这项工作由社长兼社刊主编周红同学负责。

4. 9月份为了庆贺教师节，以“我爱教师”为主题，要求每个文学社成员为教师做一件好事。这项活动由副社长张燕同学负责。

5. 10月中旬组织文学社成员看一部电影，观后进行一次影评比赛。聘请学校相关教师组成评委会，拟评出一等奖1名、二等奖3名、三等奖9名，并给予一定的奖励。这项活动由社刊副主编曹新同学主持。

6. 11月以“我的一日”为题，进行一次作文竞赛，经指导教师评改后，将优秀的作品推荐给报刊，争取发表。

7. 12月为学校元旦文艺汇演排演文艺节目两三个。这项活动由副社长张燕同学负责落实。

8. 学期结束前，开展评选优秀文学社成员活动（评比办法另行公布）。

二〇一一年三月六日

张燕同学宣读完毕后，与会人员就张燕同学撰写的活动计划初稿进行了讨论，一致认为初稿目标明确，方法与步骤得当。最后，以举手表决的方法，一致通过了活动计划。

评点

计划是为了提高工作的实效性、减少工作的盲目性而制订的。所以，计划的制订必须利于工作的实施。

案例是一份条文式计划。全文结构完整，内容具体，语言简洁、明确。标题由制订计划的单位（新华职业教育中心校“风帆”文学社）、计划的期限（2009年第一学期）、事由（活动）和文种四部分组成，“初稿”则注明该计划是未定稿。正文部分作为计划的核心，在前言部分先简要对过去的成绩进行了概括性评价，再提出学校关于兴趣小组活动的要求，点明制订本计划的根据；接着，在正文的主体部分，以简明的语言分条列项地写明本计划在期限内应完成的任务和达到的目标，以及具体的要求、方法与步骤。内容具体明确，清清楚楚，让人一目了然，利于实施。

案例2

何明同学作为中等职业学校文秘专业的毕业生，2010年毕业后到南江新华书店工作了一年了。这天书店经理要求何明根据书店年度营销计划，用表格式的形式写一份第二季度营销实施计划。何明接受任务后，调阅了书店年度营销总计划，并根据对书店第一季度实际营销情况的调查，采用表格式的形式写了一份书店第二季度营销实施计划。

南江新华书店2011年第二季度营销实施计划

类 别	进货量（册）	销售总额（册）	利润（万元）
政策、法规读物	1000	950	1
小 说	17000	16800	12
教 辅 读 物	120000	120000	6
通 俗 读 物	9000	8900	0.9

何明将《计划》交给经理，经理认可签发后，叫何明交书店办公室发文，让各部门按此实施。

评点

从格式上看，案例 2 是一份表格式计划。表格式计划一般是在计划数据较多、内容单一的纯业务性计划时使用的一种写法。

案例由标题、表格两部分组成。标题由制订计划的单位（南江新华书店）、计划的期限（2011 年第二季度）、事由（营销）和文种四部分组成。表格作为计划的主体部分，分类指出明确的目标任务，让人一目了然。

相关知识

计划是对未来一定时期内的工作目标、步骤、措施做出安排的一种应用文。

计划是一个总名称，常见的规划、设想、计划、要点、方案、安排等，都属于计划。只是由于时间跨度、内容、范围等方面的不同，往往选用不同的名称。如，预定在短期内要做的一些具体事情，一般用“安排”；预计在远期内要做的事情，但对其中的指标或实施等项内容考虑得还不很周全的，一般用“打算”；“规划”所跨越的年代较长，内容范围较广，是一个地区、一个系统或一项工作全局性的战略部署，它是展示发展远景与长远目标的粗线条计划；“要点”、“方案”、“意见”也属粗略线条的计划，但偏重于政策性、原则性的指导；“设想”则是初步的、尚未成熟的计划，其特点是可变性较大。

一、计划的类别

计划除了使用的名称不同外，按照不同的分类标准，可分为多种类型。

按其所指向的工作、活动的领域来分，可分为工作计划、教学计划、学习计划、生产计划、销售计划、采购计划、分配计划、财务计划等；按适用范围的大小不同，可分为国家计划、地区计划、单位计划、班组计划、个人计划等；按适用时间的长短不同，可分为长期计划、中期计划、短期计划三类，具体还可以称为十年计划、五年计划、年度计划、季度计划、月份计划等；按指挥性的强弱不同，可分为指令性计划、指导性计划；按涉及面大小的不同，可分为综合性计划、专题性计划。

上述分类，是为了表述方便。实际上，这些种类多是重合的，如《新华职业教育中心校 2010～2011 学年度工作计划》既是工作计划，又是年度计划，也是单位计划、综合性计划。

二、计划的格式

计划没有固定不变的格式，可以写成一篇叙述的文字，也可以分条分项列出，还可以采用表格的形式写出，或者把几种方法“综合运用”，既有表格，又有文字的叙述和说明。总之，应根据实际情况而定。一般说来，计划应包括如下三个部分。

1. 标题

计划的标题通常有以下几种写法：

（1）由制订计划的单位（个人计划的姓名不写在标题内）、计划的期限、事由和文种四部分组成。如《新华市教育局 2010～2011 学年工作计划》这个标题各要素俱全。专题性计划的标题常采用这种写法。

（2）由计划期限、计划内容和文种构成。如《关于2011年度学生工作的计划》。

（3）由单位名称、计划内容和文种构成。如《电子信息工程09（1）班班务工作计划》。

（4）由计划内容、文种两个部分构成。如《工作计划》、《学习计划》。

如果所订的计划还不够成熟，需试行一段时间，待征求意见后再进行修改定稿，或者还未经过法定的会议讨论通过，可在标题后或下加上“初稿”、“草案”、“讨论稿”、“征求意见稿”等字样，并加上括号。如《新华职业教育中心教务处2010～2011学年第一学期工作计划（初稿）》。

2．正文

正文是计划的核心部分。这部分通常包括前言、主体、结尾三个部分。

（1）前言

前言应简明扼要写清楚：制订计划的指导思想，包括有关的方针政策和上级的指示；分析现时形势的要求，本单位的基本情况（完成任务的主观和客观条件的分析）；计划的总任务，计划的目的要求等。前言通常以“为此，2011年（或第3季度）要做以下几项工作”来领起下文。上述几项内容，并不是每份计划都必不可少，要根据计划任务的对象、范围情况的不同，酌情取舍。有的计划前言部分可不写，而直接写具体事项。

（2）主体

主体是计划的核心，应明确提出计划的目标和任务、步骤和措施。

目标和任务：要明确写明一定期限内必须完成哪些任务，实现什么目标，做哪些事，数量和质量上有什么要求等，使计划执行者一看便知道准备做什么、做多少、什么时间完成、由什么部门负责执行等，从而心中有数。如《新华减速机厂1991～2000年十年经济发展规划》的“基本任务和目标”部分是这样写的：“遵照党中央关于到本世纪末‘力争使全国工农业的总产值翻两番’的要求，根据本企业产品在国民经济中的地位和作用，制定1991年至2000年的远景规划，为企业在新世纪的高速发展打好基础。十年内的奋斗目标和重点是：研制尖端产品，赶上国际先进水平；进行部分老产品的更新换代；新建和扩建部分生产车间；大力培训工人，促进技术进步；提高企业经营管理水平和经济效益，为加速社会主义现代化作出贡献。”

步骤和措施：明确了工作任务后，还要根据主客观条件，设计必要的步骤和措施，以保证任务的完成。步骤是指工作的程序和时间安排。每项目标和任务在完成过程中都有其阶段性，先做什么、后做什么，主干什么、次干什么，每一步在什么时间、达到何种程度，人财物力如何调配、布局，各阶段如何配合、衔接等，都必须写得合情合理，环环紧扣，步步落实。措施主要是指达到既定目标需要采取什么方法，动员哪些力量，创造哪些条件，排除哪些困难等。如《新华钢铁厂健全岗位责任制工作计划》的“步骤和措施”。

（一）5月上、下旬，举办各级领导干部学习班（丁洋、李明负责）。

（二）5月中、下旬，在三车间和技术科试点（黄凯、陈江负责）。

（三）6月至7月中旬，各部门全面铺开（各部门负责人）。

（四）7月下旬，检查、验收（厂部组织各部门互相检查）。

目标、步骤、措施是计划内容的三要素，目标任务明确，步骤安排合理，措施办法得当，就可以减少工作的盲目性。

总之，计划的正文要按照“做什么—怎么做—做到怎样”的顺序来安排结构内容。只有这样，才能简明、全面、清楚地制订好计划。

（3）结尾

结尾是全文总结，多在正文的末尾提出希望和号召。也有的不写，计划事项写完后自然结束。是否写结束语，要根据计划的具体情况而定。

3．落款

计划的结尾要写上制订单位的名称与制订日期两项内容。如果标题中已标明单位名称，结尾可省去单位署名，写明制订日期即可。

三、计划的写作要求

1．调查研究，实事求是

制订计划前，必须深入实际，认真调查研究，既要“吃透”上级精神，又要虚心听取群众意见，“摸清”本单位的实际情况，分析主客观条件，尽可能预测到计划执行过程中的困难和问题，以便在计划中写明预防和解决问题的方法。制订的任务和指标应是经过各方面努力可以达到的理想指标，既不要过高，也不能过低。计划切忌说假、大、空话，写得不实用。

2．内容具体明确，语言简明扼要

为收到良好的效果，计划的整体设想要明晰，并将实现目标的途径和办法一条一条地列出来。计划切忌语言含糊，职责不清，使之无法落实和检查。计划的内容，一般要分条分项来写，叙述要平直、说明要简洁，如内容复杂，每个问题可设小标题，以示醒目。

3．针对性和灵活性

计划的内容既要全面，又要有针对性，重点要突出。我们在制订计划时，要针对本单位、本部门的工作重点，保证计划中能够反映出当前要解决的主要问题。计划还要有灵活性，应留有一定的余地，当某种未预见的因素发生时，计划能及时调整、完善和补充。

写作实践

一、李春梅 2007 年从一名普通的销售人员升任美方化妆品公司华中区销售部的主管。她工作责任心强，吃苦能干，两年来带领部门人员取得了不错的业绩。在即将迎来 2009 年之际，根据公司要求，李春梅认真思考了下今后的工作，制订了一份 2009 年销售主管工作计划。

二、根据下列材料，为新华市蔬果公司第一分公司制订一份表格式第一季度反季节蔬菜生产计划。

为了更好地实施新华市政府的“菜篮子工程”，为市民提供品种丰富的高质量蔬果，新华市蔬果公司第一分公司决定利用塑料大棚试验种植一些反季节蔬菜，以便积累经验后大面积推广。他们打算种植小白菜 0.5 亩，使用 1 号大棚地块，首次播种日期安排在 2002 年 1 月 2 日前，负责人为张华，因小白菜生长期短，要求在收获后及时整理地块继续播种，估计在第一季度小白菜的产量为 2000 公斤。四季豆种植 1 亩，使用 2 号大棚地块，1 月 3 日前播种，由王林负责，估算产量为 3000 公斤。西红柿于 1 月 2 日前播种，青椒于 1 月 4 日前播种，各种植 1 亩，分别由李新和赵红负责，估算产量分别为 6000 和 8000 公斤，使用 3 号和 4、5 号大棚。

2.4 总　　结

案例 1

钱华同学从新华职业教育中心校税务管理专业毕业后到新华区税务局河西税务所担任税务专管员。一年来，钱华认真学习税法，熟悉税收管理制度，虚心向老税务工作者学习征管方法，业务水平和工作能力有较大提高。时近年终，税务所将要召开年终总结大会，要求全所工作人员都要在会议上做个人总结发言。钱华于是写了一份年度个人工作总结。

年度工作总结

钱华

2009 年，我在新华区税务局河西税务所担任税务专管员工作，主要负责所辖 12 户集体企业的税收征收管理工作。现将一年来的主要情况总结如下。

一、一年来的主要工作和成绩

一年来，我利用业余时间，结合工作实际，系统学习了国家有关税收法规、征收管理制度及工业会计、商业会计等知识，使自己依法办税的能力有了较快较大的提高。目前，我已能熟练、准确地对企业办税员进行纳税辅导，审核企业申报的“纳税鉴定申报表”、“纳税申报表”等，正确指导并帮助企业执行和改造各项税收管理制度。针对部分企业办税员水平低、填写“纳税申报表”问题较多的情况，我专门对这些办税员进行了填写“纳税申报表”的辅导。因此，我个人的业务水平有了较快的提高，在 10 月份区税务局组织的税收专管员业务竞赛中，我获得了二等奖。

另外，我还非常注意向老税务工作者学习。凡在工作中遇到问题，我就主动向所里从事了十几年税务工作的老专管员李林同志求教。为了更好地向老同志学习征管艺术，从今年年初起，我在完成本职工作的基础上，经常抽出时间随老李一同下厂，观察学习他在征管工作中的工作方法。如：如何进行纳税辅导、如何查账、如何指导企业建立健全财会制度，就连他与厂长、财务科长、办税人员谈话的一举一动，我都注意观察，从中我受益匪浅。我由此初步学会了怎样处理好自己与企业关系的方法，使企业主动配合自己做好税收管理工作，这对提高我的工作能力有很大的帮助。

同时，我严格要求自己，热情为企业排忧解难，维护国家税收人员的形象。与所里其他同志团结协作，主动帮助其他同志做好工作，受到所里同志们的好评。

二、几点体会

一年来，我在工作上取得了一些成绩，但也存在不少问题。如业务能力不强，征收管理水平与老税务工作者还有很大差距；对税收法规掌握不熟，时有差错发生；在一些税务文书的制作上还不够规范等。通过对一年来主要工作成绩和存在问题的总结，我有以下几点体会。

（一）税收工作是一项政策性非常强的工作，要做好这项工作，做到依法纳税，今后必须更加努力学习税法和有关税收政策及其他经济政策。

（二）税收工作直接涉及征纳双方的利益，是一项非常敏感的工作。作为税收人员，既要依法办税，又要处理好与纳税人的关系，必须努力提高征管艺术，这也是我今后将努力钻研的问题。

（三）税收的制度化、规范化管理，是通过特定的税务文书实现的。按税收法规规定程序，熟练准确制作各种税务文书，是依法办税的重要手段。我今后应努力提高税务文书的制作水平。

二〇〇九年十二月三十日

评点

总结作为一种指导今后工作、学习的回顾反思性文书，可以帮助总结者积累经验，提高总结者的理性认识。所以是人们在日常学习、工作中常用的一种应用文体。

这是一篇工作总结，结构有条不紊，脉络分明。正文由前言和主体两部分构成。前言简要地概述了过去一年的工作基本情况。主体部分采用了两部式的结构形式：第一部分写一年来所做主要工作和取得的主要成绩；第二部分写存在的问题及其体会，既是解决问题的措施，又是今后努力的方向。在写作方法上还有两点也值得借鉴：一是充分占有材料，选材典型；二是叙议结合，做到观点与材料的有机统一。

案例 2

新华职业教育中心校文秘专业学生张红同学到新华区外贸公司销售部顶岗实习了半年后，已近年终。销售部经理将本部门一年来工作情况向张红介绍后，要张红帮助部门写一份能充分表现本部门成绩的年终工作总结。张红虽然在学校学习过总结的写法，但动笔时却感到为难了：怎样才能根据经理提供的材料写出一份全面的工作总结呢？于是，她想通过借鉴有关范文的学习，复习一下过去已学习过的总结写法常识。于是她找来下面一篇总结认真学习起来。

售后服务是企业的命根子

——万宝技术服务中心 2007 年工作总结

2007 年，万宝集团技术服务中心全体员工和分布在全国各地维修点的员工一起，根据何总经理关于“售后服务是企业的命根子”的指示精神，坚持“拥有万宝电器，享受一流服务”的宗旨和“一切为了使用户满意”的标准，发扬“同心多奉献，合理创一流”的企业精神，大力开展优质服务活动，扎扎实实地做好各项工作，实现了 2007 年的总体目标。全体维修合格率达 99.8%，比去年上升了 30.3%；维修返修率 0.2%，比 2006 年下降 30.13%；用户来信处理率 100%，全年未出现重大的维修质量投诉，赢得了用户和社会各界的好评，促进了万宝系列产品的销售，促进了万宝售后服务工作向服务质量标准化、服务体系网络化、服务管理规范化、服务方式多样化、服务经营一体化的方向发展。2007 年被评为全国优质服务企业。

回顾一年来，我们主要做了以下几项工作。

一、优化网点建设，加强网点管理

1. 开展网点升级达标活动（略）

2. 开展网点调研考察（略）

3. 合理调整网点布局，扩大维修服务的覆盖面（略）

4. 开展用户抽查，优化网点结构（略）

二、调整售后服务策略，适应市场和用户需要

1. 增加服务项目，扩展服务范围（略）

2. 转换服务形式，提高服务水平（略）

3. 开拓服务经营一体化道路，增强自身实力（略）

三、提高员工素质，深化优质服务（略）

四、开展“万宝电器百日维修服务质量无投诉”活动（略）

2008 年是万宝事业发展的关键一年，也是实现集团中期发展规划的决定性一年。我中心必须进一步贯彻落实何总关于“售后服务是企业的命根子”和汤总关于“服务先于销售”的指

示精神，坚持“一切为了使用户满意”的最高标准，把售后服务工作作为首要任务，为维护万宝信誉作出更大贡献。

张红通过范文的学习，不仅巩固了已学知识，而且从中得到了启发，很快完成了部门经理交办的任务。

评点

这虽然也是一篇工作总结，但写法与案例 1 有所区别。从类别上看，案例 1 属于个人总结，案例 2 则是单位工作总结。从写法上看，该案例标题采用正副题式，正题揭示文章的中心内容，副题标示出单位、时间、事由和文种；该案例在前言部分，不仅概述了基本情况，交代了总结所涉及的时限、单位、背景、工作任务、完成情况，并且引用数据概述了成就，最后用“回顾”一句过渡转入主体部分。主体则围绕“售后服务是企业的命根子”这个中心，按逻辑顺序列举了本单位一年来的主要工作内容。最后以展望作结，表明了本单位的决心，同时也反映了单位的精神面貌。

相关知识

总结是单位或个人对前一阶段的工作或一项活动，进行全面、系统的回顾、分析，作出客观评价，从中找出经验教训，引出规律性的认识，明确今后努力方向，以便更好地指导今后的实践所写的一种事务性应用文。

一、总结的类别

总结的种类很多，从不同的角度可分为许多类别。

从时间分，有月度总结、季度总结、年度总结等；从范围分，有个人总结、班级总结、单位总结等；从内容分，有工作总结、学习总结、生产总结等；从性质分，有专题总结、综合总结等。

二、总结的格式

一般由标题、正文、落款三部分组成。具体写法如下。

1. 标题

标题要根据总结的要求和具体内容而定。大致有以下三种写法。

（1）直接性标题。在标题中直接标明单位名称、时间、内容、文种名称，如《新华职业教育中心校学生会学期工作总结》；有的只写时间或内容、文种名称，如《学期工作总结》《学生会工作总结》。

（2）间接性标题。在标题中不出现文种名称，但从标题的内涵中可以看出是“总结”，如《“风帆”文学社社员队伍建设的成效及其存在的问题》。

（3）综合性标题。采用双行式标题，正标题采用间接性标题的形式，高度概括总结的主要内容；副标题采用直接性标题的形式，直接点明单位、时间、文种名称。如《抓典型引路 扩大订阅覆盖面——我们是怎样做好〈人民日报〉订阅工作的》。

2. 正文

正文一般包括前言、主体、结尾三大部分。

（1）前言

前言简明扼要地概述某个阶段的学习、工作或生产的基本情况，交代背景，点明主旨。有的总结，还在这部分运用数据，说明工作的成绩或不足。概述的内容，根据总结的不同要求有所侧重，不是千篇一律。基本情况这一部分内容要写得提纲挈领、简明扼要，为下文具体介绍经验教训打好基础。如《新华职业教育中心校学生会学期总结》开头："在学校团委的正确领导与指导下，本学期按计划、有步骤地开展工作，有过成功的喜悦，也有过失败的颓废。现在此将本学期工作中的收获与不足总结如下。"

（2）主体

主体是总结的重点，要具体介绍工作、学习取得的主要成绩、主要经验及其原因；要通过对事实材料的分析，总结出带有规律性东西。由于这部分内容较多，又要对事实进行理论上的分析归纳，所以应根据实际内容和表达的需要采用相应的结构形式。常用的主要结构形式有以下几种。

两部式：第一部分写做了哪些工作、取得了什么成绩，并归纳出主要经验；第二部分写存在问题和今后应采取的措施。各层可按内容分为若干个问题，加序号或小标题分条表述。

三段式：第一段写工作的基本情况和取得的成绩，第二段写经验和体会，第三段写存在的问题和今后的打算。各段也可采用条款式结构，用小标题分别揭示各项内容的主旨。

阶段式：按时间顺序安排结构，把工作的过程分为几个阶段，再分别对每个阶段的情况进行分析总结。其优点是全文脉络清晰，便于看出工作的开展进程和每个阶段的特点。

（3）结尾

通常写今后的努力方向（也称今后打算）。如一位实习学生的实习总结的结尾："近半年来，我通过实践学到了许多的销售知识，通过不断的学习逐步提高了自己的业务水平。但是作为新人，我深深知道，自己经验还是相对欠缺的，需要不断学习和磨炼。因此，在新的一年里，我希望通过到销售第一线的不断学习和实践，做好个人工作计划，在现场不断增加自己的经验和见识，争取使自己的业务实践能力提到一定的水平。"

如果这项内容已在主体中写过，则不再另加结尾。

3. 落款

标题上没有标明单位的，还应在正文结束后写上单位，个人总结还要写上个人的姓名，然后再写上日期。有时在标题下用括号标明日期，在此也就没有必要再写日期了。

三、总结的写作要求

1. 观点和材料的统一

写作总结时，必须掌握全面情况和整个工作过程，充分占有材料，从中找出最能反映全局工作的经验教训，并选择最能说明问题、最具有代表性、最能反映本质的典型材料，这样才能纵观全局，避免以偏概全、挂一漏万，做到观点统率材料，保持观点和材料的统一，总结才具有说服力。

2. 面上材料与点上材料相结合

总结中既要有面上的材料，又要有点上的材料，做到点面结合。面上的材料具有概括性，反映事物的全貌；点上的材料生动具体，用来充实、印证面上的情况，增强说服力。

3. 叙述、议论是总结最常用的表达方法

叙述是总结行文的基础，它通过对过去工作情况的交代，使读者明白某单位、某个人的工作状况。议论则能把分散的、感性的材料转化为具有指导意义的理论。总结在说明工作过程、列举典型事例时，应以叙述为主；分析经验教训，阐明努力方向时，应以议论为主。叙述是议论的依据，议论又是叙述的分析、综合和提高。

4. 总结出个性

写一个单位的总结，一定要抓住最突出的，最能反映客观事特本质特点，最具鲜明个性和特色的东西来，如新的情况、新的问题和新的经验教训等，切忌人云亦云。当然，也不能无中生有地标新立异，要注意新的情况、新的问题及经验教训的代表性和普遍意义。

5. "一分为二"，实事求是

不论是写成绩或写缺点，总结都必须准确把握分寸，实事求是地叙述事物发展的全过程，用"一分为二"的观点，研究事物的内部联系，寻找其中的规律性。成绩不夸大，缺点不缩小。这样的总结才能指导今后的工作。

写作实践

一、2010 年，宁华网络技术服务公司为了活跃企业文化气氛，丰富员工们的业余生活，在开展群众性体育活动方面做了一些工作：严格午间锻炼活动考勤；因地制宜，开展羽毛球联赛、女子乒乓球擂台赛、篮球对抗赛等多种体育竞赛；还与客户单位共同组织体育竞赛活动。但是也存在着一定的问题：计划中的一些项目未能很好地完成，工作主动性仍不够，还有在与客户单位进行乒乓球联谊赛时，未经批准，就对技术部乒乓球队骂裁判一事做出轻率处理。公司人事部的黄红接到总经理指示，写一份年度群众性体育活动的总结。

二、下面是一份《春州市档案馆网络技术科 2008 年工作总结》。请根据各部分内容，填写出相关要点。

春州市档案馆网络技术科2008年工作总结

2008 年下半年，我们在处党总支的领导下，在有关科室的支持和本科全体员工的共同努力下，较好地履行了本科室的工作职责。上半年做了以下几方面的工作。

一、______________________________

日常工作中，我们的计算机维护工作量比较大。主要原因有三：一是工作量大、人员少；二是基层档案室多且分散在各二级单位；三是我馆办公自动化设备多。但大家齐心协力、团结协作、认真负责，努力做好计算机及其外设的维护工作。

1. 快速排除系统故障。工作中我们坚持履行与处里签订的工作目标责任书的承诺，做到随叫随到，及时解决各档案室上报的计算机系统故障问题。半年来，通过电话指导排除的突发故障大约 110 多起，现场排除故障 70 多起。

2. 不定期对计算机设备进行维护，提高设备的完好率。

3. 与基层档案室联系，征求服务意见，在此基础上不断改进工作作风，明确工作定位和服务承诺，明确工作目标。

二、______________________________

1. 继续完善单机版档案数据库建设工作。

2. 设计开发了普光档案管理数据库。

3. 做好电子文件上传的系统的后台监控。

4. 做好两个网络版数据库的后台监控和系统使用指导工作。

5. 做好数据库备份工作。

三、____

1. 做好档案楼内网络的维护、管理工作，保证楼内各单位网络的正常运行。

2. 认真做好各档案室计算机的安全防护工作，保证每台计算机都在安全状态下运行，全年没有一台计算机因安全防护不到位而影响工作，确保上网档案数据的安全。

3. 及时更新档案信息网站动态信息、数据库信息和各静态版信息。

四、____

1. 到档案室直接答疑解难，解决档案人员提出的数据库及计算机方面的有关问题。

2. 配合处里举办的相关业务培训班对全员进行培训工作。

3. 通过电话及QQ及时解答业务问题。

五、____

今年我们加强了内部管理工作，实行对每个人的业务能力考核，对个人工作量及工作进度进行考核，提高了工作效率及质量。同时加强机房管理，保证设备安全正常运行。

六、存在的问题

一是业务技能还不能完全到位，对数据库的高层次开发应用还有待于进一步的提高。

二是没能按计划完成单机版科技档案数据库的设计工作。

在今后的工作中还要不断学习，不断提升业务能能力，继续做好本职工作，为我处档案现代化管理工作提供有力的技术支持。

2.5 述职报告

案例1

电子信息工程专业07（1）班学生何红、王琳等几位同学到新华市国税局信息中心实习已半年了。这天，局领导到信息中心对信息中心主任林新任职一年的工作进行考核。根据考核程序，林新需对全中心人员进行全年工作的述职，接受全中心工作人员的评定。何红、王琳等几位同学虽然是实习生，但也列席了会议，聆听了中心主任林新的述职。

尽职尽责尽心尽力

——我的述职报告

各位领导，各位同事：

上午好！

我是新华市国税局信息中心的林新，2009年12月，组织上安排我担任信息中心主任。下面我将一年来的工作情况作个汇报。

过去的一年，为落实省国税局提出的“以信息化建设为突破口，大力推进征管改革，建立现代税收征管运行机制”这个总体目标，在市局党组的重视和支持下，我和中心的全体同志一起下分局、进企业，摸清基层的情况；到省局信息中心请示汇报，吃透上级的精神；走访相关业务公司，掌握技术保障的要领。在此基础上，我们拿出了全年工作思路和主攻重点，报经局领导审定，下发了《新华市国税局关于做好2010年计算机工作的意见》。从年初开始，我们逐个阶段抓督导，逐项工作抓落实，始终突出“四抓”。

一抓硬件建设。这是计算机推广应用的基础。我们挤出有限的资金，争取省局的支持，调动各方面的积极性，给基层单位陆续配齐了计算机。但随着计算机在税收领域的应用越来越广，几乎所有的涉税活动都纳入进来，单机操作已经远远不能满足大多数分局工作的需要，全系统联网运行势在必行。为此，我们立即动手进行调查，本着节约、实用的原则，提出了一套解决方案，得到了市局领导的充分肯定。对13个分局的办税厅及办公室进行简易布线和对等网的安装；又投资10多万元，将7个分局由拨号上网改为DDN专线联网；配发各种设备40多台套。这样一来，形成了以市局标准机房为中心、8台高档服务器为数据处理核心、三级广域网和局域网为骨架的税收管理系统，全局连接成为一个稳定、高效的计算机网络系统，分局的各个岗位运用单台计算机各司其职、资讯共享，分局与市局、市局与省局的远程通信效率成倍提高。

二抓软件应用。我们与有关公司联手建成了全省国税部门第一个电子报税系统，紧接着逐步推广省局统一开发的IMB软件。截止到去年年底，已基本涵盖了整个税收业务流程，应用效果日渐显露出来。去年，我把主要精力转移到办公自动化的应用、网页的制作、“金税工程”及CTAIS的前期准备上。这是当时乃至今后一定时期税收信息化建设的重中之重。我们提前进入准备，连续举办了3期办公自动化的培训，把所有相关人员都轮训一遍，还会同办公室一起制定了《公文处理规程》，从硬件、软件、人员到规程都一一准备到位。按省局统一要求，2010年1月，全局办公自动化系统顺利开通，实现了FTP文件传输、电子邮件的收发、网上信息的发布和下载，全市税收工作的各种资讯，都能在网页上随时查询。去年9月，市政府领导及部分市人大代表视察我局工作时，对我们的计算机工作给予了高度评价。为保证“金税工程”及CTAIS在2010年开通，从去年开始，我们一方面狠抓国税干部的网络技术培训、操作规程建设；另一方面提前加快设备更新、网络改造的步伐，实现了软件、硬件建设的相互推进，率先在全省第一个开通了“金税工程”的四级网络，受到省局领导的多次肯定。

三抓人才培养。我们中心人手少、事情多，工作的技术含量高，特别是“金税工程”启动后，这根弦一直绷得很紧很紧。我们采取了“三管齐下”的方法，在人员的素质和数量上做文章。一是派出学习。去年9月，我们克服事多人少的困难，派出一名副主任到中国人民大学参加了为期四个月的信息管理专业学习。二是岗位练兵。我们制定了中心及大厅系统管理员的例会学习制度，每月采取实地开会和网上讨论相结合的方式，帮助大家提高解决实际问题的能力，营造边学、边干、边提高的良好氛围。三是引进人才。在市局党组的重视关心下，通过反复考察，引进了两名计算机本科毕业生。初步形成了计算机人才的梯队结构，为计算机和网络技术在税收上的普遍应用及提档升级奠定了基础。经过不懈努力，在全省国税系统年度计算机竞赛中，我局的排名位次进一步靠前。

四抓规范管理。总局确定去年为“信息管理质量年”。我们抓住这一契机，拿出过硬措施，使全局计算机规范管理迈上了新的台阶。第一，制定了规范管理办法，科学设置岗位，明确操作流程，建立质量考核方案，对各单位人员的跟踪管理和职责配置、设备的保管与维护、运行的规程与要求、信息的有效使用及网络安全等，统一作出了严格的规定。第二，每月对各个基层单位进行网上考核，逐项评估，综合计分。第三，以考促学，以考促用，以考促改，年终汇总评估，并采取适当形式通报和奖励。为促进信息管理质量年活动的深入开展，我们中心内部着重抓好每月的科务会议，检查每个人员上月工作情况，布置当月工作，筹划下月工作，做到有部署、有检查、有落实、有回音。一年来，我们没有出现一起重大设备、软件系统、网络安全事故，保证了全局工作的正常运行。

总之，过去一年的信息工作，我们做了新的探索，也取得了新的成效。这里面包含着市局领导的关怀和支持，凝聚着全中心同志们的心血和汗水，也得益于相关科室和基层单位的理解与配合。我作为主任，尽了心，努了力，仅仅做了一些应当做、也是力所能及的工作。回想起来，我走上信息中心主任的岗位之日，正值税收管理信息化高潮到来之时。这是难得的工作机遇，也是巨大的工作压力，即使加班加点，即使东奔西走，即使有得有失，我也无怨无悔。有四个值得欣慰的地方。第一个欣慰是市局领导坚强有力的支持。信息管理是一项基础工作，被摆在了优先发展的位置，要钱给钱，要人给人。第二个欣慰是相关单位始终不渝的配合。信息管理是一项服务工作，没有各个单位的充分理解和配合，全市网络就不可能连接起来。第三个欣慰是全中心同志们精诚有效的合作。信息管理是一项技术工作，我不是计算机专家，但中心的同志都是专家型人才，我的重要职责就是爱护好、使用好、发挥好他们的专长，努力营造一个既有分工、又有协作，既有纪律、又有情趣的生动活泼的工作局面。第四个欣慰是自己一直保持着强烈的敬业精神。对我来讲，信息管理是一项十分陌生的工作，我老老实实地学习，不懂就问，不会就学，既勤奋干事，又努力协调好上下、左右、内外，还有“人”、“机”之间的关系。

面对当前的改革，我要用平常之心对待不平常之事。从事税收工作以来，我从基层到机关，从一般员工到“兵头将尾”，无论在什么岗位上，我都要求自己先做人再做事，从来不敢有一丝一毫的懈怠。今后，不管改革的大潮把自己推上什么岗位，我都会努力做到岗位变了，工作的要求不能变；职责变了，敬业的精神不能变；为大家服务的内容变了，服务的质量不能变。我要从政治思想、业务知识上加倍努力学习，勤政不已，进取不懈怠，发扬成绩，纠正错误，为蒸蒸日上的全市国税事业尽心尽力，添砖加瓦。

谢谢大家。

述职人：林新

二〇一〇年十二月六日

林新主任报告后，何红、王琳等几位同学听到员工们纷纷说：主任的述职实事求是，具体、充分、全面，突出了自己工作的特点，显示了自己的工作个性。

评点

通过述职报告，报告者全面总结了自己阶段内的工作，也为听报告者的评价提供了依据。

这篇述职报告格式规范。标题采用正题（尽职尽责尽心尽力）加副题（——我的述职报告）的形式，正题说明述职的内容主题，副题表明文种，鲜明地表明了述职报告的主旨内容；开头为正文的概述部分，回答了“何人述职”、“述什么”等问题，为整个述职报告定下基调。接着在实绩阐述部分以标号分段，从四个方面用典型事实例证了主要实绩“四抓”，条分缕析，突出重点；对今后的打算，虽然阐述简洁，但述职者的设想、愿望和态度都明显地加以表述。总之，这份述职报告结构层次较清晰，陈述的内容能突出重点。

案例 2

新华机械制造厂厂长吴天守已任职一年了。年终他向新华市机械局递交了年度述职报告。在报告中，他既阐述了自己一年来取得的成绩，也对自己工作中的不足做了分析。

2010 年度述职报告

新华机械制造厂厂长　吴天守

本人自 2009 年 12 月任新华机械厂厂长职务一年来，在工作实践中，既有称职之处，也有不尽称职的地方。比较突出的成绩是提出以质量求生存、以优质服务在市场上站稳脚跟的生产与经营策略，并基本实现了目标。不足之处便是没有较好地解决工厂生产实力不足，产品档次不高的问题。下面就具体汇报一下任职一年来的工作情况。

一、坚持以质量求生存

今年年初，由我拍板决定，把一些未经严格检查的产品，冒着风险投入市场。此举原为把货品推出去，以尽量减少厂里的亏损。然而，事与愿违，用户纷纷退货，厂子经济损失严重，我们在市场经济面前碰得鼻青脸肿。这时，我才认识到，“质量是企业的生命”是一条千真万确的规律。为了重新赢得市场，我在二、三季度用了一把狠劲，亲自到生产第一线去把关，狠抓产品质量，做到责任落实、管理到位，使全体职工明确认识到“质量是企业的生命”，并提出同省内名牌争高低的口号。经过全厂职工的齐心努力，我们最终把失去的市场又夺了回来，并赢得了更多的用户。

二、靠着优质服务在市场上站稳脚跟

我们的产品打入市场凭借的是质量，但是，光有质量没有优质服务也还是不行的。特别是在市场不景气的情况下，更需要我们千方百计地研究市场、开拓市场，并全方位地满足市场的需要。为此，我亲自对市场进行了一个多月的调查，然后与领导班子共同研究决定，凡出厂的产品都要实行跟踪服务，不合格的包退包换，使用过程中出现问题的负责保修，做到负责到底，服务到家。由于服务工作做得好，我们深受用户的好评，用户愿意跟我们长期合作，这样一来，产品市场的基础就更加牢固了。

三、实力不足，要走技术革新之路

现代企业之间的竞争要靠实力，而这里所说的“实力”包含两层含义，一是作为厂长必须具有现代企业管理的实力；二是工厂总体要有实力。应当说，作为厂长，我缺乏现代企业管理的实力，只能边干边学，有时还会显得力不从心。从这个角度来说，尽管我在努力去做，但还不能算是一个称职的厂长。在管理中，我没有做到优化现场管理，完善企业的标准化也不够得力。从企业的总体实力的角度来看，由于我们的厂子属于中等企业，规模不大，只有同大厂搞联营，利用兄弟厂加工部件，我们的生产和经营才会兴旺起来。而从根本上说，我厂要发展壮大起来，就必须走技术革新的道路，不断开发新产品，以充分适应市场变化的需要。

以上是我任现职以来的主要工作状况，有些问题可能讲得不深不透，请领导和同志们批评指正。

二〇一〇年十二月二十四日

机械局领导看了吴天守厂长的述职报告后，认为他的述职能在实事求是地反映自己工作成绩的同时，也指出了自己的不足。是一篇较为全面的述职报告。

评点

这是一篇书面述职报告，所以写法与案例 1 有所区别。本案例标题包括述职期限（2010年度）和文种名称两个要素，标题下面是述职人所在单位的名称和述职人姓名。正文的开头部分主要是总述和评价自己的工作情况，然后从三个方面对自己在任职期间所取得的成绩和所存在的不足加以分析，并指出今后努力的方向；最后用简短的结束语，表明自己的态度。

相关知识

述职报告是各级党政机关、人民团体、企事业单位的领导或工作人员，向所在单位的组织人事部门、主管领导或上级授职机关陈述自己在一定时期内主管工作的完成情况或履行职责情况的一种自我评述性的应用文体。

一、述职报告的类别

从不同角度进行划分，述职报告有多种类别。

从内容上划分，可分为综合性述职报告，即指报告内容是一个时期所做工作的全面、综合的反映；专题性述职报告，即指报告内容是对某一方面的工作的专题反映；单项工作述职报告，即指报告内容是对某项临时性，又是专项性的工作的反映。

从时间上划分，可分为任期述职报告，这是指从任现职以来的总体工作进行报告；年度述职报告，这是一年一度的述职报告，主要写本年度的履职情况；临时性述职报告，是指担任某一项临时性的职务，写出其任职情况。

二、述职报告的格式

没有固定的写作格式，根据不同类型和主旨，可灵活安排结构。一般由标题、署名与称谓、正文、落款四部分组成。其各部分的写法如下。

1. 标题

常见的写法有三种形式。

（1）文种式标题，只写《述职报告》。

（2）公文式标题。述职者姓名加述职者任职时限加事由加文种名称，如《王宏 2009 至 2010 试聘期述职报告》《2009 年至 2010 年任商业局长职务的述职报告》。

（3）文章式标题。用正题，或正副题配合，如《思想政治工作要结合经济工作一起抓——新华造纸厂厂长王新华的述职报告》。

2. 署名与称谓

署名写在标题的下一行的居中，一般只要写清述职者的姓名则可。但如果是对上级主管或组织部门进行述职，就必须要写清述职者的单位名称（全称）、职务和姓名，如“新华专业学校副校长王琳”。

称谓，又称抬头，根据述职性质有两种写法：一是书面述职报告的称谓写法，要写主送机关名称，如“局党委”、“市委组织部”或“市劳动局人事处”等；二是口述述职报告的称谓写法，要写对听述者的称谓，如“各位代表”、“各位委员”、“各位同志”，或“各位领导、同志们”。称谓无论是写主送机关名称，还是写听述者的称谓，都应顶格写，其后用冒号。

3. 正文

一般由开头、主体、结尾三部分组成。

（1）开头

开头又叫引语、概貌、前言，主要简明回答“何人述职”、“述什么”，一般交代述职者任职的自然情况，包括何时任何职、变动情况及背景；岗位职责和考核期内的目标任务情况及个人认识；对自己工作尽职的整体估价，确定述职范围和基调。这部分要提纲挈领，简明扼要。如：“我自 1992 年 5 月起担任图书馆馆长，至今已历时 4 年。4 年来，我坚持履行高等院校图书馆的教育职能和情报职能，努力将图书馆办成为教学、科研服务的学术机构。下面分三部分向领导和同志们汇报。”

（2）主体

主体是述职报告的核心，主要陈述履行职务的情况，包括三个方面的内容：一是任职期间的任务完成情况，取得的主要工作成绩；二是存在的问题及经验教训；三是今后工作的努力方向。

这部分，要写得具体、充实、有理有据、条理清楚。由于这部分内容涉及面广，量多，为了有条理地进行阐述，可采用“条款式（根据上级下达的指标，逐条汇报工作）”、“重点式（从工作中选取几项主要工作为重点，详细汇报，其他略写）”、“顺时式（按时间顺序来汇报工作情况）”等形式来写出，做到条分缕析，重点突出。如：

……下面分三部分向领导和同志们汇报。

一、业务方面

在业务上我主要抓紧了以下几个方面的工作。

1. ……

2. ……

3. ……

二、管理方面

在人员管理方面，我主要抓了以下几项工作。

1. ……

2. ……

3. ……

三、存在的问题与今后工作的设想

1. ……

2. ……

（3）结尾

结尾一般写结束语。用“以上报告，请审阅”、“以上报告，请审查”、“特此报告，请审查”、“以上报告，请领导、同志们批评指正”等作结。

4. 落款

落款写上述职人姓名和述职日期或成文日期，如“述职人：任华”，在署名下一行署上日期。已在标题下署名的，文尾则不再署名。

三、述职报告的写作要求

1. 实事求是

述职报告要务实，要既讲成绩又讲失误，既讲优点又讲不足，不能揽功诿过。对具有较大影响，能显示自己工作能力和水平的工作实绩，要写得深入透彻；对一般性、常规性工作可尽量少写或一笔带过。重点应阐述主管工作的情况，公正、准确，力求反映工作的真实面貌。对于协管的工作，要讲清楚参与程度、发挥的作用、投入的精力时间、解决的困难等。

2. 突出特点

不同岗位、不同层次、不同行业的领导有不同的工作内容和方法，即使同一职务的领导也会因分工的不同有不同的工作重点，至于工作方法，就更是各具特色了。鉴于这种情况，述职者要突出自己工作的特点，显示自己的工作个性，尽量避免那种千人一面，没有特点没有个性的写法。

3．抓住重点

述职报告不要事无巨细、面面俱到，否则，很容易写成一篇平淡冗长的流水账。要有意识地抓住核心问题，突出重要成绩，总结主要教训。凡重点部分，要写得详细、具体、充分、全面。次要部分，则可约略提及，一笔带过。

4．虚实结合

“虚”指理论观点，“实”指具体工作情况。述职报告既不能像大事记或记流水账那样就事论事，堆砌材料，也不能像理论文章一样，通篇理论阐述，缺乏事实根据。最好的方法是叙事为主，论理为辅，在事实的基础上加以概括总结，使理论与事实二者有机地结合起来，情感应寓于叙事说理之中，以理服人，以情动人。

写作实践

一、王丽丽是农行开原市大光路储蓄所的一名储蓄员，她从 2001 年起参加工作，已经在自己的岗位上兢兢业业工作了近 10 年。2010 年底，王丽丽参加了所里一年一度的个人工作汇报。在会上，她朗读了自己写好的述职报告。

二、下面是新华职业教育中心校学生会文体部长王新同学的述职报告，请根据自己学习到的有关述职报告的文体知识，看看他的述职报告在形式上有什么错误。

述职报告

作为学校学生会文体部长，在自己的任期内，在校团委的指导下，在学生会的支持下，我做了一些工作，取得了一点成绩，现述职如下：

一、尽职尽力做好本职工作（内容略）

二、全心全意做好配合工作（内容略）

以上是我的述职报告，请大家批评指正。

二〇一〇年十二月二十日

2.6 规章制度

案例 1

季飞从中职校网络技术专业毕业后，终于在一家专门从事网络开发的信息科技公司找到了工作。到公司报到上班的第一天，人事部经理就递给季飞一份《企业员工规章制度》，并且告诉他说，公司管理一向比较严格、规范，让他好好学习，否则一旦违反公司制度，将会受到严厉处罚。

企业员工规章制度

为更好适应公司的良性发展，增强公司的社会竞争力和提高员工工作效率，特制定本公司员工规章制度，具体实施细则如下。

1. 实行每日八小时工作制：上午 8：00～12：00；下午：13：30～17：30。

2. 不准迟到，需提前 5 分钟到达办公室（特殊情况必须说明），如果不能遵守，迟到一次扣除5元（从当月工资中扣除）。

3. 有特殊情况请假，批准者属无薪假期。

4. 不准在上班时间浏览与业务无关的网页或登录私人QQ、看电影、下载歌曲，以及做其他私事，一旦发现记过一次。

5. 员工不得对外泄露公司的工作机密、工作方向和客户情况，以及网站后台用户名和密码、服务器登录密码，如有违反本条者，作立即辞退处理。

6. 员工有义务制止和谢绝外来者动用公司内部的计算机，为防止外来计算机病毒入侵公司计算机系统，非本公司拥有的光盘、软盘不得在公司网络系统内使用。凡公司拥有的书籍、光盘、软件非经登记和同意批准，任何员工不得外借，或带出公司办公地点。

7. 员工对待客户应该礼貌、热情、周到、不卑不亢；处处为客户利益着想，对客户所提的问题应该耐心解释。为了保持公司形象，员工外出联系业务需着装整齐，举止文明，不得做有损公司形象的事情。

8. 员工应热爱自己所从事的事业，要有拼搏敬业精神，工作中要不断努力学习，积极开拓进取，不怕吃苦，没有业务和任务的时候要努力学习新技术，不断加强自身的竞争能力。

9. 员工应在工作上互帮互助、协调配合，生活上互相关心照顾。员工应爱护公司财物，保持公司环境卫生，关心和爱护其他员工的身体健康，不得在办公区域内吸烟。

10. 食堂卫生保持干净、整洁。外出员工因特殊原因不能及时赶到公司就餐，需立即通知公司，以做准备。

11. 对违规者，公司将会有所记录。本规章制度的考核与员工薪金挂钩。

12. 本规章制度自1998年10月12日起开始实施，解释权和补充权归属通畅天下信息科技有限公司。

望各位员工共同遵守。

通畅天下（北京）信息科技有限公司（盖章）

一九九八年十月十日

季飞看完后，赶紧去复印了一份，贴在了自己办公桌前面的玻璃隔板上。他对同事们说，这样可以一抬头就看见，时时提醒自己。

评点

这份规章制度全面规定了企业与员工在共同工作中所必须遵守的各项行为规范，能使员工行为合矩，提高管理效率；能使企业经营有序，增强企业的竞争实力。

该案例的标题由适用对象（企业员工）、文种两项构成。正文部分采用条文式，按逻辑顺序排列，内容明确具体，语言严谨规范。“望各位员工共同遵守”是常用的结束语。落款署公司全称和制发时间。

案例2

陈凯明在达利电器公司财务部担任主管。这天上班后不久，公司销售部新来的业务员肖建就来到财务室报销一些差旅费用。陈凯明仔细审核后，发现其中有两笔费用不太清楚，就向肖建表示，要有总经理的签字才能报销这两笔费用。肖建很不以为然，认为陈凯明是在故意刁难。陈凯明就拿出了公司的《差旅费管理办法》给肖建看。

差旅费管理办法

根据上级有关规定，结合本公司实际情况，本着既节约开支，又保证出差人员工作与生活需要的原则，特制定本制度。

一、本办法适用于本公司因公出差支领旅费的员工

二、出差旅费分交通费、膳宿费及特别费三项

1. 交通费系指火车、汽车、飞机等费用。

2. 膳宿费系指膳食费及住宿费。

3. 特别费系指因公支付邮件或招待宴请的费用。

三、员工因公出差，应事先填明员工出差申请单，经部门负责人审核并呈报总经理批准后出差，如因事情紧急而未及时填表，须事先由部门负责人口头报告总经理，等返回公司后，应立即补办手续，员工出差报支表的处理程序如下

1. 出差前依单填明单位、级别、姓名、出差事由、搭乘交通工具、出差日期、预支金额，经部门负责人审核后呈报总经理批准。

2. 出差人凭核准的预支金额，填写借款单，向财务部预支差旅费。

3. 出差人返回后 7 日内应填写差旅费报销单，注明实际出差日期、起讫地点、工作内容、报支项目、金额等，由所属部门和财务部负责人审核后报总经理批准，由财务部在报销时冲销预支数。

四、差旅费根据业务需要按岗位职务分成如下几个级别

1. 享受总经理以上待遇的人员，差旅费实报实销。

2. 享受副总经理和总工程师待遇的人员，宿费上限 150 元/日。

3. 享受部门负责人待遇的人员，宿费上限 100 元/日，其他人员宿费上限 80 元/日，另伙食补助 30 元/天。交通费以经主管领导核准的交通方式依票据实报实销。

4. 公司员工出差期间，确因工作需要宴请时，需经主管领导核准，依票据实报实销，同时取消当日伙食补助。

5. 公司员工出差期间，因游览或非工作需要的参观而开支的一切费用，由个人自理。

达利电器公司（盖章）

二〇〇二年一月十二日

肖建看后，连忙向陈凯明道歉，说自己对公司的报销制度的确不太了解，以后一定注意按章办事。

评点

一份规章制度使企业的经营管理有章可循，体现了规章制度的规范性、指导性和约束力。

管理办法也是规章制度的一种。这份规章制度的标题是事由和文种构成。正文部分同样采用条文式，分条列项阐述应该做什么、不该做什么和怎样做。内容具体、扼要，利于管理者和被管理者参照执行。

相关知识

规章制度是国家机关、社会团体、企事业单位为了建立正常的工作、劳动、学习、生活秩序，依照法律、法规、政策而制定的，具有规范性、指导性和约束力的文书。

各种不同的规章制度，适用于不同的范围、不同的需要，起着不同的作用。

一、规章制度的类别

按不同的特点和作用，规章制度可分为以下几种：条例、规定、办法、细则、章程、制

度、规则、规程、守则、公约。

二、规章制度的格式

规章制度的种类不同，内容、范围各异，写作格式和方法也有所不同。但一般格式都包括标题、正文、落款三部分。

1. 标题

标题大体上有以下几种。

（1）由发文单位名称、事由、文种三项要素构成。如《国务院关于进一步扩大国营工业企业自主权的暂行规定》。

（2）由事由、文种两项组成。如《工伤保险条例》。

（3）由发文单位名称、文种两项组成。如《江南省写作学会章程》。

（4）由适用对象、事由、文种三项构成。如《江南省人民调解工作规定》。

（5）由适用对象、文种两项构成。如《公安干警守则》。

（6）只有文种。如《公约》。

如制定的规章制度是草案或暂行、试行的，可在标题内写明，也可在标题后加括号注明。

2. 正文

规章制度的种类很多，各类的结构安排与写法有别。常见的有章条式、条文式两种。

（1）章条式

章条式适用于表述内容比较复杂的规章制度，如条例、章程、办法等。其内容可分为总则、分则、附则三部分。每一部分均可按内容的多少分列若干章或若干条款，用序数表明。

总则，是文章的开头部分或第一章，一般用小标题写明“总则”。主要概括说明制定规章制度的目的、要求、原则和适用范围、主管部门等情况，类似于文章的前言，对全文起统领作用。常用“为了……特制定本制度（守则）”等承启用语引起下文。如《新南建筑工程公司办公室管理条例》的“总则”部分是这样写的：

第一章 总则

为使办公室物资管理合理化，满足工作需要，合理节约开支，特制定本规定。

分则，是从总则以下到附则以上，中间的若干章均为分则。“分则”二字一般不写出来。分则是规章制度的主要内容，也就是要求遵守的事项，应分章分条具体、扼要地写明所规定的若干内容；分则的每章要设小标题，标明本章的主旨。同以《新南建筑工程公司办公室管理条例》“分则”为例：

第二章 物资分类

……

第三章 物资采购

……

第四章 物资领用管理

……

第五章 公司物资借用

……

附则，是对中心内容的补充和说明，放在最后一章。小标题要注明“附则”。主要写明规章制度的适用范围、解释权限、生效日期等内容。附则只设一章，根据需要，下分若干条，也有附在最后不单独成章的。同样以《新南建筑工程公司办公室管理条例》“分则”为例：

第六章 附则

1. 新进人员到职时由管理部门通知，向办公室领用办公物品；人员离职时，必须向办公室办理办公物品归还手续，未经办公室认可的，管理部不得为其办理离职手续。

2. 办公室有权控制每位员工的办公物品领用总支出。

（2）条文式

条文式适用于表述内容相对简单的以及非权力机构制定的规章制度。如规则、守则、公约等。条文式不分章，而分条列项阐述。条文式可分为两种。

一是主体条文式，这种形式分前言和主体两部分。前言不设条，只用简明扼要的文字概述制定该文的目的、依据、性质、意义。主体部分则分若干条款写作。如《新华外贸公司管理大纲》的前言部分的写法：“为加强公司的规范化管理，完善各项工作制度，促进公司发展壮大，提高经济效益，根据国家有关法律、法规及公司章程的规定，特制定本管理大纲。”

二是条文到底式，是将前言、主体、结尾都用条款标示出来。如《最高人民法院特邀咨询员工作条例》则采用这种写法。

最高人民法院特邀咨询员工作条例

第一条　为了加强和改进人民法院的审批工作，保证法律的正确实施，维护司法公正，特制定本条例。

……

第十条　本条例自公布之日起施行。

一九九九年五月十二日

3. 落款

在正文的右下方写明规章制度制定的单位名称和日期。如果在标题中已出现或在标题下面已注明的，就无需再写。由上级领导机关随公文发送的规章制度也可省略。

三、规章制度的写作要求

1. 符合国家的法律、法规和政策，不能自行其是，另搞一套，或为满足局部利益、小集体利益搞土政策。

2. 有明确的权限规定，写作时要注意不能超越权限、越级制定，也要注意不能同上级已制定的有关规章相抵触。

3. 内容应力求具体明确；语言表达应严谨、准确、简洁、规范，不能有歧义，更不能含混不清，前后矛盾。

写作实践

一、周蜜在中职学校学的是文秘专业，今年三年级的她刚刚找到一个实习岗位，在金信实业公司行政部从事行政接待工作。公司安排行政部主管倪霞当周蜜的师傅，一对一地进行传帮带。倪主管教周蜜的第一课就是好好学习公司的《行政接待工作管理规定》。

二、下面是一份《通信设备管理制度》。请根据各部分内容，填写出相关要点。

通信设备管理制度

第一章 ________________________

1. 为了更加经济有效的利用通信设备，保证管理系统的联络通畅和指挥的不间断，特制定本制度。

2. 本制度适用于本公司各部门全体人员。

第二章 ____________________

3. 根据工作需要，由总经理批准为公司各部门配备办公电话。

4. 公司各办公室配备上网设备。

第三章 ____________________

5. 手机、办公电话话费实行限额报销制度，按照公司话费标准执行，超出自负，办公电话不允许打私人电话，发现一次罚款 10 元。

6. 公司办公电话话费标准：办公室每月限额 100 元，财务部每月限额 80 元，其他部门每月限额 60 元。

7. 话费费用报销由财务部统一办理。

第四章 ____________________

8. 公司配备的办公直拨电话、分机、传真机、计算机由办公室统一检查使用情况和登记情况。

9. 通信设备使用人必须对通信设备认真保管，传真机设专人管理，直拨电话、分机谁使用谁管理。

第五章 ____________________

10. 通信设备如发生损坏，经专业人员维修鉴定为非正常损耗，由当事人承担维修费用的 70%，发生丢失（不论任何原因），当事人承担另购机费用的 80%。所承担费用以现金形式交纳到财务部。

11. 各部门办公话费若超出限额，超出部分能查明当事人，由当事人承担，查不出当事人由部门全体人员承担，每月 10 日前以现金形式交纳到财务部。

第六章 ____________________

12. 本规定由办公室制定，报总经理批准后执行，并由办公室负责检查与解释。

13. 本规定自公布之日起执行。

2.7 协 议 书

案例 1

新州中等专业学校 08 级外贸班学生孟华同学临近毕业，学校将她们班 46 名学生分别安排到 10 家校外实习基地进行毕业前的顶岗实习。经学校与市外贸公司的协商，孟华等 8 位同学被安排到市外贸公司实习，实习期为 2011 年 3 月 1 日至 2011 年 6 月 20 日。3 月 1 日带队老师带领 8 位同学来到市外贸公司，公司负责人讲，为了保证双方的权利与义务，公司将分别与 8 位实习生签订《实习协议书》。孟华同学拿过公司的协议书样本，轻声地读了起来。

实习协议书

甲方：<u>新州市外贸公司</u>

乙方：____________________

根据国家有关法律、法规和规章的规定，就乙方申请来甲方单位实习一事，甲、乙双方经友好协商，约定如下：

一、实习期限自2011年3月1日至2011年6月20日止。

二、实习内容:

1. 甲方为乙方实习提供各项便利条件;

2. 乙方应虚心向甲方业务员学习技术，基本掌握外贸工作的程序和实务;

3. 乙方应根据甲方安排积极协助甲方业务员办理外贸业务，同时完成甲方交办的其他事务;

4. 乙方在实习期内应积极寻找客户，开拓业务渠道，争取在实习结束前业务能上手。

三、实习报酬：实习期间甲方根据乙方的工作态度、工作表现等给予一定的劳务费。

四、实习纪律：乙方应严格遵守国家法律、法规和甲方制定的各项规章制度，乙方在业务上受指导老师指导，行政上由甲方办公室管理，实习期满由甲方写出实习鉴定。

五、实习期间如因乙方过错造成甲方损失的，乙方应承担相应责任。

六、实习期满，若乙方符合甲方聘用条件，甲方对乙方有优先聘用权。若乙方违反此规定，应向甲方支付违约金__________元。

七、乙方向甲方交纳______________元人民币的履约定金，作为履行本协议第五条、第六条的担保。

八、本协议自双方签字盖章之日起生效。

九、本协议一式二份，甲、乙双方各执一份。

甲方（代表）：____________________　　　　乙方：____________________

二〇一一年三月一日

孟华同学与其他 7 位同学商量后认为，协议内容较为全面、公平、平等。经再次同公司负责人协商确定违约金、履约定金的数额后，分别与市外贸公司签订了《实习协议》。

评点

实习协议书是每一个职业学校学生实习必须签订的一份协议，可见学习协议书的写作对于职业学校的学生来说是很有必要的。

这份协议书格式规范。标题由事由（实习）和文种组成。正文共分三个部分：缘由部分用简练的文字写明了签订协议书的目的；主体部分采用分条列款的形式，详尽、具体地将双方的责任、义务、事项执行过程和实施要求等内容呈现出来；署名和日期设置规范。

案例 2

新江职业教育中心校营销专业学生黄军同学想通过创业实践经历，提高自己的专业能力。经过调研，决定在学校校园创业园创办“校园书屋”。这种想法与同班同学何明不谋而合。于是，两人决定合伙创办“校园书屋”。通过计算投资总额，讨论协商双方应承担的责任与义务、各自应享受的权利等问题，并查阅相关法律法规文件，签订了如下一份《合伙协议书》。

“校园书屋”合伙协议书

合伙人：甲方（黄军）

合伙人：乙方（何明）

合伙人本着公平、平等、互利的原则订立“校园书屋”合伙协议如下。

第一条　甲乙双方自愿合伙在校园创业园内经营“校园书屋”，总投资为壹万元，甲方出资伍千元，乙方出资伍千元，各占投资总额的50%。

第二条　本合伙依法组成合伙经营“书屋”，由甲方负责办理工商登记。

第三条　本合伙经营期限为一年。如果需要延长期限的，在期满前两个月办理有关手续。

第四条 合伙双方共同经营、共同劳动，共担风险，共负盈亏。

"书屋"盈余按照各自的投资比例分配。

"书屋"债务按照各自投资比例负担。任何一方对外偿还债务后，另一方应当按比例在十日内向对方清偿自己负担的部分。

第五条 他人可以入伙，但须经甲乙双方同意，并办理增加出资额的手续和订立补充协议。补充协议与本协议具有同等效力。

第六条 出现下列事项，合同终止：

（一）合伙期满；

（二）合伙双方协商同意；

（三）合伙经营的事业已经完成或者无法完成；

（四）其他法律规定的情况。

第七条 本协议未尽事宜，双方可以补充规定，补充协议与本协议有同等效力。

合伙人：甲方黄军（签字）　　　　合伙人：乙方何明（签字）

二〇一一年四月六日

协议签订后，两人到校学生创业园管理处办理了入园手续，黄军忙着办理工商登记，何明忙着书屋的装修……一阵忙碌后，在同学的祝贺声中，"校园书屋"开张了！

评点

黄军与何明两位同学合伙创办校园书屋，也需签订协议，说明协议书是人们日常生活中常用的应用文种之一。

这份协议书，程序规范：先是对合伙双方应承担的责任与义务、各自应享受的权利等问题进行了讨论与协商，并为了保证协议书的内容不违反国家法律、法令和政策的规定，在查阅了相关的法律法规文件后，才正式签订协议。在格式上，标题采用表明协议书性质的名称（"校园书屋"合伙）和文种组成；立约人、正文、署名和日期等部分写法也较为规范。

相关知识

协议书指国家、政党、企业、团体或个人就某个问题经过谈判或共同协商，取得一致意见后，订立的一种具有经济或其他关系的契约性文书。

一、协议书的类别

协议书按时间分，有长期的、短期的、临时的三种；协议书按内容分，有教材出版协议书、设计协议书、零售服装展销协议书等。

二、协议书的格式

协议书一般由标题、立约单位（或个人）、正文、落款几部分组成。

1．标题

标题一般有三种写法。

（1）由表明协议书性质的名称和文种组成，如《技术转让协议书》。

（2）由签订协议的双方名称、事由和文种组成，如《新州中等专业学校与新华市外贸公司关于学生实习的协议书》。

（3）只写文种名称。如《协议书》。

2．立约单位（或个人）

写明双方（或几方）单位的名称或代表（当事人）的姓名及相互关系等。签订单位名称列在协议书标题之下，或放在正文首段中。为行文方便，可将签订协议各方称为“甲方”、“乙方”、“丙方”等。

3．正文

正文由缘由和主体组成。

缘由写明签订协议书的目的、依据等内容。如：“经甲乙双方友好协商，在平等互利的原则下，就合作投资创办服务公司事宜，达成如下协议”。

主体多采用分条列款的形式写出协议的事项，可用序号标明前后内容顺序。依次写清楚签订协议书的原因、目的和商定的具体内容。其中内容涉及到各方单位名称的，一律用“甲方”、“乙方”代称。内容中涉及的有关责任、义务、事项执行过程和实施要求等，都应详尽准确，以免误解或责任不明而造成日后麻烦。

正文的结尾要写明执行要求及对协议书本身的说明。一般写明：本协议书的书面形式（铅印件、打印件、手写件）、份数（正、副本各几份）、保存人或单位、有效期限、违约责任等。此部分作为正文条款中的最后一条与上文并列，不单独成段列出。如：

其他事宜

1．本协议签字后，需报经市有关部门批准，自批准之日起生效。

2．本协议书正本一式 2 份，副本一式 4 份，双方各执 1 份正本、2 份副本。

4．落款

在正文右下方，签署协议各方名称。依次为单位全称、代表人姓名或当事人、关系人、见证人的姓名，并且加盖公章和私章。如有公证处公证，或律师签名，一并列出，并盖上公章或私章。然后另起一行写明达成协议的时间。如：

甲方单位（盖章）：　　　　　　　　乙方单位（盖章）：
甲方法人代表（签字）：________　　乙方法人代表（签字）：__________
_______年____月___日　　　　　　________年_____月_____日

三、协议书的写作要求

1．协议书的内容不得违反国家法律、法令和政策的规定，不得超过其限定的范围，否则，在法律上不能生效。

2．达成协议的各条款，均需如实写入，且条款要详尽、具体，格式要规范。一经签订不许随意涂改。修改应按一定程序进行。

写作实践

一、黄刚从职业学校毕业五年了，他通过自己创办的财源汽车修理厂（甲方）积累了大量的资金。最近他和兴旺服务有限公司（乙方）商定合作创办财旺出租汽车公司，计划经营大、小车辆 50 辆，总投资人民币贰佰贰拾万元，双方投资比例为 7:3，合作期限为 5 年。公司设董事会，人数为 5 人，其中甲方 3 人，乙方 2 人，董事长 1 人由甲方担任，副董事长 1 人由乙方担任。正、副总经理由甲方和乙方分别担任。企业毛利润按国家税法照章纳税，扣除各项基金和职工福利等，纯利润根据双方投资比例进行分配。合作期内，乙方纯利润所得达到乙方投资额、退还投资资金后，企业资产即归甲方所有。黄刚自己动手拟写了协议书。

二、新华市服装公司批发部主任石强与新华商场总经理张华协商，由新华商场负责为新华市服装公司批发部设立男装、女装、童装专柜，陈列样品，组织展销，并为其提供市场信息；新华商场负责挑选花色品种，新华市服装公司批发部提供的品种以批发价 96 折供应，零售价由新华商场自定；根据调拨凭证，双方建立商品移转账务记录；展销期为 20 天（2011 年 9 月 20 日至 2011 年 10 月 10 日）；展销结束后一个月，新华商场付清货款。

根据以上材料，请指出这份《零售服装展销协议书》存在哪些问题，应如何改正。

零售服装展销协议书

新华商场（以下简称甲方）与新华市服装公司批发部（以下简称乙方）经双方协商，由甲方负责展销甲方服装，并提供市场信息。乙方负责提供展销货源。本着互惠互利、面向市场、共同搞好服装展销的原则，特订立本协议。

一、甲方负责展销乙方的男装、女装、童装，设立专柜，陈列样品，组织展销（也可兼搞批发），提供市场信息。

二、展销日期：9 月 20 日至 10 月 10 日，为期 20 天。

三、甲方负责挑选花色品种，与乙方签订展销货源订货合同；乙方负责提供货源，做到优先安排，优先供应，及时发运。根据调拨凭证，双方建立商品移转账务记录。

四、乙方供应甲方的品种，除沪制呢制服装按批发牌价供应外，其余服装实行优惠作价，以批发价 96 折供应，零售价由甲方自定。

五、货款结算原则是约期结算，展销结束后，根据销售数量由甲方主动托付给乙方。

六、商品开箱后，发现短缺、串号、污损等情况，均按商业部纺织品内部调拨有关规定办理。

本协议书正本一式 2 份，副本一式 4 份，双方各执 1 份正本、2 份副本。

甲方：	乙方：
新华商场（印章）	新华市服装公司批发部（印章）
总经理：张华（签字）	主任：石强（签字）

二〇一一年九月一日

2.8 责 任 书

案例 1

徐晨立从建筑工程学校毕业后，凭着扎实的专业知识和过硬的职业技能，以及敢闯敢拼的精神，很快就在当地一家知名的装饰工程公司找到了一个工程部业务员的工作。家人、同学都认为这工作很辛苦，也没太大前途，都劝徐晨立另找份轻松点的工作。但徐晨立却认为凭自己的能力和公司的条件，一定能干出一番事业。经过与公司领导的充分交流，徐晨立正式加入该公司，并与之签下了一份责任书。

工程部业务员营销目标责任书

为保障公司“二次创业”的顺利推进，确保圆满完成 2011 年公司整体目标，确保公司事业持续、健康、快速发展，确保工程部整体营销目标的实现，特针对工程部业务员制定并签订本《营销目标责任书》。

一、目标责任期：从2011年6月21日起至2011年12月31日。

二、营销目标责任

1. 销售目标：600万元。

2. 收集有效信息目标：8个。

附：营销目标月度任务分解

三、薪资、奖励和处罚

（一）薪资奖励

1. 全部完成营销目标任务的情况下，年薪7万，每月按工程部业务员相关薪资标准领取。其余部分年终领取。

2. 接受工程部管理考核。

3. 全部完成营销目标任务，总经理可视情况对其进行适当的现金或实物奖励。超出部分按工程部业务员相关标准核发。

（二）处罚

1. 完不成营销目标的业务员要主动调离本岗位。

2. 连续2个月未完成营销目标任务，业务员须写出造成完不成营销目标任务的书面检查，公司视情追究其相关责任。

3. 连续3个月不能完成营销目标任务，公司将对其作直接开除处理并追究其渎职责任。

4. 业务员如有徇私舞弊、结党营私、破坏公司形象等行为，公司将对其作直接开除处理，并追究其相关经济赔偿责任以及相关法律责任。

5. 因发生不可抗力的意外因素，理由充分而未能完成营销目标任务，公司视情节轻重给予相关处罚。

四、责任目标的签订

我认同以上营销目标责任条款，同意按《2010年营销目标月度分解计划表》完成任务。

工程业务员：徐晨立

佳美装饰工程公司总经理：吴培春（单位盖章）

二〇一一年六月二十日

评点

一份责任书可以明确单位与相关工作人员各自的工作责任，从而维护双方的权利与义务。

这是一份格式规范、内容具体、责任明确的责任书。标题由责任内容、文种两部分组成。导语部分虽然文字简短，但签订责任书的目的、意义、依据交代得一清二楚；正文部分采用条款式，首先明确责任期限，然后将与责任书有关方——公司和业务员的责任内容逐条清清楚楚地列出，其中重点列出奖惩办法。条理清晰，层次分明。落款由受约方、发约方和签署日期组成，符合规范要求。

案例2

彭伟从龙城机械工程学校数控专业毕业后，就被急需用人的当地著名的机械制造厂龙城鼎固机械设备制造有限公司聘用为一名技术工人。虽然一线工人工作较辛苦，但彭伟热爱本职工作，肯学习、善钻研、能吃苦，得到了公司领导和车间师傅们的好评。一年实习期满后不久，彭伟就被提升为生产车间的班长。就职第一天，按照惯例，彭伟与公司签订了一份安全生产管理责任书。

龙城鼎固机械设备制造有限公司

班组负责人安全生产管理责任书

为落实企业安全生产主体责任，进一步明确生产班组长（工段长）的安全生产职责，加强安全生产监督管理，防止和减少生产安全事故，保障人民群众生命和财产安全，根据国家有关法律法规和本公司（企业）安全生产管理制度，本班组与本车间签订安全生产管理责任书如下。

一、贯彻执行本单位和本车间对安全生产的规定和要求，全面负责本班组（工段）的安全生产。

二、组织员工学习并贯彻本单位各项安全生产规章制度和安全技术操作规程，教育职工遵纪守法，及时制止违章行为。

三、积极开展安全生产宣传教育活动，坚持班前讲安全、班中检查安全、班后总结安全。

四、负责对新工人（包括实习、代培人员）进行岗位安全教育。

五、负责组织本班组人员进行安全检查，发现不安全因素及时组织力量消除，并将有关情况报告上级；发生生产安全事故后立即组织抢救，保护好现场，并按有关规定上报有关部门，做好详细记录。

六、搞好生产设备、安全装备、消防设施、防护器材和急救器具的检查维护工作，使其经常保持完好和正常运行；督促、指导职工正确使用劳动保护用品、用具，正确使用灭火器材。

七、对改善安全生产条件和防范安全生产事故方面取得显著成绩的班组，由本车间建议公司（企业）按照本单位安全生产奖惩制度进行奖励。

八、对违反国家、省、市及本单位有关安全生产法律法规和安全操作规程的，由本公司（企业）按照本单位安全生产奖惩制度进行惩罚；造成生产安全事故，构成犯罪的，依照刑法有关规定追究刑事责任。

九、本责任书一式三份，生产经营单位、车间主要负责人、班组长（工段长）各执一份，从递交即日起生效。

单位主要负责人：总经理徐斌　　　　班组长（工段长）：彭伟

（单位盖章）

二〇〇八年六月二十日　　　　二〇〇八年六月二十日

评点

这份责任书主要明确了班组负责人岗位安全生产管理职责，能够保障企业生产的顺利进行。

这份责任书结构完整，由标题、导语、正文和落款四个部分组成。标题采用单位名称、内容加文种的组成形式；导语以简练的文字，交代了签订责任书的目的和意义；正文部分根据实际情况用条款的形式，分条列出责任人具体的目标任务内容；落款部分写法规范，责任方均签字以表明承约。

相关知识

责任书是党政机关、企事业单位、社会团体等，为了更好地开展各项工作、完成各项任务或某项临时活动而与下属单位、部门以及责任人签订的一种明确工作责任的有效约定。

一、责任书的格式

责任书一般由标题、导语、正文和落款四个部分组成。

1. 标题

责任书的标题有三种写法。

（1）由立状单位名称、责任内容和文种三方面内容组成。如《江南职业教育中心校关于学生实习安全管理的责任书》。

（2）由责任内容和文种组成。如《学生实习责任书》。

（3）直接用文种“责任书”三个字作标题。

2. 导语

导语即前言。说明签订责任书的目的、意义、依据和要求等。如：“为了提高经济效益与服务效益，全面落实‘谁主管，谁负责’‘谁负责，谁受益’的原则，特制定本责任书。”

3. 正文

正文是责任书的重点。主要包括责任对象、目标任务、保证措施、奖惩办法、有效期限等，逐条列项。有的责任书在起草中可以根据工作的实际和具体要求灵活掌握，不一定面面俱到。如：某宾馆与服务员签订的《服务员责任书》的主要条款则包括如下几条。

一、责任期限

……

二、岗位职责

……

三、岗位经济任务

……

4. 落款

落款要写明两方面内容：一是写明立状方，即发约方的单位名称、法人代表或者具体负责人。二是写明受约方，即受状方的单位名称、法人代表或者具体负责人。法人代表或者具体负责人签字盖章、填写日期后生效。

二、责任书的写作要求

1. 责任书的内容要符合党的路线、方针、政策，符合国家法律法规，符合客观实际。
2. 责任书的语言要求简练，数字要求准确。
3. 责任书是一事一个责任书，不能添加其他事情的内容。

写作实践

一、为了提高经济效益与服务效益，新华宾馆拟与服务员签订岗位经济责任书。岗位责任与经济任务的主要内容包括：会议收入，单位占 30%，主班占 50%，剩余两班各占 10%。登记员、保安、服务员请假当天收入若高于 350 元只按 350 元计算，低于 350 元按实际收入计算。登记室各班有收旅客住宿押金的，要移交给下一个白班结转。楼层服务员在完成本职工作的情况下，三人每月经济任务3万元（每人1万元），完成经济任务，发固定工资及活工资；未完成经济任务，按完成任务总额的比例发固定工资、活工资。在工作期间违反岗位责任规定的，违纪1次罚扣10元，违纪2次停止工休假1次，在一季度内违纪9次的取消年终奖，年内累计违纪 18 次的取消年终奖。如违反规定触及法律的，除受单位的惩罚外，另自负相应法律责任。对以上内容，将严格遵守执行，如有违反，自愿受到相应处罚。责任期限：二〇一一年一月一日至二〇一一年十二月三十一日。总经理秘书刘莉受命起草了这份责任书。

二、淞江职业教育中心校现有三个食堂，根据学校后勤管理社会改革精神，决定将三个食堂均对社会招标承包。根据《中华人民共和国食品卫生法》、《淞江市教育局安全工作实施意见》、《淞江职业教育中心校安全工作暂行规定》，为确保全体师生的身体健康和饮食卫生安全，杜绝食物中毒事故的发生，本着"谁主管，谁负责"、"谁失职，谁负责"层层签订责任书的原则，要与食堂承包人签订饮食卫生责任书。

请你根据这份《淞江职业教育中心校食堂承包食品卫生责任书》的具体内容，补上其所缺的导语和结尾。

淞江职业教育中心校食堂承包食品卫生责任书

____

____

____

1. 所聘炊事员（指所聘用的人员）必须持有效的健康证上岗。不招聘非本地户口的炊事员及行为有劣迹的人员，不招聘男55岁、女50岁以上及不满18周岁的人员。经常对所聘用人员进行法制、思想、饮食卫生、校规校纪教育。

2. 食品加工：加工人员必须懂得食品卫生知识，加工前首先检查原料及辅料，不用腐败变质或其他性状异常的原料。各种食品原料在使用前必须洗净，蔬菜与肉类分池清洗，生熟分开，工具专用，定点存放，用后洗净消毒，保持清洁。炒菜要烧熟煮透，中心温度不低于70℃，加工后的熟制品与原料、半成品分开存放，隔夜、隔餐的熟制品必须充分加热后方可食用，不加工凉拌菜。

3. 食品采购：必须到持有有效卫生许可证的经营单位采购食品及原料，面粉、大米、酱油、醋、食用油到有市场准入证的单位定点采购，并上交伙食部一份质检报告备查。食盐必须持购盐证到盐业公司采购，购置蔬菜要保证新鲜，无杂质，不腐烂变质，无农药残留，并与供货客户签订食品卫生协议书。不采购熟食品，采购肉类食品时向供货方索要合格证明。严禁采购亚硝酸盐、甜味素、糖精、化工色素等非食品原料。严禁采购油脂酸败、霉变生虫、污秽不洁、混有异物或性状异常的物品，对含有有毒、有害物质及被有毒物质污染的食品及"三无产品"严禁采购。否则引发的事故，后果自负，情节严重的移交公安机关处理。

4. 食品出售：出售食品用专用容器盛装，专用工具取拿。禁止使用一次性塑料袋、一次性筷子，严禁为学生提供餐具。不出售未经加热的食品，不在窗台上摆放食品。不赊账、押卡，不现金售饭。

5. 食品贮存：仓库内保持清洁通风，无鼠迹苍蝇等害虫，禁止存放有害有毒物品及杂物，食品分类、分架、分台，隔墙、离地存放，定期检查，及时处理变质或超过保质期的食品，仓库加锁，专人保管，履行出入库手续。

6. 消毒留样：食堂承包人每天安排专人负责器皿的消毒和收集当天的每样食品，并妥善保存在样品专柜内。每日三餐所有主副食饭菜必须按时入柜，标明入柜日期、时间，不得缺样。要坚持食品留样前将饭菜试尝后分装样品盒入柜，食品样品留存不得和其他生、熟食品混放，以防交叉污染。保证炊具、工具一用一消毒，每餐主副食品每种都要留样 250 克，保存 48 小时以备查验。

7. 环境卫生：各功能间六面光，机器、池子干净整洁，各种用具摆放整齐规范，无鼠迹苍蝇，垃圾及废弃物及时处理。

8. 防尘、防盗、防投毒、防触电，食堂必须每晚安排值班人员，及时锁门关窗。巡查室内安全，以防犯罪分子搞破坏。

9. 食品卫生、操作流程等问题，因不按照《食品卫生法》执行，发生师生食物中毒或其他事故，由食堂承包人承担全部经济损失和法律责任。

10. 因食堂违规被学校查处，无条件接受处罚。

____

____

新华职业教育中心校总务处（盖章） 第____食堂承包人签字：

伙食部负责人签字： ________年 ______ 月______日

综合练习

一、汽车维修专业的毕业生钱刚、何华和张午三位同学，经社会调查，决定联合创办华刚汽车修理厂。通过预算，整个汽车修理厂的创建共需筹集资金 15 万元，三位同学协商后，钱刚出资 8 万元，何华、张午两位同学各出资 3.5 元；由钱刚同学出任董事长；修理厂开业后所获利润或债务按出资比例获取或负担。在筹建过程中，张午同学因故退出合作，但所出资金可无偿借给两位同学使用 10 个月（自修理厂开业之日起）。资金全部到位后，钱刚负责办理工商营业执照、工厂运行中的管理规章制度；何华负责场地的租赁、机械的购买。通过近一个月的努力，两位同学联合创办的汽车修理厂终于开张了。

请你想一想，在钱刚、何华两位同学联合创办汽车修理厂的过程中，需要用到本单元所学的哪些应用文呢？你能写出其中的 2～3 种吗？

二、曲霞职业技术学院学生会根据 2010 年度工作计划，准备在元旦前举办一届校园文化艺术节。2010 年 11 月 3 日，学生会召开了预备会，经讨论，形成以下决定：艺术节于 12 月 20 日开幕，12 月 30 日结束；为使艺术节更加丰富多彩，并扩大同学的参与程度，本次校园文化艺术节相关活动以各院（系、部）申报承办活动项目，主办单位进行项目评议的方式进行；为保证艺术节的顺利进行，由学生会文艺部部长王红执笔起草艺术节实施方案，并负责报校团委批准后实施；整个活动由学生会主席石新同学全面负责、协调，副主席黄琳同学协助；活动期间邀请学校团委书记周锋老师做顾问指导；艺术节活动前的准备所需相关材料（如宣传时需要用的纸张、音响设备等）由宣传部部长何军负责向学校总务处领取、借用，活动结束后负责归还。

请想一想，以上情境中需要用到本单元所学的哪些文种呢？你能写出其中的 3～4 种吗？

第 3 单元

3.1 启　　事

案例 1

海陵市欣欣羊毛衫厂近几年逐步由一家乡镇小厂发展成为集设计、生产、批发、销售、加工、专卖为一体的大型服装企业，为了进一步拓展市场，扩大销售，并力争创出国家知名品牌，厂里决定面向社会广泛征集产品标识。厂行政部的李红接到任务，撰写一则征集“产品标识”的启事。经过了解产品资料和精心构思反复修改，李红把写好的启事交给了厂长审阅。

征集“产品标识”启事

我厂主要产品为纯羊毛提花、绣花衫。产品具有质轻、细密、柔软、丰满等特点，保暖性好，款式花型新颖，时尚感强。现公开征集“产品标识”。

设计要求：商品名称新颖别致、不雷同，图案简洁醒目，能体现产品特色。

征集从即日起一个月为限，应征设计请寄：海陵市开发区迎新路 36 号欣欣羊毛衫厂技术科。经评选只录用名称的，给予一定奖励；商标图案一并录用的，奖金一万元；如不录用，由于人手有限，恕不退稿，请自留底稿。

联系地址：海陵市开发区迎新路 36 号
联系电话：0133-5553322
邮编：120021
联系人：姜小萍

海陵市欣欣羊毛衫厂（盖章）
二〇一一年五月十七日

厂长看后，非常满意，立即通过国内各大媒体发出。很快，各种应征作品纷纷寄来。厂里不仅征集到了满意的产品标识，而且扩大了产品影响，为以后产品向市场的顺利推出打开了局面。

评点

一则启事，帮助企业提高了知名度，积极推动了企业扩大市场，可见，启事在广泛宣传、鼓动参与方面有着显著的效果。

这是一则征集“产品标识”的启事。标题写出了具体事项，正文首先简单介绍产品情况以便于参与者了解之后更好地参与活动，然后写明征集的要求、奖励办法等，再详细告之征集单位的具体联系方式，确保所提意见快捷传到征集单位。最后落款写明厂名与启事发出的时间，尤其时间与征集标识的期限相应。启事语言简洁，用语恳切，篇幅短小精悍，使征集的有关事宜具体、清晰、明确地告知受众，便于受众积极参与，促进工作顺利进行。

案例 2

王明强自去年从大学电机专业毕业后，回到家乡河北三河，在一家干洗机制造厂当上了技术员。这是一家大型干洗机制造企业，正需要王明强这样的专业技术人才。王明强虚心学习，埋头钻研，很快就成了厂里的技术骨干，并且帮助厂里研发了多项新产品。为了将产品尽快推向市场，王明强向厂长建议举办一个全国性的产品订货会，并将事先写好的《产品订货会启事》交给了厂长。

三河市洁神干洗机制造厂四川省成都订货会

致富门路自己选　洁神帮您挣大钱

10kg 干洗机每年可洗衣 3 万套，是个人致富、企事业单位办第三产业理想的选择，望君莫失良机。

洁神集团三河市洁神干洗机厂，定于 2006 年元月 10～30 日在成都市鸿桥饭店召开洁神干洗机订货会，会议期间由我厂洁神干洗店做干洗机操作演示和经验介绍。会中订货，需交订金 1000 元，可享受会中优惠价格和优先提货，敬请各单位和个人届时光临。

三河市洁神干洗机制造厂是我国生产干洗机的专业厂。1997 年晋升为国家二级企业，A 级产品，1999 年获河北省优部优产品。1998 年全国首届轻工博览会荣获银奖。2001 年 9 月又荣获中国保护消费者基金会颁发的全国消费者信得过产品荣誉证书。2003 年中华国产精品推展会评定洁神干洗机系列产品为国产精品，2004 年获省轻工精品金奖。产品畅销全国各地。

使用洁神牌干洗机不需要任何配套设备。不锈钢结构经久耐用，免费调试，免费培训操作人员，长期为用户维修服务，常年提供洗涤剂。本厂同时还生产各种规格的水洗机、脱水机、烘干机、地毯清洗机及各种档次的熨烫设备。

干洗设备主要产品价格（成都有现货供应）

M35E 全自动干洗机 210000 元

DGX—16kg 电热式干洗机 62300 元

DGX—14kg 电热式干洗机 58300 元

DGX—12kg 电热式干洗机 55300 元

DGX—10kg 电热式干洗机 39300 元

DGX—6kg 蒸汽加热型干洗机 2980 元

高档次熨烫设备 39000 元（套）

常用熨烫设备 8060 元（套）

羊毛衫放大模具 300 元（6 年／套）

常驻成都订货会地点：成都市红星路一段 1 号鸿桥饭店

订货会时间：2006 年元月 10 日～30 日

联系人：李剑锋、李凤林、何跃东

会议电话：（0316）6680161 转干洗机会务组

乘车路线：火车站坐 28 路公汽到一号桥站下，过桥 50 米即到。

洁神集团三河市洁神干洗机制造厂厂址：河北省三河市京哈公路 44 号

厂长：李福祥　经营厂长：张振华

销售科电话：（0316）3212680　调度维修科电话：3212109　邮编：101600

评点

王明强作为一名技术人员，不仅钻研技术，帮助企业研发新品，还积极为企业的发展献计献策，他主动撰写订货会启事，不仅帮助企业扩大销路，更体现了新时代职业人的责任感和进取精神。

这是一则举办订货会的启事。其标题包括启事单位名称和事项，不含文种。正文部分首先通过一句宣传口号和一段文字渲染产品的经济效益，以吸引大家订货的兴趣；然后依次概括介绍订货会内容、产品质量及获奖情况、产品特点与售后服务，突出产品的优质；再具体介绍主要产品的型号与价格，以齐全品种、价格优势进一步引起购买需求；最后详细说明厂名厂址、订货会地址和联系人、联系方式。全文目的明确，结构完整，内容齐备，语言简练，较好地宣传了企业与产品，起到了很好的告知与宣传的作用。

相关知识

启事是机关、企事业单位、团体或个人，需要向公众说明某事或希望公众协助办理某事时使用的一种事务文书。启事的本意是公开陈述事情。“启”即叙说、陈述之意；“事”即事情。启事是一种公告性的应用文，因而一般具有周知性和简明性的特点。它具有召告和宣传的作用，而没有强制性和约束力。

一、启事的类别

启事通常用以处理公、私事，不便以通告、公告等公文文种行文时，就采用启事。启事的种类很多，按内容分，启事有征文启事、招聘启事、招生启事、征订启事、开业启事、迁址启事、征婚启事、结婚启事、离婚启事、寻人启事、遗失声明等；按公布的形式分，启事有报刊启事、电视启事、广播启事、张贴启事等。

二、启事的格式

虽种类繁多，但启事的结构大体相同，通常包括标题、正文和落款三部分。

1．标题

标题写法可以有这样几种：一种只写“启事”。第二种，标题里标明启事事项，如“招领启事”、“开业启事”等。有些声明性的启事，标题还要写成如“关于邮寄地址的启事”。第三种，写明启事单位名称加事项、文种，如“启阳钢铁厂聘请法律顾问启事”。第四种，启事重要和紧迫，可以标明“重要启事”或“紧急启事”。有时将“启事”两字省去，只写“寻人”、“招聘”。

2．正文

不同类型的启事正文内容有所不同，一般包括：启事的目的、意义、具体办理方法、要求、联系方式等。正文是启事的主要部分，主要说明启事的事项。可以分段写，内容多的应逐条分项写清楚。要写具体、明白、准确、简练，不可模糊、含混，以免产生歧义。

寻人（物）启事：要写明所寻人或物特征，人包括姓名、性别、年龄，因何事，于何时、何地失踪，长相、体态、口音、服饰特点、联系方式等，最好附上失踪者照片。如“张晓阳，男，8 岁，身高 1.28 米，圆脸，平头，上穿橘黄色运动背心，下穿白色运动短裤，篮球鞋。12 日外出玩耍，至今未归。有知其下落者，请速与东山市山阴街道张宝林和东山电视台广告部联系，必有重谢。联系电话：84546565。”

招领启事：要写明所拾物品的时间、地点、名称，及联系方式，但不能说明物品的数量、特征，以防冒领。如“本商场拾到手提包一个，内装人民币若干元，手机、信用卡等物，望失主前来认领。”

招聘、招商启事：首先简要介绍本单位和招聘、招商目的，如“由国家技术监督局中国技术监督情报协会与北京盛金丰工贸公司联办的北京盛丰商城，位于北京繁华的商业黄金地段西四东大街 118 号。北京盛丰商城是全国唯一经国家工商行政管理部门批准以‘盛丰商城’注册命名并在整个经营管理过程中贯穿‘保真进货、保真销售、保真服务’三位为一体的新型商业企业”。然后具体说明要求，如“首批招商将遴选 30 余家生产金银珠宝、化妆品、真皮制品、羊绒制品、羊毛制品、真丝制品及烟酒食品、家用电器的企业”。招聘启事应说明待遇，如“本公司对受聘人员试用3个月，正式聘任后工资待遇从优”，还有办理办法等。最后写明联系方式。

开业、成立启事：写明单位名称、开业或成立时间、主要业务介绍，单位地址、联系方式等。如“华阳资产评估公司成立启事”：“华阳资产评估公司汇集资产评估、财务会计、审计、建筑安装工程、机械工程、计算机软硬件、专业数学等方面的专家、学者以及工程技术人才、竭诚为省内外社会各界提供资产评估、验证资本、企业清算、财务公证、培训会计和经济管理人才等项服务。”

正文后可以写上“此启”或“特此启事”的结束语，也可不写。

3．落款

落款另起一行，在右下角写启事单位名称或个人姓名、启事时间等。在标题和正文中已写明启事者，结尾中可省略，只写日期。报刊上刊登的启事也可以不写日期。凡以机关、团体等单位名义发布的启事，应加盖公章，以示负责。

三、启事的写作要求

1．标题要简短醒目，主旨鲜明突出，高度概括。

2．内容应简明扼要，针对性强，有关事项陈述清楚，篇幅短小精悍，一文一事。

3．语言表达要准确、恰当，语气要讲究分寸，诚挚恳切，使人能够做出积极的反应。

写作实践

一、于泽明是海城卫达塑料编织厂办公室主任。该厂主要是利用废旧塑料生产编织袋、超薄背心袋，成本较低，且有利于环保，因而有较好的经济效益和社会效益，企业发展越来越红火。近来，厂里正打算进一步扩大生产规模，但苦于缺乏资金和厂房，一直未能找到解决办法。于泽明急企业所急，开动脑筋，终于想到一个好办法，那就是征求有实力的企业进行联营。于泽明马上将他的金点子汇报给厂长，得到了厂领导的一致同意，并且厂长马上要求于泽明尽快撰写一份征求联营的启事。于泽明接到任务后，赶紧动笔写了起来。

二、下面这则寻物启事，从内容上看，有若干缺漏和多余的话，试对其正文部分作修改。

寻物启事

本人于昨天下午1时35分赴红光影院看电影，在自行车货夹子上夹着一条围巾。在看完电影回家的途中，不慎丢失。该围巾的特点是棕色的、柔软的、长条的。有拾到者，请与新安里五号楼三单元606号罗晓华联系。本人必有重谢！

失主敬启

二〇〇五年十二月十五日

3.2 通　　知

案例1

张兆良是联通公司建阳市分公司数据业务部主管。一天早晨上班后，公司经理秘书就通知他去见经理。来到经理办公室，经理让他看一封信。

电信业务改革会议通知

各电信运营企业，各相关单位：

为进一步提高通信行业管理工作的透明度和公开性，广泛宣传 2003 年信息产业部在电信发展和监管方面的工作思路与措施，帮助业内外各单位全面准确地把握电信行业发展与政策信息，推动产业合作，促进我国电信业持续、稳步发展，我部决定召开“2003 年中国电信业发展与政策通报会”。现将有关事项通知如下。

一、会议内容

全面总结 2002 年我国电信业发展、改革的基本情况与经验，介绍 2003 年电信发展、改革和监管工作的思路与措施。届时，信息产业部政策法规司、科技司、综合规划司、电信管理局、清算司、无线电管理局等司局的领导将分专题介绍各相关领域的工作情况；同时，各主要运营企业负责人将分别介绍本企业 2002 年发展状况及 2003 年发展思路。

二、参会人员

邀请部内各有关司局代表、各有关部门代表、各省（自治区、直辖市）通信管理局代表（各局 1 人）、各运营企业代表（各企业总部 5 人，分公司不限）和业界专家参会，请各单位在 3 月 14 日前将与会人员名单传真给会务组。

欢迎各设备制造商，咨询、投资机构及产业有关单位向会务组报名参会。

三、会议时间与地点

会议定于 3 月 21 日在北京京都信苑饭店举行，会期一天。

为做好会议的宣传与组织工作，特请人民邮电报社承担此次会议会务工作。

会务组联系电话：010-88877766　传真：010-88877765

特此通知。

信息产业部综合规划司（盖章）

二○○三年二月二十一日

看完信件，经理告诉张兆良，这是信息产业部部署今年重点工作的一个重要会议，需要他这个业务部门的主管陪同经理一同参加会议。张兆良点头同意。

评点

张兆良及其所在联通公司建阳市分公司经理在接到部里发来的通知后，十分重视，立即决定参加会议，体现了通知所具有的法定的权威性和对象的专指性特点。

这是一个会议通知，是由中央的部级单位发给下级所属企业和相关单位的下行公文。标题由事由和文种组成。正文顶格写通知对象。开头先交代通知缘由、根据。“现将有关事项通知如下”是常用的过渡句。然后主体说明通知的具体事项。写法上采用条文式，简单、清楚、明了，语言规范、严谨。“特此通知”是常用结束语。落款除了写明发文单位和时间，还需盖上公章，这是正式公文的必须。

案例 2

陈丽是长新食品制造有限公司的一名生产流水线工人，在这家制造各种膨化食品的企业里，她已经工作了多年。对于工作，陈丽一向认真勤恳，吃苦耐劳，去年，她刚被提升为流水线上的小组长。提升后，她工作的劲头更足了，不仅继续保持超额完成生产任务，还带动全组工人积极工作，为公司创造了可观的效益。这天下班时，她在公司宣传橱窗里看到了一份通知。

公司关于开展2010年度优秀员工评选工作的通知

各车间、各部门：

在即将过去的2010年度里，公司生产经营和各项工作均取得了比较可喜的成效，公司涌现出了一大批兢兢业业、勤勤恳恳、尽职尽责的优秀员工。为表彰在2010年度中做出显著成绩的优秀者，同时以优秀员工的事迹推动公司全员在2011年的各项工作中再创佳绩，进一步增强员工的整体战斗力和凝聚力，促进企业健康、快速发展，全面提升企业的运行质态和管理水平，公司决定在全公司范围内开展2010年度优秀员工评选工作。现将评选工作的有关事项通知如下。

一、荣誉称号

1. 综合荣誉：优秀员工

2. 单项荣誉：质量标兵、生产标兵、文明标兵

二、评选范围

优秀员工、文明标兵评选范围为公司全体员工（除公司领导外），质量标兵、生产标兵等单项荣誉评选范围为公司生产一线操作工。入厂不足6个月的员工不在荣誉评选范围。

三、评选比例

为平衡各部门工作，原则上按附表指标推荐评选。车间、部门主要负责人由有关部门和公司领导直接评选。

四、评选条件

1. 优秀员工：品德素养、业务素质、技能水平优良，爱岗敬业，诚信务实，在本岗位上发挥重要作用，出色完成本职工作，受本部门人员一致赞扬；有团队合作精神，与同事工作主动沟通配合；完全服从并能按要求完成工作安排，模范执行企业各项管理制度、规程，全年没有受过重大处罚；在生产、质量、管理、安全、环保、节能降耗等方面主动提出合理化建议，为公司创造良好效益或在其他方面做出了突出贡献。

2. 质量标兵：具有较强的产品质量意识和过硬的技能水平，严格执行工艺纪律，在生产过程中积极主动地加强质量控制，为完成本车间质量指标起表率作用；能为提高产品质量积极提出合理化建议或进行技术革新并取得成效；本年度未发生B类工艺违纪和A类质量问题，未受过质量问题方面重大处罚。

3. 生产标兵：吃苦耐劳，兢兢业业，工作效率高，在本职岗位能起表率作用；绝对服从工作安排，不计个人得失，不折不扣地按要求完成车间、班组安排的各项生产任务，确保正常生产进度的实现和特殊生产任务的完成；能围绕提高生产效率积极提出合理化建议或进行技术革新并取得一定成效；全年没有因个人原因影响整体生产进度的实现。

4. 文明标兵：自觉维护公司的形象和利益，说话举止文明，衣着整洁，待人谦和礼貌，大事讲原则，小事讲风格；经常发扬助人为乐的风格，具有拾金不昧的行为；具有良好的工作质量、产品质量意识，按工艺要求规范操作、文明作业，没有野蛮作业现象；精心维护保养设备、工具，5S管理个人成效显著；具有安全生产意识，做到“三不伤害”；爱护公司产品，爱护生产、办公和生活环境、设施；全年没有发生辱骂、打架斗殴、赌博行为。

五、评选办法和要求

1. 评选工作由行政人事部牵头组织，以各部门、车间为单位对本单位员工进行评选推荐。要求各部门、车间在总结员工个人全年工作的基础上，注重实绩的考核，优中选优，要评出团结、评出风格、评出水平，切实按照评选条件进行公平、公正评选，确保优秀的员工得到应得的荣誉。

2. 各单位应于 2010 年 12 月 25 日前将推荐人选名单和书面推荐材料报行政人事部，由行政人事部报公司领导平衡、审定。

长新食品制造有限公司（盖章）

二〇一〇年十二月二日

仔细地看完通知，陈丽不由心动起来，觉得自己有条件参与评选。她在心里暗暗打定主意，明天一早上班后就找车间主任谈谈这事。

评点

陈丽作为企业一线员工，通过公司发布的通知，及时了解到公司近期开展的工作，并积极准备参与，充分体现了通知在沟通上下级信息和指导单位具体工作方面所起的重要作用。

这是一份部署工作的通知。通知标题标明单位、事由和文种。主送部门名称用统称，显得简洁、明了。正文的前言交代所部署工作的缘由、目的和主要内容。"现将评选工作的有关事项通知如下"，这是通知中常用的过渡语。正文的主体分条行文，分别明确工作的内容、要求和方法等有关事项，写得层次分明，条理清晰，简明扼要。

相关知识

通知是适用于批转下级机关公文，转发上级机关和不相隶属机关公文，传达要求下级机关办理和需要有关单位周知或者执行事项，任免人员的公文。它是一种指导性、知照性下行文。通知用途诸多，不过主要用于传达和告知。

一、通知的类别

根据其功能，通知一般可分为几类，一是知照性通知，向下属机关告知需知道或办理的事项，包括成立、调整或撤销机构，任免和聘用干部等，如《教育部关于印发全国普通高等学校体育课程教学指导纲要的通知》；二是事项性通知，用于传达要求下级机关办理和需要有关单位周知或者执行的事项，包括布置工作、安排开展活动，解决实际工作中的某些问题，告知召开会议等，如《青阳市教育局关于举办毕业生就业双向选择活动的通知》；三是指示性通知，是上级机关对下级单位部署工作、下达任务、作出规定的通知，多是为了工作中迫切需要解决的重大事项，如《国务院办公厅关于加强中小学收费管理工作的通知》。

二、通知的格式

通知一般由标题、主送机关、正文、落款等组成。

1. 标题

标题一是由发文机关名称、事由和文种构成，如《国务院办公厅关于加强中小学收费管理工作的通知》；一是由事由和文种构成，如《电信业务改革会议通知》；一是由文种"通知"两字作标题，这种形式常见于基层单位所发的事务性通知或一般性会议通知。有些特殊情况下的通知，在标题中应写明性质，加上说明性词语，如"紧急通知"、"补充通知"等。

有些正式的机关公文，往往在标题下还要标明发文字号。

2. 主送机关

通知的主送机关，下行通知和平行通知有所不同。下行通知一般有多个主送机关，且常用统称，如国务院下发通知多用“各省、自治区、直辖市人民政府，国务院各部委、各直属机关”；平行通知则多是写出具体的主送机关，如这份《关于参加集团公司“信息化内控工作视频会议”的通知》，其主送机关就是“省公司内控办、计费结算中心、支持中心”。也有通知因为直接发给下属各部门而省略主送机关。

3．正文

通知类别不同，正文写法不尽相同。

知照性通知：一般正文开头写明印发通知的依据，正文主体把通知事项的主要内容写清楚；正文的结尾可用“特此通知”，也可不用结束语。如这则旅游局职务任免通知的正文：“根据工作需要，经局党委研究决定：李扬同志任企管处处长，免去其办公室主任职务；王惠丽同志任国华旅游公司总经理。”

事项性通知，如会议通知，要写得具体。一般都必须交代召开会议的机关或单位（部门），会议的起止时间、地点，会议名称、基本内容，参加会议的人员以及报到时间、地点等。有些会议通知还要写清其他有关内容。例如，属于表彰先进的会议要交代评选的范围、评选条件、评选方法、名额分配等有关事项；有的座谈会、讨论会，须写清要求参加会议人员进行必要的调查研究和材料准备工作；有的会议要求提交参加会议人员名单。如果参加会议人员距离较远的，要求预先告知乘坐的交通工具及车次（航班）等。

指示性通知：正文一般由通知缘由、通知内容、执行要求三部分组成。

（1）通知缘由。主要写清制发通知的缘由，包括摆依据、讲背景、论意义，说明为什么要办某种事项。要求概括精练、简洁明确、理由充分。写完后紧接着用“为此，特作如下通知”、“特通知如下”等承启用语，转入通知内容。如事属紧急，可在通知之前加上“紧急”二字。

（2）通知内容。要写清向下级部署的具体工作及如何开展有关工作的批示、要求。

（3）执行要求。是通知正文的结尾，要求简明有力，针对性强。常用的结尾有：“以上，请认真贯彻执行”“望结合当地实际情况抓紧贯彻落实”“望转告所属，遵照办理”等；也有的进一步提出“执行中有什么问题和经验，请及时反馈”或“请将贯彻执行情况于 5 月 9 日上报”等具体要求。

4．落款

落款写发文机关名称和发文时间。如在标题中已写，这里则可省略。

三、通知的写作要求

1．辨清通知的类型。不同的通知，其用法、写法有较大的不同，知照性通知应告知清楚、明白，指示性通知应注意针对性，指导明确。

2．标题要注意规范和简化。既要概括通知内容，又不能过于繁琐。

3．写明写全主送单位。通知的主送单位可以是一个，可以是两个，也可以是所有下属单位，发文时必须写清楚，通知周全，以避免发文不全，贻误工作。

写作实践

一、赵建安在明水市捷讯通信公司技术部工作。这是一家大型通信公司，员工较多，且大多都是像赵建安这样二、三十岁的年轻人。近来，由于工作任务繁重，公司经常让大家加班，连许多年轻人都直喊吃不消，办公室里经常听到大家的抱怨、不满之声。这天下班前，只见公司工会的杨主席来到各个办公室，说有好消息告诉大家。大家连忙问是什么好消息，杨主席就给每个人发了一张纸。赵建安一看，原来是份秋游活动安排的通知。

二、下面这则通知在结构写法、语言表达等方面存在诸多毛病，请找出并加以说明。

行政部关于成立摄影小组的通知

我部成立一个摄影小组，目的是为了更好地配合构建和谐社会的活动，丰富我们的业余文化生活，培养我们的情操，有利于我们提高观察生活的能力，从生活中挖掘出美的事物，使我们更加热爱我们的社会主义祖国。

本小组将聘请专业或业余摄影家来讲学，在一、二年内本小组成员除了能掌握摄影基本知识外，还能学会在拍摄过程中常用的知识，如追随法、逆光摄影法、高调摄影等；在冲洗照片过程中常用的，如冲洗技术，多次曝光叠加成像，修改底片等方法。待初步掌握了这些技能以后，我们还将出外采访，从而更好地深入实际，了解社会，还将尽可能地游历祖国名山大川，拍出有浓郁的生活气息和奇丽风光的艺术照片，并举办学员作品展览，评出优秀作品，对作者予以适当奖励，结业时，凡掌握了所学内容者，都发给毕业证书，并赠送纪念品。总之，凡加入本小组的同志，只要认真学习，虚心请教，互相交流，取长补短，切磋技艺，都会在摄影技术上取得很大进步，成为祖国有用的人才。

凡是对摄影有爱好的同志，可以自愿报名参加，要自带照相机，有摄影作品的同志最好交上来，以供录取时参考。活动时间每星期二、四下午，报名处在行政部办公室，报名时交一张一寸照片，报名时间 5 月 1 日～5 月 10 日，过期不再补报。有关各项要求望及时发给各党支部给予传达，尽快将名单报上来。

摄影是一门艺术，它会使我们的生活更加充实，激发我们对祖国的爱和为祖国献身的勇气，望大家踊跃参加。

行政部办公室（盖章）
2011 年 4 月 20 日

3.3 公　告

案例 1

何佳慧是乾州市广通广告公司的财务会计，负责公司现金管理、财务账目、税务申报等工作。元旦假期结束，回来上班的第一天，何佳慧就想，06 年已经过去了，要抓紧进行去年的财务结算了，尤其税务这部分，税务局这个时候也应该来检查了，要赶紧把公司该申报、缴清的税收都理清楚，尽快去税务局都办掉。正在这样想着，何佳慧忽然看到办公桌上有一份当天的《乾州日报》，上面正刊登了税务局的一个公告。

乾州市地方税务局公告

我局定于 2007 年 1 月启用“全省集中式地方税收征收管理信息系统”。为便于系统调试，近期需停办部分业务。现将具体时间与相关业务公告如下。

一、1 月 2 日 0 时 ~ 24 时停止对外办理税务登记、涉税文书受理业务；

二、1 月 8 日 0 时 ~ 9 日 24 时停止受理纳税人的上门申报及发票领购业务；

三、1 月 8 日 0 时 ~ 12 日 0 时停止受理纳税人电话申报、网上申报业务；

四、1 月 5 日 ~ 9 日新开户的纳税人，待到 1 月 12 日起才能办理新开户纳税人发票业务。

特此公告

二〇〇七年一月一日

看到这里，何佳慧暗暗担心，这不会影响到公司的税务登记、缴纳吧？怎么办呢？还是去请示经理吧。她拿起报纸，快步向经理室走去。

评点

何佳慧作为一名企业的财会人员，能够认真负责地为企业着想，在看到这则税务局的公告后，她马上想到可能对企业产生的影响，这也充分显示了公告的重要性。

这是一份知照性公告。税务局是重要行政机关，所要发布的是有关税务办理的重大事项，因此应使用公告这个文种。该公告格式完备，内容简单、明了。标题采用的是“发文单位+文种”，也因为标题已写明发文单位名称，因此落款中可以省掉。正文说明了公告的依据和具体内容，由于事项较繁杂，就使用了分点列项行文，条理清楚，言简意赅。

案例2

增城开迪机械制造有限公司是国内机械制造行业的一家老字号企业，建于1984年，通过二十多年来的发展，已初具规模，成为具有大型铆焊制作和大型机械加工能力及成套设备装配能力的综合机械制造企业。但是，这几年，随着我国经济开放程度越来越高，企业竞争越来越激烈，开迪公司的生产效益出现下滑的趋势。为了带领企业走出困境，增强企业的核心竞争力，公司领导层决定进行管理模式的改革，改革的试点定为对公司下属的模具厂电镀工段实行工段长职位公开招标、竞争上岗。这天，模具厂在工厂大门口的公告栏里贴出了招标公告。

工段长竞争上岗公开招标公告

根据本厂办公会关于《电镀工段经营管理模式调整的决议》，在电镀工段引入竞争上岗、绩效考核承包的管理模式，对电镀一工段工段长、电镀二工段工段长职位实行竞争上岗、公开招标。现将招标的相关规定公告如下。

一、应聘者条件

1. 年龄：50周岁以下；

2. 学历：相关专业中专以上或具有从事电镀工艺技术管理5年以上的工作经历。实际经验丰富者视实际情况放宽条件。

3. 专业素质：

具有较高的电镀工艺技术管理水平和电镀工艺方案实施和控制水平；

具有电镀生产作业及过程控制管理水平；

具有电镀物料消耗成本控制和管理水平；

具有一般的统计、测算、分析知识；

具有较高的敬业精神，有责任心、上进心、荣誉感。

二、报名时间：2004年2月21日上午12时以前；报名地点：厂部办公室。

三、应聘者资格审查时间：2004年2月21日下午1时至2时。资格审查形式：办公会讨论通过，确认竞聘人员名单，通知竞聘人员领取招标书。

四、公开招标时间：2004年2月23日下午1时至4时。其中1时至3时为竞标演讲时间，演讲地点：会议厅。要求全体管理人员（包括各工段班组长以上人员）到场旁听。3时至4时为招标小组评标时间。5时公布竞标情况和结果。

五、应聘人应准备的资料

1. 竞标演讲稿，于2月23日中午12时前将演讲稿交厂部办公室。

2. 标书，于2月23日下午本人演讲结束时将标书交厂部办公室。

六、招标小组组成

由公司总经理任招标小组负责人，与厂长、技术科科长、行政科科长、总工程师和工会主席组成6人小组。

增城开迪机械制造有限公司模具厂（盖章）

二〇〇四年二月十五日

一纸公告，在工厂里掀起了轩然大波。工人们议论纷纷，有的赞成，有的反对；有的心中思量，有的嘴上抱怨。大家也都在想着同样的问题：谁会去竞标？谁又能中标？这样能把厂子搞好吗？

评点

开迪公司在模具厂进行的改革试点，对于企业来说，是一件大事，因此采用公告这一文种，可以充分引起受众的注意和重视，有利于事项的完成。

这是一份指令性公告，不仅要向受众知照事项，还要宣布要求，指令执行。标题由“事由+文种”组成。正文先后说明了公告的依据和具体事项，事项也是采用了分点列项行文的方式。“应聘者条件”是说明的重点，故详细列出；文中所有时间都交代明确、具体，显示了公告的郑重性，也便于执行。

相关知识

公告是适用于向国内外宣布重要事项或者法定事项的公文。它具有内容重要、形式公开、知照广泛、受文对象非特定和发文级别高等特点。

一、公告的类别

公告根据其内容要求，可分为知照性公告和指令性公告两类。知照性公告，即指向受众宣布重要事项的公告。这种公告只向受众知照事项，而无需受众遵守或执行某种规定，如《我国将进行向太平洋发射运载火箭试验的公告》。指令性公告，是指向受众宣布某一事项的规定或要求的公告。这类公告不仅向受众知照公告事项，还要求遵守或执行，如《中央机关及其直属机构2010年补录公务员公告》。

二、公告的格式

1. 标题和发文字号

公告的标题有四种不同的构成形式。一是公文标题的常规形式，由“发文机关+主要内容+文种组成”。如《国务院关于坚决制止冲击铁路确保铁路运输安全畅通的公告》；二是省略主要内容的写法，由“发文机关+文种”组成。如《国家税务总局公告》、《对外经济贸易部公告》。这是公告比较常用的标题形式；三是省略发文机关，由“主要内容+文种”组成。如《关于1990年全国清理“三角债”成果和1992年继续清理“三角债”工作的公告》。这种标题形式比较少见；四是只标文种“公告”二字。

公告一般不用公文的常规发文字号，而是在标题下文正中标示，如“第 2 号”等。有些公告可以没有发文字号。

2. 正文

（1）开头

开头主要用来写发布公告的缘由，包括根据、目的、意义等。如 1989 年 6 月 15 日《人民日报》刊登的《对外经济贸易部公告》的开头："为了进一步加强对进口货物唛头及进口合同编号的管理，消除目前在进口唛头代号上的混乱现象，根据治理经济环境，整顿经济秩序的精神，特对进口唛头的管理公告如下"。这是公文普遍采用的常规开头方式，但也有不写公告缘由，一开头就进入公告事项的。

（2）主体

主体用来写公告事项。因每篇公告的内容不同，主体的写法因文而异。有时用贯通式写法，有时需要分条列出。贯通式的如："为表达全国各族人民对四川汶川大地震遇难同胞的深切哀悼，国务院决定，2008 年 5 月 19 日至 21 日为全国哀悼日。在此期间，全国和各驻外机构下半旗志哀，停止公共娱乐活动，外交部和我国驻外使领馆设立吊唁簿。5 月 19 日 14 时 28 分起，全国人民默哀 3 分钟，届时汽车、火车、舰船鸣笛，防空警报鸣响。"通常内容简单，复杂的则多用分条列出。总之，这部分要求条理清楚、用语准确、简明庄重。

（3）结语

一般用"特此公告"的格式化用语作结，也有公告的结尾专用一个自然段来写执行要求，有的公告既不写执行要求，也不用"特此公告"的结语，事完文止，也不失为一种干净利落的收束方式。

3. 落款

标题上出现了发文机关名称的，可不再落款；标题上没出现发文机关名称的，则应在正文的右下方署明发文机关名称。较为正式的国家机关公告，成文时间应使用汉字。

三、公告的写作要求

1. 正确使用公告文种。公告是一种严肃性很强的文种，有它特定的适用范围和使用对象，多通过公开发布的形式，用于向国内外公众宣布重大事项，切忌事无巨细，滥用公告。

2. 写作要简明扼要。公告具有广泛的知照性，其接受主体往往是一定范围内的众多人，因此，公告写作既要庄重，还要通俗、简明。

写作实践

一、蔡晓青是肇新市新梦纺织用品有限公司行政部主管。这家公司主要从事各种床上用品的生产和销售，是由具有多年历史的国有企业改制而来。企业原有的生产厂房现已不能适应企业发展生产的要求，而且地处城市新的商业中心，与城市的发展规划也很不协调。公司现正计划在郊县寻找合适的地方，打算建新厂房，以便公司整体搬迁，但一直没有找到合适的土地。这天，蔡晓青在报纸上看到了刊登的一则土地拍卖公告，觉得这块地很合适。

二、请按照公文的格式和写作要求，指出下面这份公告存在的毛病，并加以修改。

关于进一步做好四川汶川大地震抗震救灾捐赠工作的公告

四川汶川大地震发生后，社会各界纷纷捐款，现将有关事项公告如下。

一、为有序做好抗震救灾捐赠工作，中共花江市委、花江市人民政府明确由花江市民政局负责牵头协调全市的捐赠工作，各区（市、县）由区（市、县）民政局负责接收本区域内救灾捐赠款物的工作；各区（市、县）和各级各部门接收的救灾款物由市民政局统一负责接收，由市委、市政府决定救灾捐赠款物的安排。

二、花江市慈善总会为接收我市向四川地震灾区所捐资金、物资的承办单位，统一负责捐赠接收工作。根据《中华人民共和国公益事业捐赠法》的相关规定，花江市慈善总会、红十字会等以发展公益事业为宗旨的公益组织、基金会和慈善组织可依法接受社会捐赠，除此以外的任何组织、个人不得向社会进行募捐。

三、花江市民政局、市慈善总会办公室将加强对全市救灾捐赠款物的管理，接受的救灾捐赠款物的使用、发放情况将向社会公布，接受社会公众的监督。

四、各接收捐赠的单位将加强对认捐资金、物资的接收对接工作，建立责任制确保单位、集体、个人认捐的资金、物资足额到位。

五、花江市民政局、市慈善总会办公室将牵头拟定花江市捐赠资金、物资动态调拨方案，报市委、市政府同意后实施。捐赠资金、物资的调拨将既考虑当前抢险救灾的需要，又兼顾灾区恢复重建的需要。市审计局、市监察局将加强对抗震救灾捐赠款物的审计监督，制订严格的审批程序，确保救灾捐赠款物全部到位。

六、花江市捐赠接收单位和联系地点、电话。

（一）市民政局

开户行：花江市商业银行龙井支行

地址：花江市指月街9号

联系电话：0851-8658084、8658062、8658063

联系人：朱子伟、罗黎、吴欧

（二）市慈善总会

开户行：花江市商业银行三合支行

地址：花江市文昌南路梭石巷12号花江市老年公寓7楼

联系电话：0851-5610705、5610713

联系人：兰长清、苏彦

中共花江市委办公厅
花江市人民政府办公厅（盖章）
二〇〇八年五月十九日

3.4 请　示

案例 1

吴芳芳是一名来自于农村的打工妹，现在茅岭市盛达公司下属的盛达制衣厂做制衣工。虽说工资并不高，但厂里包吃包住，吴芳芳自己吃苦肯干又很节俭，很快她就小有积蓄了。但是，最近吴芳芳很烦，因为厂里出于改建汽车库的需要，把吴芳芳和其他几十个打工妹住的一排宿舍拆除了，而安排她们去其他宿舍合住。由于宿舍过于拥挤，吴芳芳晚上总是睡不好，白天工作时老是打瞌睡，影响了工作，被扣掉不少奖金。吴芳芳这天去问厂里何时能解决她们的宿舍问题，办公室的李主任拿出了一份文件给她看。

茅岭市盛达公司关于盛达制衣厂改建车库
为两层楼房的请示

市规划局：

我公司所属盛达制衣厂，于 2009 年 10 月开始改建汽车库，工程进展顺利，现已扣完顶板。但由于改建汽车库拆除了共计 510 平方米的制衣工宿舍和基建科办公室，致使他们无宿舍居住与办公室办公。该厂原打算为其另建，但考虑到厂区用地状况紧张和结合工厂长远规划，现决定将原建一层的车库改建为两层的楼房。第一层仍为车库，第二层做宿舍和办公室，面积不变，资金自行解决。我们同意该厂的意见。

妥否，请批示。

二○一○年十月十二日

李主任安慰吴芳芳说，上面很快就会有答复，她们的宿舍问题会很快解决的，叫吴芳芳耐心等待一段时间。

评点

吴芳芳所在盛达公司的盛达制衣厂要改建车库和宿舍楼，这虽然不是一个大工程，但企业无权擅自做主，必须要征得上级主管部门的同意，此时，请示就起到了重要的作用。

这是一份下属单位向上级请求批准的请示。它是在第一次请示获得批准并付诸实施中，又有了新情况、新问题，为反映新情况、解决新问题，再次向上级请示。这种请示的写法：缘由部分首先要主动汇报在第一次请示获得批准，并付诸实施后的情况，以让上级领导了解前一请示事项的执行情况，然后再阐明新情况、新问题，在此基础上再提出再次请示的事项。又因是为下级代为请示，所以还应注意表明作为请示单位的直属上级的本单位的表态意见。本文正是这样写的，故该请示写得既规范又符合情理。

案例 2

王劲松是学化工专业的，现在三拓化工厂担任技术员。由于工作时间不长，王劲松本着虚心学习、踏实工作的态度，不仅钻研技术，还经常到车间向工人师傅请教，平时积极肯干，经常加班加点。但是，两年下来，王劲松发现自己的工资还是和进厂时差不多，职务级别和工资待遇都没什么变化，心里就有些不平，去找厂长问起来。厂长告诉王劲松，由于他工作年限不够，就没有调整他的职务级别和工资待遇。不过，最近厂里很快就要对所有人员工资进行调整，到时一定不会漏了他。王劲松以为厂长不过是安慰他，表示不相信，厂长就拿出一份文件给王劲松看。

三拓化工厂关于贯彻按劳分配政策两个具体问题的请示

省劳动厅：

按劳分配，是社会分配的基本原则。几年来，我厂由于认真贯彻了按劳分配政策，极大地激发了广大职工的劳动积极性，使得生产率成倍地增长，乃至几倍的增长。为全面贯彻按劳分配原则，进一步调动职工的劳动积极性，现就两项劳资政策问题请示如下。

一、拟用 2002 年全厂超额利润的 10%为全厂职工晋升工资。其中，2002 年 4 月 30 日在册职工每人晋升一级，凡班（组）长和车间先进生产（工作）者及其以上领导和先进人物再依次晋升一级；全厂技术突击组成员每人浮动一级工资，组长每人浮动两级工资。

二、拟用 2002 年全厂超额利润的 10%一次性为全厂职工每人增发奖金平均 500 元，具体金额按劳动出勤率和完成定额计算。

以上请示，妥否，请批示。

三拓化工厂（盖章）
二〇〇二年十一月十日

王劲松非常高兴，连忙问厂长究竟什么时候能拿到，厂长劝他不要急，请示交上去已经一个月了，相信很快就会答复下来了。

评点

王劲松工作的三拓化工厂要给全厂职工加工资、发奖金，这正体现了企业尊重工人劳动，积极贯彻按劳分配原则，是一件既有利于职工，也有利于企业的好事，但还是需要事先征得劳动部门的同意，这体现了请示的政策性原则。

这是一份请求批准的请示。它是下级对拟办的事项已有了明确的处理意见和办法，但需要上级单位同意。首先标题明确，包含发文单位、事由和文种；其次主送单位用特称，符合请示只能有一个主送单位的要求；然后主体部分依次说明请示的缘由、具体事项、具体办法，分条列项，显得简洁、明了；最后，用该文种的惯用语收尾。这是一份非常规范的请示。

评点

请示是下级机关向上级机关请求决断、指示、批示或批准事项所使用的一种公文。请示属于上行公文，其应用范围也比较广泛，一般具有针对性、单一性、时效性和呈批性等特点。请示的作用在于请示工作要求上级批复。请示产生于事前，不可“先斩后奏”，这是请示区别于报告的主要特征之一。

一、请示的类别

根据内容、性质的不同，请示可分为以下两种。

1. 请求指示性请示

请求指示性请示是指下级单位因有些问题不能解决，有些情况不能处理，或对上级的政策、文件不能准确理解，需要上级做出明确指示和说明，而向上级请求的请示。如《关于建立中国工程院有关问题的请示》一文中，一些问题需要上级单位作出明确指示。

2. 请求批准性请示

请求批准性请示是指下级对拟办的事项已有了明确的处理意见或办法，但无权或无力解决，请求上级单位同意或支持、帮助的请示。

二、请示的格式

请示一般由标题、主送单位、正文、落款四部分构成。

1. 标题

标题一般有两种构成形式：一种是由发文机关名称、事由和文种构成。如《明湖区工会关于开办再就业培训班的请示》；另一种是由事由和文种构成，如《关于开展春节拥军优属工作的请示》。

2. 主送单位

主送单位是指负责受理和答复该文件的单位，一般应为请示单位的直属上级，请示一般不得越级请示。每件请示也只能写一个主送机关，不能多头请示。

3．正文

正文一般由开头、主体、结语三个部分组成。

（1）开头。主要交代请示的缘由。它是请示事项能否成立的前提条件，也是上级单位批复的根据。原因讲得客观、具体，理由讲得合理、充分，上级单位才好及时决断，予以有针对性的批复。如这份《学校公共设施维修请示》的开头：“暑假将至，为加强学校后勤管理工作的延续性，确保下学期正常开学，现决定利用暑期对学校的公共设施集中进行维修维护。”

（2）主体。主要说明请求事项。即向上级单位提出的具体请求，也是陈述缘由、目的所在。这部分内容要单一，只宜请求一件事。另外请示事项要写得具体、明确，条项清楚，以便上级单位给予明确批复。提出有关问题要求上级指示或批准时，有的要求提出解决问题的建议和意见，供上级机关参考。提出的请示，要符合有关方针、政策，切实可行，不可矛盾上交。

（3）结语。用惯用语收尾，常用“是否妥当，请批示”、“妥否，请批示”、“如无不妥，请批转有关单位执行”等。

4．落款

落款一般有两种写法：一是如果标题中已有发文单位名称，则只在文后标明成文时间即可；二是如果标题中省略发文单位名称，则在文后先署名再写上成文时间。但不管哪种写法，都必须加盖公章。

三、请示的写作要求

1．要遵守“一文一事”的原则，主旨鲜明集中，否则也会影响请示事项的及时解决。

2．要做到材料真实，不要为了让上级领导批准而虚构情况，也不要因为没能认真调查而片面地摆情况，提问题。

3．要理由充分，请示事项要明确、具体。

4．要语气平实，恳切，以期引起上级的重视，既不能出言生硬，也不要过于客套。

写作实践

一、庆源市佳丰粮油有限责任公司是一家民营企业，主要致力于大豆油、菜籽油等各种食用油的生产。公司拥有自己的大面积生产基地，所用原料天然、健康，生产的各类食用油口味佳、品质好、营养丰富，因而深受市场欢迎，产量逐年上升，企业规模不断扩大。今年，公司准备再在本市东山乡建立 5000 亩核桃生产基地，为公司提供优质核桃原料。但经过论证，该基地需投入资金 200 万元。由于所需资金量大，公司要全部自己解决，有较大困难。公司领导层经过开会讨论，决定向市里请求从市科技开发项目资金或银行贷款中解决 100 万元。会后，总经理布置秘书张元向市政府写一份请示。

二、下面这则请示，在格式、内容、语言上都有不妥之处，请指出。

关于要求解决学生宿舍拥挤等问题的请示

市人民政府、市教育局：

我校今年由于住宿生急剧增加，现有的学生宿舍已无法容纳，现在住宿生基本上是一个床位两个人睡，严重影响学生的身心健康。为解决这一困难，我校决定再建一栋学生宿舍楼。

另外，我校图书馆也尚未达到省“两基”标准，望上级部门给予适当支持。

特此请示，请回复。

市二职

2003 年 12 月 15 日

3.5 报　告

案例 1

周霞娟从中专校的电子商务专业毕业后，就被当地一家大型商业企业德嘉商场聘用，担任一个高档女装品牌的销售员。这家商场非常重视严格管理，制定了一系列管理制度，并且采取了很多措施、办法来抓管理、促销售、塑形象。由于商场的销售人员大多是女职工，商场就联合市总工会、市妇联一起，开展了创建“巾帼文明岗”的活动。周霞娟也积极参与了这个活动，她和同事们互帮互学，相互竞赛，共同进步，个人的销售业绩和商场的整体效益都上了一个新台阶。在商场内部刊物上，周霞娟看到了这份验收工作报告。

创建“巾帼文明岗”验收工作报告

市总工会、市妇联：

在上级工会、妇联的领导下，我商场积极开展创建女职工文明岗的活动，我们精心策划，认真部署，并坚持“品种最齐，价格最平，服务最优，品质最坚”的宗旨，突出抓好服务工作和团队建设。以社会满意、顾客满意为标准，以优质服务为重点，内部管理为保障，以职业道德为主线，以规范服务为主要内容，深入开展创建“巾帼文明岗”的活动。创建活动开展以来，深受广大女职工的欢迎，并取得了极大的效益，在双文明建设中形成一道亮丽的风景线。

现将创建“巾帼文明岗”活动的情况向领导作个汇报。

一、提高思想水平，创建团队精神

首先，领导重视。由商场经理亲自担任创建“巾帼文明岗”领导小组组长，按照服务规范，并根据商场条件，制定出切实可行的实施计划，研究确定创建工作的任务、目标和措施，有组织、有步骤地开展。还设立了职业行风组、服务竞赛组、文明礼貌组三个小组，实行分工合作，各负其责，切实抓好整个创建过程。

为了保证创岗活动顺利开展，我商场组织管理人员学习 ISO9000 标准化超市管理，并制定了《管理人员现场管理制度》，由管理人员亲自接待顾客，为员工起到一个标准示范的作用。我商场结合实际情况，把创建活动纳入管理体系，定期召开专题会议，落实创建文明岗的进度，并制定了《管理人员自查制度》、《员工自查制度》、《巾帼文明岗创建过程考核办法》，定期组织对各柜组、各岗位人员进行检查考核，了解创建工作进展情况，发现和总结经验，现场解决存在问题，推动管理和服务水平的提高。

二、提高业务素质，促进服务质量

1. 各班组进行业务知识的强化训练，主要针对商品知识的熟悉、服务技巧。我们规定每周一各班组利用班后时间进行模拟服务训练，包括“三米”微笑服务、处理顾客投诉、商品推销技巧训练等，通过这种实战性的强化训练，员工服务水平有很大提高，在集团总公司监控中心多次检查中，受到检查人员的好评，特别是副食组徐萍因业务熟练、服务热情，受到监控中心和顾客的表扬，并且还受到总公司的破格奖励。

2. 积极参加总公司的定期培训，系统地学习了服务领域岗位要求、职业道德技巧等多种知识和常识。经过培训，我们的员工不但增长了服务意识，还大大提高了自身素质。十月份，我商场计算机员利用业余时间勤练兵，在集团公司计算机打字比赛中获得冠军；5 月份的美工培训中，蒋丽获得了“优秀学员”称号。

3. 改变形象，创新服务。随着市场经济的不断深入发展，市场竞争日益激烈，我们深深地认识到只有建立良好的信誉，才能在市场上立足。

首先，我们大胆创新，改变商场布局，提高商场档次。我们创建了本市第一家以销售香港进口货品为主的“香港城”，在“香港城”里能够买到时尚优质的香港零关税商品，满足了广大群众的消费意愿。我们还开设了海味参茸专柜，主要经营高档人参、燕窝、海产品等。

其次，我商场加大“未来街市”的整改力度，现在“街市”的经营品种丰富，有各种类蔬菜、瓜果、熟食。“街市”的经营利润较低，损耗也较大，竞争又很激烈，是很多商家不愿经营的项目，但是我们本着经营宗旨，以“顾客的需要为需要，顾客的满足才是我们最大的满足”为方针，大力改造“街市”面貌，从原 500 平方米，增加到现在 2000 平方米，不断增加经营品种，以满足顾客的需求。并且在采购商方面严格控制采购源，对商品把好关，确保货品的质量。

另外，我们还在服务形象上下工夫。我们商场上上下下，从管理人员到保安、搬运工都统一穿着工衣，佩带工卡，在商场入口处公布了我商场的服务承诺和投诉电话，在专柜处设立了顾客意见本，以便了解顾客的意见和要求。并且规范送货人员的礼貌用语，提高商场基层人员的素质，全面提升商场的服务形象。我们还通过《商场服务顾客调查卷》了解顾客的意见，及时改进不足之处。通过创建文明岗，商场制定了相应的促销计划进行宣传，如，在三月份做了以“三八妇女节”为主题的商场布置，并推出一系列的折扣优惠，凡“三八妇女节”在本商场消费的顾客均可获得鲜花一朵，当月在本商场购买女性专用商品一律打九五折，购买女性保健食品、化装品、服装等打九六折。通过我们的共同努力，商场的信誉得到了社会的认可，十一月，我商场被评为市“文明经营户”。

三、高标准，严要求

“没有规矩，不成方圆”，好的成绩是靠制度来维持的，我们商场制定出了一整套自我监督完善的制度。我们对每个岗位都制定了《岗位责任制与奖罚条例》和每个工种人员的考核标准，每个组长（主管）都对下属进行考核打分，并在每次考评中对员工的工作表现作出评价，指出员工的优点和不足之处。通过考核，我们员工把心思都放在如何把工作做得更好和如何提高服务上面，尽自己所能为顾客服务，把真情融入每一个服务细节中。

四、精神风貌展新姿

通过创建“巾帼文明岗”，商场更加注重女工的业务素质教育、技能培训和“四有”精神培育。员工们不但在工作上精益求精，在企业的各项文体活动中也是佼佼者，在总公司组办的第十届文体活动中，处处活跃着她们的身影，例如在市商业系统文艺比赛中，我商场自编自演的快板小品《我为企业献青春》，获得了第三名；在保龄球比赛中，获得第三名；在拔河比赛中，获得第三名。在 04 年十大歌手比赛中，积极参加，表现突出，有 2 名歌手获得了优秀歌手的称号。

在创建“巾帼文明岗”的过程中，我商场管理水平不断提高，管理更加规范化和细化，企业形象明显增强。更使得我商场的女同胞们提高了素质，受到了教育，充实了生活，更增加了她们对自身价值的了解，她们通过自己的努力，向新时代展示了当代女职工敬业爱岗、积极向上的精神风貌。

开明市德嘉商场（盖章）
二〇〇六年十二月十九日

评点

周霞娟通过这份工作报告，就能更加清楚地了解所参加活动的意义，对她今后的工作会有很好的帮助和指导。对企业来说，能够及时总结经验、发现问题，也将更有利于今后的工作。这就是报告的作用。

这是一份专项工作报告。行文简明有序，是其突出特点。标题明示事由和文种，主送单位用特称，都显得简练。开头概述工作依据、做法、效果，体现了公文语言的简明、利落。主体概括成四大项要点，各用主旨句总领本段内容，这是报告的常用写法。各主旨句恰当、准确而凝练。每段均有典型例证，既体现以事实说话的特点，又充分支持段旨。并且在各段结尾均采用贴切、自然、简短的评议，起到了很好的点题与深化主题的作用。

案例 2

段星南自小就酷爱计算机，从小到大的学习中，计算机也一直是他的专业和长项。毕业后，他如愿在一家计算机设备制造公司的生产技术部工作，该部门专门负责计算机设备生产的技术支持和质量控制。段星南如鱼得水，立即投入工作，一门心思地钻研技术、学习管理，很快就成为部门骨干，并和部门同事一起努力，严抓质量体系的管理，制定质量管理制度，组织一线生产员工进行培训，规范生产操作程序，使全公司的生产效益大幅度提高。为此，公司领导要求段星南代表生产技术部向公司领导层做个汇报。

生产技术部工作汇报

总经理、各部门领导:

自从公司建立质量管理体系并进行试运行以来，我们生技部全体员工严格按照 GB/T ISO9001:2000 标准的要求进行生产运作，并在实际工作中做了不少改进，也取得了一定成效，现将生技部在贯彻公司的质量管理中所做的工作汇报如下。

一、生产作业的规范化

为了贯彻体系文件的要求，为了使员工能熟练操作设备，在企管办统一的合理安排下，我们生技部对关键、特殊工序的员工进行了岗位技能培训。由公司发文确认了特殊工序的上机操作人员名单，并经考核合格后，由公司发放《特殊工序上岗资格证书》，由本部门作了详细的培训记录与操作工技艺评定表。按照体系要求的生产作业规范化，我们生技部编制了《设备操作规程》、《生产流程图》、《操作指导书》，以及《工艺参数》等受控文件，还严格实行对车间的生产与操作人员作“三按”、“三检”要求。“三按”即按标准、按图纸、按工艺。“三检”即首检、自检、完工检。

二、设备的管理

为了使设备在受控的范围内得到有效的日常维护与保养，本部门对各个车间生产设备统一编号（编号代码是按各个车间的字母缩写编号的），建立了设施档案，编制了《生产设施一览表》，并做了完好设备的标识。为了执行设施的日常维护与保养，本部门编制了《月份日常维护与保养》、《设施检修单》、《生产设备大、中修规定》，严格按照 ISO9001:2000 的标准要求进行对工装合理的管理，特编制了《工装设备管理》，并在工装上用油漆按各车间的代码统一编号，在工装的使用上做了工装履历卡，对工装的合理流转使用作了记录。

三、质量目标的分解与实际操作中存在的问题

根据 ISO9001:2000 在公司的实际运行情况，本部门实行了对质量目标的分解，具体是“成品一次交验合格率大于等于 99.5%，产品的出厂合格率达 100%，生产设备完好率达 95%以

上，工艺文件正确率达 100%，公司无事故车间达 100%”。通过抽检，统计 8 月份插接件、插接器的合格率为 99.8%，9 月份插接件、插接器的合格率为 99.72%。

但在生产中发现本部门也存在着一些问题，那就是由于疏忽，部分的外来文件没有发放记录，有一部分的图纸没有签字，还有就是以为公司文件确认了特殊工序的操作工就可以了，所以就没有发放“特殊工序操作工的上岗资格证书”。基于此，我们生技部将作进一步的改进与补充，为质量目标的更好完成而努力。

四、记录的完整

本部门按照 ISO9001:2000 标准程序文件的记录要求，编制了《工艺纪律检查表》、《完好设备标准检查表》、《信息联络处理单》、《生产质量计划》、《技术文件发放记录》、《特殊工序能力鉴定记录》及《外来文件的记录》。

五、标识的控制

各生产车间做好现场物资摆放区域的标识，贯彻 ISO9001:2000 标准的要求，本部门对各车间的物资、在制品、成品堆放处均作了相应的标识，对车间的通道区域也作了明显的标识，有效防止了未加工和已加工产品的混杂、不良品和合格品的混杂、待检品与已检品的混杂，防止在生产过程中产品的混淆和误用，确保需要时，能对产品的质量形成过程进行追溯。

以上是本部门自公司建立质量管理体系以来所做的工作。但我们的工作仅仅做了这些还是不够的，“路漫漫其修远兮，吾将上下而求索”，为了争做优秀的“众志人”，我们将一直不懈努力！

众志计算机设备制造有限公司生产技术部

二〇〇五年十二月八日

段星南代表生产技术部所做的报告，得到了公司领导层的充分肯定。公司领导层经研究决定，要在全公司推广段星南他们部门的经验和做法。

评点

段星南和生产技术部所做的工作，经过汇报，得到公司领导们的肯定和表扬，这充分体现了报告反映工作情况、总结经验教训、与上级交流沟通的作用。

这是一份综合工作报告。标题由单位和文种构成，主送单位用特称，都显得清楚、明了。正文开头概述工作依据、做法和成效，用“现将生技部在贯彻公司的质量管理中所做的工作汇报如下”一句，自然引出下文。主体部分根据工作具体内容分条列项，总结经验的同时，也分析了存在问题，基本各条一段，言简意赅。结尾表达今后的工作方向和努力决心，给人留下深刻印象。

相关知识

报告是向上级机关汇报工作、反映情况、提出意见或者建议，以及答复上级机关的询问的公文。报告是一种呈报性的上行文。它的使用范围很广。按照上级部署或工作计划，每完成一项任务，一般都要向上级写报告，反映工作中的基本情况、工作中取得的经验教训、存在的问题以及今后工作设想等，以取得上级领导部门的指导。

一、报告的类别

报告按性质划分，有综合报告和专题报告；按内容划分，有工作报告、情况报告；按作用划分，有汇报报告、答复报告和递送报告等。一般常用的有以下几种。

1．例行报告

例行报告包括日报、周报、旬报、月报、季报、年报等。一般是随着工作的进展，反映新情况，新问题，比如“财务年度报告”。

2．综合报告

综合报告全面汇报本单位工作情况，通常总结工作与计划安排相结合。

3．专题报告

专题报告指向上级反映本单位的某项工作、某个问题、某一方面的情况，要求上级对此有所了解的报告，如“薪酬调查报告”。

二、报告的格式

报告一般包括标题、主送单位、正文、落款四个部分。

1．标题

标题主要有两种构成形式：一种是由发文机关名称、事由和文种构成。如《河北省人民政府关于工业生产情况的报告》；另一种是由事由和文种构成，如《关于发挥先进人物作用推动学赶先进活动的报告》。

2．主送单位

主送单位一般应为收文单位或主管领导人。每份报告也只能写一个主送单位。

3．正文

正文结构与一般公文相同。从内容方面看，报情况的，应有情况、说明、结论三部分，其中情况不能省略；报意见的，应有依据、说明、设想三部分，其中以设想不能省去。从形式上看，一般分开头、主体、结尾。

（1）开头。交代报告的缘由、依据、目的、意义等。句末一般用惯用语“现将……报告（汇报）如下”作过渡，承上启下引出报告的主体内容。

（2）主体。这是报告的具体内容部分。一般包括基本情况、主要成绩或经验体会、存在问题和下一步打算。写这一部分要围绕主旨，突出重点，还要层次分明，条理清晰。一般采用并列式结构，分项列条写，每点经验、体会、意见，习惯上用序码标明，并在段首设置主旨句，也可将它们写成小标题形式。如《海南省邮政局关于亚洲论坛首届年会邮政通信服务工作的报告》主体部分分别从领导重视、报纸投送到位、设点现场服务和发行邮品扩大宣传四个方面进行报告，每段开头用段旨句总领本段内容，然后写具体做法和效果。

（3）结语。用惯用语收尾，常用“以上报告，请审阅”。呈转报告的多写“以上报告如无不妥，请批转各地参照执行。”

4．落款

如果标题中已有发文单位名称，则只在文后标明成文时间即可；如果标题中省略发文单位名称，则在文后先署名，再写上成文时间。

三、报告的写作要求

1. 观点鲜明，想法明确。一般用精要的小标题和主旨句来加以突出。

2. 情况确凿，分析精要。报告的内容不可夸大其词，陈述的情况要符合事实。

3. 简明有序，口吻得体。陈述情况要简明扼要，条理清楚。对上级单位、主管领导和本单位、下属单位的称呼要准确、恰当。

4. 报告不得夹带请示事项。

写作实践

一、项安龙是顶山市怀文中学分管后勤保卫工作的副校长。近期，社会上频发校园安全事故，震动了广大群众，也给怀文中学领导，以及项安龙的工作敲响了警钟。学校领导们紧急开会，部署学校的安全检查工作。会后，学校立即开展了一系列的安全教育、安全管理和安全检查活动。不久，学校更接到了上级主管部门市教育局《关于对全市学校冬季安全紧急督导检查的通知》，要求各校对校园安全先进行自查，并将自查结果上报教育局，然后准备接受上级的全面检查。分管该项工作的项安龙副校长，立即着手组织检查，并整理好材料，很快就写好了给教育局的报告。

二、以下是一份促销活动评估报告。该报告对促销活动的各个环节都进行了充分的评估，最后还总结了活动的良好效果。但是，请你想一想，根据文中活动的评估目的，这份报告中还缺少哪些内容？应该如何写？你能给它补上吗？

促销活动评估报告

活动评估说明

评估目的：通过对整个活动开展的评估，找出活动开展过程中的不足，为今后类似活动的更好开展，积累经验。

评估内容：1. 活动的准备工作评估；2. 活动执行过程评估；3. 活动费用评估；4. 活动效果评估。

评估单位：市场部。

一、活动概述

为了进一步在圣诞节期间有效提升佳乐品牌在云台的知名度、提高缴费率，以及积极推广增值业务，由云台分公司申请，于4月17日在云台开展了“凭1张《苍梧晚报》可兑换佳乐52克香瓜子4袋”的活动。

二、活动准备工作评估

（一）准备工作

1. 活动参与人员

（1）活动责任人：副总监、省区经理；（2）活动执行人：云台销售主任及8名临时促销员；（3）活动监控：市场中心。

2. 活动准备事项

（1）安排4个兑换点：家得福超市、保真超市、新一佳超市、新时代超市；（2）条幅绶带各8条；（3）经销商提供送货车1辆；（4）佳乐52克香瓜子20000袋；（5）兑换登记表；（6）促销人员招聘培训；（7）活动广告设计。

3. 报纸刊发

报纸媒体的活动宣传广告于4月15日在《苍梧晚报》A4版刊出，报纸发行量为6万份。

（二）准备工作评估

整个活动的前期准备工作均依据方案于4月17日活动开展前准时安排到位，包括人员、物资、报媒宣传等；各岗位人员及时到位，除活动执行人临时调整外，可以说活动的准备工作是按照方案百分百执行的，同时华东区副总监刘学兵忙里抽闲亲自前来督战指导，鼓舞了销售的士气，增强了客户的信心。前期充分的准备为活动的正常开展打下了坚实基础。

三、活动执行过程评估

（一）活动执行

1. 人员安排

此次活动8名促销人员负责兑换，每个兑换点2人。市场中心人员负责巡检，销售主任负责货物配送和补给。

2. 物品配送

物品的配送原计划是于4月16日活动前一天送到卖场，后由于和卖场没有协商好，导致配送时间调整为4月17日8: 30前。实际执行中，除新时代超市按要求到位之外，其他的3个点兑换产品均未及时配送到位。

3. 兑换流程

活动的兑换工作依流程执行，1人负责登记，1人负责兑换。促销人员按要求填写表格。

4. 活动交接

依据活动的开展情况，为了按时完成兑换工作，销售主任负责活动结束后和促销人员在兑换数量上的核对和报纸广告的回收，整个活动结束时间为19：00。

5. 活动核准

4月18日，市场中心负责整个活动执行的核准工作，包括兑换数量上的核对、表格的审核、报纸广告的回收。

（二）活动执行评估

整个活动的执行过程中在很多细节上出现了很多问题，对活动的顺利开展和活动的效果都产生了不小的影响。首先兑换产品及条幅、绶带、表格没有在活动开展前配送到位，导致活动无法按报纸广告传达的时间按时开展，使卖场和前来兑换的消费者都产生了一定的不满，造成了一定的负面影响。其次是招聘的促销人员素质、仪容参差不齐，没有经过严格的筛选，导致部分人员在工作期间工作散漫，擅自离岗，形态随意，严重影响了公司的品牌形象，在消费者心中产生了无法磨灭的不良影响。再次是和促销交接工作较为混乱，没能做到清晰明了，严重影响了后期核准的效率。最后是兑换点的安排考虑欠周全，导致中午太阳强烈时不得不改变兑换点，改变后的位置在一定程度上影响了宣传的效果。

四、活动费用评估

（一）预算的各项费用

1. 报纸刊登费：3300元
2. 52克香瓜子：20000袋×0.72元/袋=14400元
3. 登记表：250张×0.2元/张=50元
4. 宣传横幅：4条×20元/条=80元
5. 人员工资：8人×40元/天×1天=320元
6. 绶带：8条×10元/条=80元

合计：18230 元

（二）费用节支

为了节约活动费用，条幅和绶带是旧物利用，兑换的产品也做到不流失一袋，整个活动的费用节支见下表。

费用节支一览表：

费用项目	预算费用（元）	实际费用（元）	节约费用（元）
报纸刊登费	3300	3000	300
52 克香瓜子	14400	1097	13303
登记表	50	50	0
宣传横幅	80	0	80
人员工资	320	320	0
绶带	80	0	80
合计	18230	4547	13683

五、活动效果评估

取得的成绩

1. 影响人数

此次活动参与兑换的消费者为 381 名，合计兑换 52 克香瓜子 1524 袋。其中男性 145 人，占 38%；女性 236 人，占 62%。以参与的一个消费者影响 3 个家人计，活动直接影响人数为 1143 人；报纸的发行量为 6 万份及现场影响人数约 2000 人，以一个直接参与的家庭可至少影响 1 个家庭计，合计活动长期间接影响人数为 10 万人。

2. 影响面

此次活动的媒体选择为《苍梧晚报》，发行覆盖整个云台。同时 4 个兑换点的选择覆盖了云台的 3 个区。整个活动的影响范围较大，达到了活动的要求范围。

3. 品牌提升

通过此次活动的开展，对于市场基础一直就较好的云台来说，无论是对于佳乐品牌在当地的品牌提升还是品牌的维护，都达到了很好的效果。

4. 促进销售

活动的开展，扩大了影响面，提高了知名度，这些无疑对销售都起到了很好的促进作用，同时也增强了客户的信心。

3.6 会议记录

案例 1

张海涛是利通科技公司分管技术开发的副经理。他根据市场情况，有意开发更加适应中国市场需求的办公软件。他把自己的想法向总经理做了汇报，但是总经理一时也觉得难以决断，就建议张海涛召集各部门负责人开个会，讨论一下他的计划的可行性。会议定于 8 月 22 日上午在公司召开，但总经理临时要参加市里一个更加重要的会议，就嘱咐张海涛他们照常开会讨论，做好会议记录，等他回来看过大家讨论的内容后，再做定夺。总经理走后，张海涛组织各部门负责人进行了认真、仔细的讨论，最终他的计划得到大家的一致同意。办公室李主任做了会议记录，准备交给总经理过目。

利通科技公司“中国办公室”软件项目前期工作会议记录

时间：2008 年 8 月 22 日

地点：公司小会议室

出席人：公司各部门主任

主持人：张海涛（公司副总经理）

记录人：李启辉（办公室主任）

一、主持人讲话：今天主要讨论一下“中国办公室”软件是否投入开发及如何开展前期工作的问题。

二、发言

技术部朱主任：类似的办公软件已经有不少，如微软公司的 WORD、金山公司的 WPS 系列，以及众多的财务、税务、管理方面的软件。我认为首要的问题是确定选题方向，如果没有特点，千万不能启动这个项目。

资料部齐主任：应该看到，办公软件虽然很多，但从专业角度而言，大都不很规范。我指的是编辑方面的问题。如 WORD 中对于行政公文这一块就基本没有，已被忽略掉，而书信这部分也大都按英文习惯编辑，中国人使用起来很不方便。

WPS 是中国人开发的软件，在技术上很有特点，但中文方面的编辑功能只有初级水平，离专业水准很远。我认为，如果我们针对市场要求，定位准确，是会拥有市场的。

市场部唐主任：这是在众多航空母舰中间寻找突破，我认为有成功的希望，关键的问题是产品投放市场的速度必须快。我们造的不是航空母舰，这就必须考虑到兼容问题。

三、决议

各部门都同意立项，初步的技术方案将在十天内完成，资料部预计需要三个月完成资料编辑工作，系统集成约需要 20 天，该软件预定于元旦投放市场。

散会。

主持人：（签名）

记录人：（签名）

评点

张海涛通过这份工作讨论会的会议记录，让总经理了解大家对新项目的意见，以便作出决策，体现了会议记录作为单位重大事项决策依据的重要性。

这是一篇企业工作会议的会议记录。这篇会议记录格式完备，条理清晰，语言规范，提纲挈领地记录了会议的全部内容，而又重点突出，对企业今后的工作将起到很好的指导和推动作用。

案例 2

中置股份有限公司是一家以房地产开发建设为主的大型上市公司。按照上市企业管理规范，公司需每年定期召开公司董事会，对公司上一年度的经营情况进行总结，讨论决定公司的重大事项。今年的董事会又如期举行，由公司总经理秘书白丽婷负责记录，以便留存，作为今后工作的依据。

中置股份有限公司董事会例会记录

会议时间：2003 年 4 月 14 日上午 10：00

会议地点：海州市高科大厦本公司总部会议室。

会议主持：高杰（董事长）

出席人员：高杰（董事长）、刘明（副董事长）、欧阳军（财务主管）、安慧（董事）、郭丽（董事），代理投票人有王龙董事、李忠董事、钱清董事。

缺席人员：无

会议记录：白丽婷（秘书）

1. 秘书白丽婷宣读了2002年3月10日会议的记录，并在宣读后获得通过。

2. 财务主管欧阳军提出的一份财务报告显示，2002年3月31日公司的流动资金余额为2576.98万元。财务主管的报告在宣读后获得通过。

3. 关于参加公益活动的报告。主管公司企划部的副总经理郭丽董事报告说，公司企业策划活动的下一个项目是为海州护城河河道清淤项目捐款10万元人民币，这项公益活动将有助于提高企业的知名度。计划在“五一”期间举行捐款仪式，向海州有关部门捐款。关于此事全部细节情况的材料将于4月21日寄发给所有成员。

4. 其他。安慧董事提出在5月14日举行的下一次董事会例会上，公司董事会应任命一人负责公司职工艺术节（将于8月初举行），同时董事会还应在下次会议上为职工艺术节确定一个主题。此建议得到了郭丽董事附议并获一致通过。

会议于上午11：50结束。

主持人：（签名）

记录人：（签名）

评点

中置股份有限公司作为一家上市公司，它的董事会讨论决定的都是企业经营发展的大事，并且需要向全体股东公开说明。因此，这份会议记录将起到重要的资料作用。

这是一份企业工作例会的记录。它要素齐全，格式规范，如实记录了会议议程，以及与会人员的发言。记录层次分明，内容简明清晰，语言概括准确。

相关知识

会议记录是由会议组织者指定专人，如实、准确地记录会议的组织情况和会议内容的一种应用性文书。会议记录一般用于比较重要的会议或正式的会议，它要求真实、全面地反映会议的本来面貌。它可以作为起草正式文件，传达、执行会议决定或贯彻会议精神的依据；也可以作为今后进一步分析、研究、总结工作的参考资料；还可以起到留存备查的作用。

一、会议记录的格式

1. 标题

标题由会议名称加文体名称组成，例如《安全生产会议记录》。如果使用的是专用的会议记录本，连“记录”二字也可省略，只写会议名称即可。

2. 会议组织概况

（1）会议时间。要写明年、月、日，上午、下午或晚上，有些要准确到时、分。

（2）开会地点。要具体，如“公司会议室”、“总部礼堂”、“活动现场”等。

（3）主持人的职务、姓名。如“校党委书记王东”、“公司总经理于宁生”。

（4）出席人。根据会议的性质、规模和重要程度的不同，出席人一项的详略也会有所不同。有时可以只显示身份和人数，如“各院系党总支书记和直属党支部书记 31 人”、“各部门经理”、“全体与会代表”等。如出席人身份复杂，既有上级领导，又有本单位各部门的主要领导，还有各种有关人员，最好将主要人员的职务、姓名一一列出，其他有关人员则分类列出。

（5）列席人。包括列席人的身份、姓名，可参照出席人的记录方法。

（6）缺席人。如有重要人物缺席，应作出记录。

（7）记录人。包括记录人的姓名和部门。如“白丽婷（秘书）”。

3．会议内容

会议内容随着会议的进展一步步完成，没有具体的固定模式。一般包含有以下方面：会议的议题、宗旨、目的；会议议程；会议报告和讲话；会议讨论和发言；会议的表决情况；会议决定和决议；会议的遗留问题。

这些是一般会议都有的项目，但侧重点会有所不同，先后次序会有所不同。

4．结尾

可将主持人宣布的散会一项记入，也可以将散会一项略去不记。

最后，由主持人和记录人对记录进行认真校核后，分别签上姓名，以示对此负责。

二、会议记录的写作要求

会议记录可以是简要记录，也可以是详细记录，这要根据会议的性质和内容而定。

1．会议的组织状况要记录准确、详细

准确写明会议名称（要写全称），开会时间、地点，会议性质。详细记下会议主持人、出席会议应到和实到人数，缺席、迟到或早退人数及其姓名、职务，记录者姓名。

2．会议记录要求忠于事实

会议发言的内容是记录的重点，不能夹杂记录者的任何个人情感，更不允许有意增删发言内容。其他会议动态，如发言中插话、笑声、掌声，临时中断及别的重要的会场情况等，也可以记录。多数会议只要记录发言要点，即把发言者讲了哪几个问题，每一个问题的基本观点与主要事实、结论，对别人发言的态度等，作摘要式的记录，不必“有闻必录”。某些特别重要的会议或特别重要人物的发言，需要记下全部内容。

写作实践

一、广化市元智中学是国内一所百年名校，培养的众多学子遍布海内外各行各业。在参加学校举办的百年校庆活动期间，有部分校友倡议恢复因文革而中断的校友会，得到了大家的广泛响应。于是，由学校牵头，联络部分知名校友、热心校友，召开了元智校友会恢复成立筹备工作会议。会议由元智中学校长办公室秘书陶霞负责记录。

二、阅读下面这则会议记录，找到有问题的地方，并改正。

记　　录

时间：2009 年 9 月 15 日第四节课

出席人：09 旅游服务与管理（1）班部分班委。班长：何彬，副班长：张小路，团支书：黄长静，文娱委员：许佳楠，宣传委员：周杰

缺席人：学习委员王思远（因病）

列席人：班主任张老师

主持人：班长何彬

记录人：副班长张小路

讨论过程：

1. 班长讲话：下周五，我们班要开展一次关于心理健康教育的班会课。我们初步把这堂课的主题确定为“从心开始”。同学们刚刚进入职业学校，无论在学习、思想、交际方面都需要重新调整和学习。为了使这堂班会课开展得生动有效，我现在想和几位班委商量一下，这堂课我们主要安排哪几个方面的内容，用什么样的形式？希望同学们动脑筋，想办法。

2. 决议：

（1）在班会课的准备、实施过程中，发扬鼎力合作的团队精神，以每个小组为单位，互相帮助、团结友爱，设计并参与课堂活动。

（2）通过辩论赛、心理智力测验、小游戏等活动，让学生明白如何面对自己成长中的烦恼与困惑；如何正确处理男女同学之间的交往；使用礼貌用语，和谐人际关系。

（3）用二、三年级同学的成长事例，教育同学走出消极情绪，勤奋好学、孝敬父母、遵纪守法。

（4）由团支书搜集二、三年级同学的成长事例，撰写主题班会发言稿；由班长安排协调各组组长，安排辩论赛内容；由文娱委员和宣传委员负责心理智力测验、小游戏等活动。

（5）下周三各项准备工作汇总，确定最后实施方案。

（6）班主任张老师列席并讲话，肯定班委讨论的内容。

综合练习

一、苏通市交通技工学校即将迎来 50 周年校庆。为此，学校准备了一系列庆祝活动，包括校庆大会、校友联谊会、职教论坛和师生文艺汇演，并要将相关资料和各项活动内容制作成纪念图册和电视纪录片。为了广泛联系各界校友，学校在国内各大媒体上发布了消息；并将详细的活动方案报上级主管部门市交通局，以获得同意和支持。

请想一想，在以上情境中，需要用到本单元所学的哪些应用文呢？你能写出其中的 2～3 种吗？

二、2009 年秋季以来，我国西南地区发生了严重旱灾，致使当地经济生产遭受巨大损失，人民生活十分困难。西南灾情牵动了全国人民的心，人们纷纷行动起来，捐款捐物，向灾区人民献上自己的一份爱心。湖广市金正职业学校学生处在校园里也带头行动起来。他们首先在学校宣传橱窗里贴出了《红十字会关于向西南旱灾捐款方式的公告》和《市教育局团委关于开展抗旱救灾捐款活动的通知》，然后紧急召开了部门会议，商讨开展以“心系灾区，水润西南”为主题的系列活动，包括组织全校师生募捐、各班召开一次主题班会、向全校征文出一期专刊和制作一部专题节目等。在学生处的精心准备和细心组织下，金正职业学校“心系灾区，水润西南”的系列活动在校园内外引起了极大反响，得到了上级部门和社会的好评。

请想一想，在以上情境中，需要用到本单元所学的哪些应用文呢？你能写出其中的 2～3 种吗？

第 4 单元

4.1 广 告 词

案例 1

春天到了，华东工艺美术厂准备组织优秀员工去北京旅游。员工们都想游览长城，可是长城景点很多——八达岭，居庸关，金山岭等，究竟去游览哪一段长城呢？大家为此展开了激烈的争论。工会主席王静安要求各位员工上网查找各个景点的资料，再做决定。第二天，大家利用工会活动时间展示自己收集的资料，说明自己选择景点的原因。轮到王丽发表自己的意见了，她迈着轻盈的步伐走上讲台，说："各位工友，我给大家朗诵一段介绍长城的文字……"

春天里，金山岭长城与您有约

每当中央电视台新闻联播开播之时，国歌奏响，长城画面就出现在您眼前，那就是金山岭长城。金山岭长城是京北长城沿线最壮美的一段。全长 10.5 公里，沿线设有大小关隘 5 处，更有千姿百态的敌楼 67 座，烽火台 2 座。文字砖、障墙、挡马墙、麒麟影壁堪称"长城四绝"。金山岭长城以其地理位置和独特的风貌吸引着越来越多的中外游客。

金山岭长城自 1986 年对外开放以来，国家领导人多次视察，130 多个国家驻华使节前往观光。1992 年 11 月 15 日，台湾著名飞人柯受良驾驶摩托车成功飞越金山岭长城，更是吸引了全世界注视的目光。2001 年 6 月 16 日，于顺业先生又倒骑摩托车飞越了金山岭长城，再次挑战了人类冒险的极限。

金山岭长城已形成了吃、住、行、游、购、娱一条龙综合服务体系，设施完善，服务周到。独特的仿古四合院，淳朴的农家饭，大型游乐设施令您流连忘返。而现代化的观光索道更是让您在空中领略金山岭长城的风采。

乘车路线：金山岭专线旅游车由农展馆、东直门地铁口东 30 米直发金山岭。

咨询电话：(010) 32814763　　　　联系人：孙先生

伴随着王丽清脆悦耳的声音和美轮美奂的长城画面，大家沉醉在对金山岭长城的想象、神往之中。王丽朗诵结束了，会场里顿时响起了热烈的掌声："我们就去金山岭长城！"

评点

一则广告词，引发了员工们对金山岭长城的无限向往，可见，广告在我们日常生活中起着传递信息、指导消费等方面的重要作用。

王丽朗诵的是一则介绍金山岭长城的广告词。这则广告词包含标题、正文和随文三个部分，结构完整。标题采用拟人手法，运用富有情趣的语言营造出一种浓烈的情感氛围，引导公众形成强烈的游览欲望。正文运用叙述、描写的表达方式，勾画出金山岭长城的概貌，突出了金山岭长城在国内外人们心目中的重要地位以及在此举行的一系列重要活动，说明了它的综合服务体系特点。随文则交代旅游线路和广告主的咨询电话及联系人。

案例 2

王刚，淮水职业高中工艺美术专业学生。他在顺利完成学业，即将走上工作岗位之际，想自己独立创业。可是，选择什么样的创业项目呢？王刚想，创业的项目既要投资风险小，又要有广阔的市场前景。于是，他到网上查找与自己所学专业相关的投资项目。终于，一则广告词吸引了王刚的眼球。

投资3万元——您将拥有一个“艺术玻璃加工厂”

“艺术装饰玻璃”是在普通玻璃上进行雕刻、彩绘、镶嵌、拼接形成的新型装饰材料。广泛应用于室内外建筑装饰中，如宾馆、酒楼、商场以及家庭的玻璃墙、隔断、屏风、天花、家具、灯饰等处，其前景十分广阔。

设备型号有：经济型，日产量为浅雕8平方米、深雕4平方米，全套售价1.58万元；高档型，日产量为浅雕16平方米、深雕8平方米，彩绘4平方米，全套售价3.4万元（雕刻、彩绘玻璃全国售价：浅雕400元/平方米，深雕600元/平方米，彩绘700～1000元/平方米）。

以上设备除可在玻璃上进行浮雕、彩绘外，还可在陶瓷、花岗石、大理石、瓷砖等表面进行浮雕、刻字。

购买本公司设备者，本公司免费培训学习，并且协助办厂。欢迎来人实地考察洽谈。

华为市艺术玻璃有限公司

地址：华为市甘泉路28号　邮编：030600

电话：（0354）876805　876275　　联系人：赵先生

王刚认真阅读了几遍广告词，觉得这个项目适合自己投资。在父母的同意下，王刚通过电话与厂家取得了联系，并前往厂家进行实地考察和学习。两个月后，王刚在家乡兴办了第一家“艺术玻璃加工厂”。两年后，王刚又在邻县兴办了第二家“艺术玻璃加工厂”，王刚成为了远近闻名的老板。

评点

王刚根据一则广告词选择了自主创业的投资项目，经过两年的努力成了远近闻名的“艺术玻璃加工”老板。

王刚阅读的是一则说明式的广告词。其标题抓住了创业者希望投资风险小、又能创业成功的心理进行促销，新颖别致。正文第一段说明了“艺术装饰玻璃”应用广泛、前景广阔的特点，进一步激发了投资者的投资欲望。第二段重点介绍各种设备型号及其日产量和价格，运用具体数字进行说明，客观、准确，能有效地指导投资者进行购买。第三段说明该设备的主要功能。第四段则说明公司提供的销售服务，以便使客户买得放心、用得省心。随文交代了生产厂家的主要信息，便于投资者联系。全文结构完整，说明清晰，较好地实现了广告词传递信息、激发需求、增加销售的功能。

相关知识

广告意为“广而告之，诱导注意”，是向公众介绍商品、劳务项目、企业情况或宣传某种知识、主张的一种信息传播形式。它集口头语言、画面文字与画面图画于一身。广告词是广告作品表现中的语言文字部分，这是一种有计划、有针对性地通过各种传播媒体和招贴形式向公众介绍商品和文化、娱乐等服务内容，以促进销售或有偿服务的应用文。通过广告词，可以推销商品、创立品牌、树立企业形象、指导消费、加强经济合作等。

广告有广义和狭义之分，广义的广告包括公益广告和商业广告，狭义的广告指商业广告。商业广告是指商品经营者或者服务提供者承担费用，通过一定媒介和形式直接或者间接地介绍自己所推销的商品或者所提供的服务的广告，具有真实性、引导性、针对性、艺术性等特点。这里介绍的广告是指狭义的广告。

一、广告词的类别

广告的种类很多，根据不同的标准可进行不同的分类。按照广告的传播媒体形式，可分为报刊广告、网络广告、电视广告、招贴广告、直邮广告等。按照广告的作用，可分为商品广告、服务广告、招聘广告等。按照广告的内容，可分为工业广告、商业广告、农业广告、旅游业广告、文教广告、卫生广告、交通广告等。

二、广告词的格式

1. 标题

标题有三种写法。一种是直接用品牌名称做标题，如“蓝天六必治牙膏”，也可以直接点明商品或劳务的优点或特点，如“金嗓子喉宝，入口见效”。一种是用委婉含蓄的语言将商品或劳务的主要信息传递给消费者，如“唯一能够感知您的脸形并且随之调整的剃须刀”。一种是采用多行标题的形式，引题重在突出产品或劳务的主要特点，正题直接点明产品或劳务名称，副题对正题起补充说明的作用，如“四川特产　口味一流（引题）　天府花生（正题）越剥越开心（副题）”。

2. 正文

广告词正文的内容结构没有固定的格式，主要是围绕广告主题来合理组织、安排广告内容，以获得广告宣传的最佳效果。广告词正文写法多样，可分为陈述体、说明体、问答体、故事体、独白体、歌曲体、童话体、诗歌体、对联体等。下面介绍四种常见的形式。

（1）陈述体，即用平实的语言说出商品或劳务的名称、用途、特点、规格、价目等信息。陈述式要做到简明扼要，重点突出。如“哥伦比亚安弟斯山脉是世界上种植咖啡的最好地方。那里有肥沃的火山土壤、温和的气候以及适量的阳光和雨水，保证了每一粒咖啡豆的完美成长。待到咖啡豆成熟时，人们采用手工摘取，只有最好的咖啡豆才进行烘烤，以确保其独特的味道及芳香。”该文详细地陈述了哥伦比亚咖啡豆良好的生长环境、人工采摘方法以及它独特的味道及芳香，使人对该产品不能不“口服心服”。

（2）说明体，即正文以说明为表达方式，着重对产品或劳务的性能、特征、用途、服务等加以说明解释。如“水电隐蔽工程保修5年，其他工程保修2年，急修3小时到位，其他维修24小时到位。”这段文字运用列数字的说明方法，让受众对申远装潢的售后服务有了明确的了解。写说明式的广告正文应少用专业性过强的术语。

（3）问答体，即正文借助于人物的自问自答或人物间的一问一答来宣传产品，它针对性强，逐一解释产品特点，有较强的吸引力与说服力。同时，因其常模拟角色与情境，给人身临其境之感，听起来也较亲切。这种形式在广播广告和电视广告中最为常见。

（4）故事体，即通过设置一个与产品相关的情节来介绍产品，使受众在看完故事后，对产品产生较深的印象。如南方黑芝麻糊的广告叙述了一个成人回忆小时候吃黑芝麻糊的故事，利用人们的怀旧心理，调动人们的情愫，广告宣传取得了巨大的成功。

3. 随文

广告词的随文一般包括生产厂家与经销商的名称、地址、网址、邮政编码、传真号码、电话号码、开户银行、户名、账号、联系人或负责人姓名等信息。广告词的随文是敦促人们采取消费行动的重要内容，所写内容一定要清楚明确。

4. 广告语

有的广告还有广告语。广告语，又称广告标语、广告口号，是为了加强诉求对象对企业、产品或劳务的印象而在广告中长期、反复使用的简短口号性语句。它集中表现广告主对商品或服务的某种精神、理念。如“没有最好，只有更好”，表现了企业不断追求的精神。广告语的语言要简洁凝练、朗朗上口、新颖独特、主题突出，如“农夫山泉，有点甜”、“好空调，格力造”、“科技以人为本”等。广告语的位置比较自由，它可以独立出现在广告的任何一个位置。一般情况下，广告语独立于正文之外，作为广告相对独立的一部分。

三、广告词的写作要求

1. 内容合法，情况准确

合法、准确是广告的生命线。撰写广告词必须依循《中华人民共和国广告法》的有关规定。同时，广告要对消费者负责，内容必须真实可信，不能夸大其词，更不能做虚假广告，欺骗和误导消费者。

2. 主题鲜明，重点突出

广告的重点可以是该产品在同类产品中独一无二的特点，可以是商品的新技术、新用途，还可以提供与消费者利益直接相关的内容，比如在广告正文中加入“购买计算机的标准”、“使用微波炉注意事项”之类和人们生活密切相关的内容，以引起人们的关注。

3. 创意独特，语言简洁

新颖独特的广告词能使人获得强烈、深刻的印象。在信息时代，广告用语要幽默温馨、简洁明了，让受众迅速了解产品的主要信息，才能达到宣传商品、引导消费的目的。

写作实践

一、章佩君是一所职业学校的学生。毕业后，他远离家乡，到一个大型外资企业工作。很快，他就结识了很多朋友。快到休假日了，出生在当地的一位朋友姜友华邀请他去城市的游览景点游玩。可是，章佩君是一个性格内向、不喜欢旅游的人。为了激发章佩君游览的兴趣，姜友华为景点写了一份广告词。章佩君看完之后，欣然前往。

二、赏析下列广告词的写作特色。

1.

不尝城隍庙五香豆　不算到过城隍庙

“老城隍庙奶油五香豆”是家喻户晓的风味食品。选用浙江粒大饱满的“牛踏扁”白蚕豆为原料，配料讲究，烧煮精细，入口香、甜、软、糯，回味无穷。地不关南北，国不论中外，人不分老幼，都乐于以此为飨客、馈赠的妙品。

2. 妈妈，我能帮您干活了。（雕牌洗衣粉广告语）

4.2 海　报

案例 1

康庄职业学校一年一度的篮球赛分别决出了男女冠军队。为了进一步丰富学生的文体生活，学校决定举办一场男女冠军队的表演赛，并在校园内张贴了海报。

球讯

这是一场女生与男生的对话！

这是一场冠军与冠军的对决！

赛事：校第十届篮球赛男女冠军队表演赛

对阵：（女子冠军队）旅游系女子队～（男子冠军队）机械系男子队

时间：本周五（5月26日）16:30

地点：学校一号篮球场

欢迎广大师生前往观看！

康庄职业学校

二〇一〇年五月二十三日

评点

这是一则球讯。格式规范，要素齐全。标题“球讯”二字简洁地交代了海报的主要内容。标题下面用整齐的语言突出了比赛的特点，能有效地引发观众浓厚的兴趣。正文用分项排列的形式，交代了比赛的具体内容、参赛队、时间和地点等情况，简洁而醒目。落款写清了主办单位和制作海报的日期。

案例 2

电影《南京！南京！》以精良的制作手段，以超出一般史诗大片的沉重质感，复原出70年前阴郁冰冷冬天里的死城南京，同时又向人们展现了一个充满希望火种的南京。艺馨职业学校在组织全体师生观看此片的基础上，邀请该片的主创人员和部分剧组人员前来学校与师生座谈。为此，学校张贴了一份海报。

海报

电影《南京！南京！》上映以来，场场火爆，反响热烈，在青年学生中掀起了爱国主义的高潮。我校已组织全体师生观看。为使广大师生更深入地领会影片的精髓，了解该片创作演出的台前幕后，我校特邀请了该片主创人员和部分剧组成员到校座谈交流，欢迎广大师生参加。

时间：2009年5月22日 14:00

地点：学校学术报告厅

艺馨职业学校校长室

二〇〇九年五月二十日

座谈会如期举行，学术报告厅人员爆满，窗口、走廊挤满了师生。座谈会取得了预期的效果。

评点

学校张贴的是一则座谈会海报。这则海报之所以能吸引众多的师生参加本次座谈会，是因为它用富有视觉冲击力的语言，突出了座谈会的主要特点。如将座谈会背景的电影观赏情形形容为“场场火爆，反响热烈”，观看者的反响为“掀起了爱国主义的高潮”，座谈内容包含“影片的精髓”、“创作演出的台前幕后”，出席座谈会的人员为“主创人员和部分剧组成员”等，这些语言具有较强的吸引力和鼓动性。

相关知识

海报是向公众告知有关举行各种文艺演出活动、体育竞赛活动、报告会等消息的招贴性应用文。海报通常用大纸张、大字体醒目地写出内容，张贴于交通方便、人员集中的地方，以达到便捷地传播信息的作用。随着现代通信技术的发展，有些海报也常常通过报纸、广播、网络、手机短信等方式传播。

一、海报的类别

按内容分，海报有演出海报、讲座海报、比赛海报、展览海报等。按形式分，海报有文字海报和图文结合式海报。海报具有宣传性、招徕性、鼓动性的特点。

二、海报的格式

1. 标题

标题有三种写法。一种是用文种作标题，即在第一行中间写上“海报”字样。一种是用活动的内容作题目，如“书画展览”、“球讯”等。一种由主办单位和内容构成，如“校学生会主办　第十届校园艺术节开幕式”。标题的语言要简洁明了、新颖醒目。

2. 正文

海报的正文要用简洁的文字写清楚活动的内容、时间、地点、参加办法等。

海报的正文结构常见的有三种。一种是一段式，即用几句话写成一段文字，把相关内容说明清楚。一种是项目排列式，如报告会海报，可将主讲人、报告的主题、时间、地点、入场办法等相关事项分行排列写出。一种是附加标语式，即在正文前或正文末加上排列整齐的标语，起到渲染气氛、吸引观众的作用。如案例 2 中的“这是一场女生与男生的对话！这是一场冠军与冠军的对决!”

3. 落款

落款分两行，一行写主办单位，一行写海报制作的时间。如标题或正文中已将主办单位写清楚，则只写海报制作的时间。

三、海报的写作要求

1. 内容真实

海报中涉及的内容必须真实可信，切忌夸大其词，欺骗公众。

2. 语言生动

语言力求简洁明快，具有一定的形象性和鼓动性，还可适当配备一些艺术图案，以增强感染力。

写作实践

一、创新职业学校在省级技能大赛中成绩一直不够理想，学校决定召开专题会议，研究、探讨技能教学中存在的问题及解决的办法。经过认真的分析研究，大家一致认为，对省级技能大赛标准的理解和把握不准确是一个重要的原因。为了提高技能训练的针对性、实效性，学校实训处邀请著名学者胡卫权为师生解读省级技能大赛标准，剖析典型试题。为此，学校实训处主任采用一段式的结构方式为本次活动制作了一则海报，吸引了很多师生参加了本次活动，活动取得了圆满成功。

二、楚汉市文化宫邀请舞龙杂技团于 2010 年 3 月 6 日在人民大剧院演出杂技和魔术。为了让更多的市民了解并观看到这场精彩的演出，楚汉市文化宫张贴了一则海报。

请阅读这则海报，回答问题。

精彩杂技　大型魔术

演出地点：人民大剧院

演出时间：2010 年 3 月 6 日

售票时间：自 2010 年 3 月 1 日始

售票地点：人民大剧院

舞龙杂技团

二〇一〇年二月二十八日

1. 请找出这则海报的遗漏和不妥之处，并修改。
2. 给这则海报加上简练的标语。

4.3 合　　同

案例 1

未来职业学校为了对学生进行创业教育，决定将学校沿街的门面房免费提供给学生创办学校超市。学生陈永明等三位同学合伙竞标，取得了超市的经营权。经过充分协商，大家推选陈永明为超市经理，同时就经营中的有关事项达成了一致的观点，并在学校学生工作处徐处长的见证下，签订了正式合同。

合伙经营学校超市合同

陈永明：未来职业学校市场营销专业 2009 级（2）班班长

张月华：未来职业学校数控技术应用专业 2009 级（1）班学生

李佳水：未来职业学校国际贸易专业 2009 级（3）班团支部书记

立合同人陈永明、张月华、李佳水，兹因互信无间，意志相投，特合伙使用学校免费提供的门面房开设学生创业超市，共同议定条件如下。

一、学生创业超市资本共计伍万元整，由陈永明出资叁万元，李佳水、张月华各出资壹万元，于订立合同之日，一次缴足。

二、学生创业超市，专营学生学习用品业务。

三、订合同人推陈永明为经理，管理超市一切事务，对外代表全体订合同人，任期为一年。任期结束，全体订合同人重新选举经理。

四、经理月薪人民币贰佰元，每月月底结算。

五、全体订合同人均不得挪移店中款项，私作他用；亦不得擅用牌号，在外借款作保或做其他经营。一经察觉，按学校文件处理。

六、店中重大事务，须经订合同人三分之二同意，始得执行。

七、店中雇用职工人数及薪酬，由订合同人会议决定；人选由经理决定任免。

八、订合同人第一期合作为期叁年，期满如愿续订，再凭公决，其自愿退股听便。

九、订合同人中途退出者，须提前两个月向全体订合同人声明，经会议票决后方得正式退伙。

十、订合同人如有舞弊或损害本店行为，经其他合伙者同意，责令其退股。

十一、每学期结账一次，所有盈余，除付股息及税款外，其余分作三股，股东摊分一份，经理酬金一份，职工花红一份。如遇亏耗，按照认股比例填足。

十二、股息壹分叁厘，年终结付。

十三、合伙权之转让，须得订合同人全体同意。

十四、本合同一式四份，订合同人各执一份，一份交学校学生工作处备查。

订立合同人（签字）：陈永明　张月华　李佳水

见证人（签字）：未来职业学校学生工作处处长　徐茂源

二〇〇九年十月十日

半个月后，在学校学生工作处的指导下，陈永明等人顺利办理了开办超市的各项手续，学生创业超市在鞭炮声中开业了。

评点

陈永明等人合伙开办学校超市，为了保证合伙经营者的权利和义务，他们签订了《合伙经营学校超市合同》。

这是一份条款式合同，条款完备、准确。标题由合同的内容和文种构成，简洁规范。引言说明了订立合同的依据和原因，简单明了。合同当事人不仅写明了全名，而且标明了当事人的专业、年级、班级及职务等准确身份信息。主体部分具体详细地说明了当事人各方的权利与义务，语言平实、简明、严密。落款有当事人和见证人的签名，保证了合同的有效性。

案例 2

新能源公司因生产技术升级的需要，研制了一种新型容积式加热器。公司很快和长江低压容器厂签订了订货合同。

订货合同

合同（84-053）号　　　　共 4 份

任务性质非标准设备订货　　二〇〇八年六月十日订　　供需方各 2 份

产品名称	图号（规格）	计量单位	单价（元）	计划价格	备注
		件/吨		总价（元）	
容积式加热器	S128　7	壹台	11000	11000	

附则：一、按建筑设计院标准图生产、交货；
二、使用压力 4kg10m^2，试验压力 7kg10m^2，提供合格证；
三、外涂防锈漆一道，面漆需方自理；
四、货物自提，支票结算，交款提货，不带包装；
五、违约方须付对方违约金人民币伍仟元。

供货日期	二〇〇八年九月九日	资料来源	由需方提供完整施工图一式三份，完工后供方销毁	结算方法	支票	交货地点：供方厂内

需方	供方
名称：新能源公司（盖公章）	名称：长江低压容器厂（盖公章）
地址：广元省安南市延安路3号	地址：广泰省新安市长江路8号
电话：（020）66866866	电话：（0778）33933939
传真：66866888	传真：33933938
联系人：孙文山	联系人：董昕
开户银行：中国银行安南分行	开户银行：工商银行新安分行
账号：123321456654	账号：789987432234

三个月后，新能源公司派技术员小黄前往长江低压容器厂提货。在进行质量检测的时候，小黄发现加热器使用的压力不符合标准，立即向长江低压容器厂提出异议，并要求长江低压容器厂承担违约责任。最终，长江低压容器厂按照合同向新能源公司赔付违约金5000元。

评点

新能源公司因为所订购产品质量标准不符合要求，根据合同订立的条款，成功向长江低压容器厂索赔违约金5000元。可见，合同可以有效地维护合同当事人的合法权益。

新能源公司和长江低压容器厂签订的是一份表格式合同。这份订货合同，写明了当事人双方就任务性质、产品名称、图号（规格）、数量、质量、价款、资料来源、供货情况和各方责任等内容协商确定的各项条款，简洁明了。权利、义务和违约责任都规定得非常明确、具体。因此，新能源公司才能成功索赔。

相关知识

合同是平等主体的自然人、法人、其他组织之间设立、变更、终止民事权利义务关系的协议。合同是一种具有法律效力的文书，具有合法性、约束性、平等互利性、协商一致性和规范性的特点。合同可以规范、制约合同当事各方的行为，有利于经济社会秩序的稳定，促进经济社会的健康发展。

一、合同的类别

合同按不同的分类标准可分为不同的种类。按照合同的业务性质和内容划分，有买卖合同，建设工程合同，承揽合同，运输合同，供用电、水、气、热力合同，融资租赁合同，仓储合同，保管合同，租赁合同，借款合同，行纪合同，居间合同，技术合同，赠与合同和委托合同15大类。按照合同的形式划分，有条文式合同、表格式合同、条文表格结合式合同。

二、合同的格式

1. 标题

合同的标题即合同的名称，需要写明合同的性质，如“购销合同”、“订货合同”。有的标题还需写明标的物，如“农产品订货合同”。

2. 合同当事人名称

标明订立合同的单位名称（或个人姓名）。当事人名称要用全称，并写明“甲方”、“乙方”、“丙方”等固定代称。

3. 引言

引言写明签订合同的目的或依据。常用句式为“根据……，经友好协商，特签订本合同。”

4. 主体

主体即合同的具体内容和条款，一般按照合同法规定的主要条款及其主次关系的顺序表述。合同的主要条款有。

（1）标的。即合同当事人权利义务共同指向的对象，如实物、货币、工程项目、技术成果等。如购销合同中卖方交付的出卖物、借款合同中的货币等。标的名称应规范、具体、精确，如产品要标明品种、规格、型号等。

（2）数量和质量。标的的数量直接关系到当事人的权利和义务的大小，其中包括计量单位和数目，计量单位要精确、具体，数量必须准确、清楚。标的的质量是标的内在品质和外在形态的统一，包括标的的名称、品种、规格、型号、等级、标准、技术要求、物理和化学成分、款式、性能等。质量标准一般按国家标准、行业标准执行，要力求详细、明确、具体，不能用“优质”、“上等”等模糊语言。

（4）价款或报酬。即取得对方的产品或劳务等成果所支付的代价，是用货币量来表示的。当事人各方在合同中应写明使用的币种、标的单价、总金额、结算方式和结算程序等。

（5）合同的履行期限、地点和方式。履行的期限是指履行合同条款的时间界限。期限规定得越具体，越有利于当事人各方安排生产、组织收购或完成其他特定的任务。地点是指交货或完成劳务的地方，它关系运输费用负担问题。方式是指采用怎样的方法来交货或完成劳务，如不论是提货还是送货，都应将运送工具写清楚。

（6）违约责任。即当事人不履行合同规定的义务所要承担的经济责任和法律责任。

（7）解决争议的方法。当事人之间发生合同纠纷，解决的方法一般有各方友好协商、非诉讼调解、向仲裁机构申请仲裁、依法直接向有管辖权的人民法院提起诉讼等。

5. 附则

附则一般标明合同的起止日期及生效时间、附件的名称、合同的份数及保管事项等。

6. 落款

落款部分要分别写上当事人单位的全称、代表人姓名（签字），并加盖法人单位印章或合同专用章；此外，还要写上签约单位的详细地址、电话、传真、邮编、开户银行、账号等；有的合同还写上鉴证机关；最后在右下方写明合同签订的日期。

三、合同的写作要求

1．内容要合法

合同内容要合法，一是指必须遵守国家的法律，必须符合国家政策；二是指任何单位和个人不得利用合同进行非法活动；三是指必须贯彻平等互利、协商一致、等价有偿的原则。

2．条款要完备

合同的主要条款应完备，标的、数量和质量、价款和酬金、履行的期限和地点、履行方式、违约责任等各项条款都应考虑周详。如购销合同必须明确到产品规格、产品质量、技术标准、包装要求、价款、运输方式、交货日期和地点、何种货币结算等。

3．语言要准确严密

用词切忌产生歧义，句意不能含混或有漏洞。如不能在合同中使用“大概”、“估计”、“尽量”之类语义不明的词语；表示标的的出卖物、货币等的数字应大写。

4．合同不得随意涂改

合同一经签订，即具有法律效力，任何一方不得随意改动。如需修改、补充或更正，必须经过当事各方协商，将协商一致的改动意见作为合同的附件，加以正式签章后开始生效。如在原文上修改，修改处必须有当事各方的印章或签名。

写作实践

一、明净市肉类联合加工厂和凯西市食品公司是有着多年业务往来的友好单位。最近，因为业务发展需要，明净市肉类联合加工厂需要订购食用猪油贰佰吨，每吨叁仟伍佰元。质量标准按食用油规格水分不超过1%为合格。明净市肉类联合加工厂厂长章君华拨通了凯西市食品公司总经理王成燃的电话，双方在电话中商定，食用猪油采用铁桶包装，货物发运后的铁路费用及卸车费由明净市肉类联合加工厂承担。铁桶回空由明净市肉类联合加工厂运至明净市火车站，运杂费由凯西市食品公司负担。凯西市食品公司于2010年4月10日、4月30日、5月10日、5月20日分四次交付完所订购的食用猪油，每次伍拾吨，交货地点为明净市火车站。明净市肉类联合加工厂在验收第一批货物后5日内先付款50%，在验收全部货物后的5日内付清余下货款。付款采取银行托收承付的办法。逾期不履行合同的，违约方按每天1%的尾款或货物折价款付对方违约金。当晚，明净市肉类联合加工厂厂长章君华根据双方商定的内容，开始起草合同文本。

二、小明的父亲是江滨市第一建筑公司生产科科长，承建了江滨市耐压机械厂第四车间新厂房的建筑工程，并草拟了合同。父亲让上高中的小明帮他修改、完善合同。小明认真阅读了合同后，很快就找出了合同存在的问题，并提出了具体的修改建议。

经济合同

江滨市耐压机械厂第四车间（甲方）

江滨市第一建筑公司生产科（乙方）

为建筑耐压机械厂第四车间新厂房，经甲方要求，订立本合同。

1. 甲方委托乙方建造新厂房一座，由乙方全面负责建造。全部建筑费（包括材料、人工）陆拾肆万元。

2. 甲方在订立合同后先交一部分建造费，在新厂房建成后抓紧归还所欠部分。

3. 工期待乙方筹备就绪后立即开始，力争三月中旬开工，争取十一月左右交工。

4. 建筑材料由乙方全面负责筹备。

5. 本合同一式两份，双方各执一份。

江滨市耐压机械厂第四车间（公章）　　江滨市第一建筑公司生产科（公章）

主任：金爱民（私章）　　科长：柏雪（私章）

二〇一〇年三月八日

4.4 说 明 书

案例 1

王明下午参加学校的篮球比赛时，出了一身汗，又没有擦，风一吹，受凉了。晚上七点多钟，王明开始感到头痛，咽喉痛，还在发烧，不想吃饭。王明的爸爸妈妈去参加老同学聚会了，奶奶要送王明去医院。王明说："奶奶，家里有治感冒的药，我吃两粒就行了。""药能随便吃吗？还是去医院吧！""没关系，有说明书，照说明书服就没问题了。"说完，王明从床上起来，从家里备用药箱里找出一盒"感冒灵胶囊"，并把药盒中的说明书念给奶奶听。

感冒灵胶囊说明书

请仔细阅读使用说明书并按说明使用或在药师指导下购买和使用。

【药品名称】

通用名称：感冒灵胶囊

汉语拼音：Ganmaoling Jiaonang

【成分】三叉苦、金盏银盘、野菊花、岗梅、咖啡因、对乙酰氨基酚、马来酸氯苯那敏、薄荷油。辅料为滑石粉。

【性状】本品为胶囊剂，内容物为棕褐色的颗粒；味苦。

【功能主治】解热镇痛。用于感冒引起的头痛、发热、鼻塞流涕、咽痛。

【规格】每粒装 0.5 克（含对乙酰氨基酚 100 毫克）。

【用法与用量】口服，一次 2 粒，一日 3 次。

【不良反应】可见困倦、嗜睡、口渴、虚弱感；偶见皮疹、荨麻疹、药热及粒细胞减少；长期大量用药会导致肝肾功能异常。

【禁忌】严重肝肾功能不全者禁用。

【注意事项】

1. 忌烟、酒及辛辣、生冷、油腻食物。

2. 不宜在服药期间同时服用滋补性中成药。

3. 本品含对乙酰氨基酚、马来酸氯苯那敏、咖啡因。服用本品期间不得饮酒或含有酒精的饮料；不能同时服用与本品成分相似的其他抗感冒药；肝、肾功能不全者慎用；膀胱颈梗阻、甲状腺功能亢进、青光眼、高血压和前列腺肥大者慎用；孕妇及哺乳期妇女慎用；服药期间不得驾驶机、车、船、从事高空作业、机械作业及操作精密仪器。

4. 脾胃虚寒，症见腹痛、喜暖、泄泻者慎用。

5. 心脏病、糖尿病等慢性病严重者应在医师指导下服用。

6. 儿童、年老体弱者应在医师指导下服用。

7. 服药 3 天后症状无改善，或症状加重，或出现新的严重症状如胸闷、心悸等应立即停药，并去医院就诊。

8. 对本品过敏者禁用，过敏体质者慎用。

9. 本品性状发生改变时禁止使用。

10. 儿童必须在成人监护下使用。

11. 请将本品放在儿童不能接触的地方。

12. 如正在使用其他药品，使用本品前请咨询医师或药师。

【药物相互作用】

1. 与其他解热镇痛药并用，有增加肾毒性的危险。

2. 如与其他药物同时使用可能会发生药物相互作用，详情请咨询医师或药师。

【贮藏】密封。

【包装】铝塑泡罩；每板 12 粒，每盒 1 板。

【有效期】24 个月

【执行标准】略

【批准文号】略

【说明书修订日期】略

【生产企业】略

念完，王明高兴地说："奶奶，正对我的症状，我赶快服两粒吧！"

奶奶说："不慌，对门王阿姨是内科大夫，我再给她看看。"一会奶奶回来了，说："王阿姨问了情况，说可以吃。"

王明服了药，第二天上午症状就减轻了，又高高兴兴地上学了。

评点

王明患了感冒，因为根据药品说明书及时服药，很快缓解了病情，也省却了不少麻烦。可见说明书在人们日常生活中发挥了不小作用。

王明看的这份药品说明书，属于条款式说明书。采用条款式是为了使消费者对商品的成分、特点、使用方法、注意事项等"一目了然"。"感冒灵胶囊"说明书把需说明的要素按事物的逻辑顺序排列，然后简明扼要、通俗易懂地列条介绍，消费者阅读后能够正确使用。

案例 2

刚刚走上工作岗位的小龙，为了便于和家人及同学朋友联系，新买了一款具有移动 QQ 功能的夏新 CS6 手机。可是，小龙拿到新手机后，操作了好长时间也无法使用移动 QQ 功能。在同事的建议下，小龙拿出了《夏新 CS6 使用手册》，找到了"移动 QQ"栏目，认真阅读了起来。

夏新 CS6 使用手册

移动 QQ

本机集成了移动 QQ 功能，您可以通过该功能直接和互联网上的好友聊天。使用移动 QQ 功能以前，您必须首先完成以下几步设置。

1. 设置服务中心号码

进入 QQ 菜单，选择子菜单 5“QQ 设置”，进入后再选择子菜单 1“设置服务号码”。如果您是中国移动的用户，请在菜单中选择“中国移动”；如果是联通用户则选择“中国联通”；个别地区服务中心号码可能会有些特殊，这样您就需要向网络运营商询问您所在地区的服务中心号码，并在菜单的第三栏“用户自定义”中输入该号码。

2. 绑定 QQ 号

进入 QQ 菜单，选择子菜单 5“QQ 设置”，进入后再选择子菜单 2“绑定 QQ 号”，选择开启，输入您的 QQ 号码、密码以及密码确认，按下确定软键以后手机就会发送消息向网络请求绑定了，当您不再需要绑定该 SIM 卡时，您可以选择关闭来取消绑定状态。

3. 申请服务

进入 QQ 菜单，选择子菜单 5“QQ 设置”，进入后再选择子菜单 3“申请服务”，选择“开启服务”，手机会向网络发送开启服务的请求，假如您需要关闭服务的话，选择“关闭服务”即可。

当上面的设置都完成以后您就可以尽情地享受移动 QQ 给您带来的乐趣了。当然，您还可以进行以下一些操作。

4. QQ 收件箱（略）

5. QQ 聊天

您必须在添加了一位以上的本地好友之后才能进入 QQ 聊天的界面。您可以选择和您添加的好友进入你们的二人聊天室进行聊天，或者是决定将他从本地好友列表中删除，或者是查看他的详细资料。您还可以在历史记录当中查看到你们过去的聊天记录。

6. 好友列表（略）

7. 发送消息（略）

8. QQ 设置（略）

9. 移动 QQ 目前的收费情况（略）

小龙看了一遍“移动 QQ”使用说明，又对照说明设置服务中心号码、绑定 QQ 号、申请服务。很快，小龙就通过手机移动 QQ 实现了和母亲的在线聊天。

评点

小龙阅读的是一份商品使用说明书。说明书按照实现“移动 QQ”功能的设置程序，逐一介绍具体的设置方法，并介绍了“移动 QQ”的其他使用功能，内容明确，条理清晰，为消费者准确操作和使用产品提供了方便。说明文字简明、准确。正因为如此，小龙按照说明书对手机进行了设置，很快就实现了通过手机“移动 QQ”与亲朋好友聊天的愿望。

相关知识

说明书是对工商业产品、工程或产品设计、图书报刊、影视戏剧、文艺演出、旅游胜地及各种博览、展销活动进行介绍、说明的一种应用文体。在商品经济社会，说明书的应用极其广泛，具有解释说明、广告宣传和传播知识的作用。

一、说明书的类别

说明书按说明对象分类，有商品说明书、影视戏剧说明书、旅游景点说明书、单位简介、人物简介等。按表述形式分类，可分为条款式说明书和文字图表说明书。说明书多具有说明性、知识性和实用性，并且往往图文并茂。这里重点介绍条款式商品说明书。

二、条款式说明书的格式

1. 标题

标题有两种写法。一种是只有商品名称，例如“感冒灵胶囊”。还有一种是商品名称加上文种，例如“飞利浦电吹风的使用说明”。标题要单独成行，居中，字体稍大。

2. 正文

正文是说明书的主体部分，具体说明相关事宜，多分条写明。一般包括构成、特点、作用等。产品说明书主要包括：产品概况、产品的性能和特点、产品的使用方法、产品的保养和维护等。如果是食品、药品，则还要详细标明原料、成分、生产批准号、保质期、存储方法、生产日期等。

3. 落款

落款要写明生产厂家、厂址、邮编、电话、网址等。

三、说明书的写作要求

1. 要讲究科学性和实用性

说明书的内容要符合实际情况，不能出现知识性的错误。比如介绍商品时，要把用料、成分、性能和技术数据等准确地告诉使用者，对于使用方法、维护保养要求、安全注意事项等更应该交代清楚，以保证使用者能安全、有效、正常地使用。

2. 要全面地说明事物

不仅介绍其优点，同时还要清楚地说明应注意的事项和可能产生的问题。

3. 要注意突出重点，合理安排顺序

要重点介绍读者最希望知道、最希望了解的内容，根据不同的说明内容，采用恰当的、便于读者理解的说明顺序。例如对产品的介绍，则可按产品名称、功能、作用、使用方法、保养、禁忌等顺序说明。

4. 语言要简明、通俗、易懂

应该让具有普通文化水平的消费者能看明白。要尽量避免使用一般人不懂的专业术语。

写作实践

一、为了展现学生的技能训练成果，激发学生爱技能、练技能的热情，展望职业学校每年举办一次“职业技能展示节”。今年是第十届“职业技能展示节”，学校召开了筹备会议，决定将技能节定在五月份第二周的星期五，电子技术与应用类、加工制造类、交通运输类、信息技术类、土木水利类等5大类专业的班级按类组队进行职业技能表演。届时还将邀请相关企业的领导、专家、区教育局领导以及家长观摩。活动安排一天，上午是开幕式、技能展示，下午是企业领导、专家以及区教育局领导听取学校领导汇报有关情况，并对“技能节”发表意见。会议决定由学校校长办公室主任徐建华写一份说明书，介绍技能节的活动情况，以便参加活动

的人员了解活动情况，并有秩序地参加相关活动。

二、选一个家里正在使用的家用电器，写一则条款式使用说明书。

4.5 策 划 书

案例 1

正在大学城里一所大学读书的张莉眼看同学们纷纷创业，练就了一身创业本领，还有了丰厚的经济收入，她再也坐不住了，可是她却找不到合适的投资创业的项目。教师节快到了，同学李晓云对张莉说："很多同学都准备送老师一束鲜花，我们也去市区买鲜花送给老师吧！"张莉眼前一亮：要是同学们能在大学城或者网上购买鲜花，那岂不是省去了不少麻烦？于是，张莉开始了对市场的调查。经过调查、分析、研究，她认为投资开办一个网上花店是可行的。很快，她制作了一份《"高校之花"网上商店开发策划书》，请辅导员刘老师指导。

"高校之花"网上商店开发策划书

一、项目背景

花卉消费近年来呈越来越火的趋势，创办网上校园花店，以鲜花专递为市场切入点，以满足个性消费为主题，最终形成具有"高校之花"品牌优势的市场是十分可行的。

二、行业分析和客户需求分析

1. 行业分析。大学城有十所高校，近 20 万大学生。"'高校之花'网上花店"项目目标消费者定位为在校大学生。

2. 调查结果分析。大学生消费心理和需求具有以下特点：购买行为基本上是感性的；一般选择价位较低但浪漫色彩较浓的品种；影响他们购买的因素依次为价格、品种、包装、服务等；购买行为节日性很强。

3. 目标客户分析。大学生购买鲜花一般侧重于中档价位。在定单数量上倾向于能表达心声，如 1 支（你是我的唯一），3 支（我爱你），19 支（爱情路上久久长久）等。包装倾向于高档化，对鲜花的质量要求比较苛刻。

三、可行性分析

1. 技术可行性。网上花店是一个中小型的电子商务网站，目前已具备相当成熟可靠的技术。

2. 业务实施可行性。与一级批发商建立业务关系，批发商可在大学城附近设立营销网点。

四、项目总体规划

1. 网店目标定位。用一年的时间在消费者中建立一定的知名度。先在大学城做试点，成功后在市区推广。

2. 网店运营模式。（1）商务模式：主要采用 B2C 电子商务模式。（2）主要业务流程。a.顾客通过网店选择要购买的鲜花礼品；b.网上下订单；c.网上支付货款；d. 网店把订单通知物流部门；e.物流部门配送；f.与顾客确认配送成功。（3）赢利方式：主要通过在线销售鲜花、礼品的收入赢利。

3. 网店技术规划。请网络公司进行形象设计及网店建设与制作。

4. 网店域名规划。设计拼音型和数字型的国内域名。

五、网店总体规划

讲求简洁、明快、活泼的视觉效果，努力营造一种浪漫的气氛。

1. 网店前台流程图（略）

2. 购物区功能流程图。（略）

3. 后台管理流程图。（略）

六、项目实施方案

1. 网店应用系统开发：网店风格和结构设计，功能模板开发，应用系统测试等。

2. 网店内容建设：资料收集和整理，商品编码，业务流程的制订等。

3. 宣传推广：对网店的网上推广和网下推广，价格策略的制定，促销活动的组织等。

七、项目运营管理计划

1. 网店推广计划。（1）通过网络 BBS 论坛、讨论群及传单、海报、宣传册等途径和方式加强宣传。（2）重点对象以在校学生为主。（3）现场促销前，将宣传单分发至学生宿舍。

2. 网店营销计划。（1）品牌策略。包装力求独特创新。（2）价格策略。既走价格路线，又走质量路线，满足不同层次消费者的需求。（3）促销策略。a.宣传策略。学校广播站、报栏、宣传栏免费宣传，网店本身宣传，各大报社、地方电台与电视台宣传；b.服务方面。选择有良好服务素质的鲜花供应商和良好的物流公司，及时服务，微笑服务。

3. 网店组织、系统管理计划。经理 1 人。电子商务员 2 人。

八、营销效果预测与分析

1. 营业额收入。预测主要节假日每天销售额在 500 元以上。

2. 支付方式。网上在线支付，邮政汇款及其他邮寄业务。

3. 订货方式。E-MAIL 订单，网上花店订购，电话订购。重点推出短信订购。

4. 客户特点。年轻化，信誉好。

5. 消费特点。60 元以下的鲜花最受欢迎。

九、经营成本预估

投资预算：资金主要用于网店设计制作费用，购置电信服务器 2G 的空间，产品采购，系统维护，前期宣传，物流配送等。预计需要人民币 15000 左右。从网店建立到网店正常运作大约需要 1 个月的时间。

刘老师拿到策划书后，聘请大学城内的几位知名教授，对策划书进行了论证，大家一致认为，该策划书创意新颖独特，具有较强的可操作性。张莉欣喜万分，在大家的期待中成功地创办了大学城内第一家“‘高校之花’网上商店”。

评点

张莉在同学们纷纷创业的影响下，以其敏锐的目光，把握市场的需求，抓住大学生们的消费心理，成功地创办了大学城内第一家“‘高校之花’网上商店”。

张莉同学制作的是一份营销策划书。这份策划书，主要从项目背景、行业分析和客户需求分析、可行性分析、项目总体规划、网店总体规划、项目实施方案、项目运营管理计划、营销效果预测与分析、经营成本预估等九个方面进行论述。从策划书中，我们可以看出，张莉同学围绕创办网上花店做了大量的调查研究工作，对网上花店开发的目的、内容、模式、理念等都成竹在胸；同时，她在写作时，突出了市场分析、项目实施内容和实施策略，定位准确，重点突出，既简洁明了，又具有很强的可操作性。

案例 2

开学了，润民职业学校 2009 级土木工程建造（1）班出现了一系列不良的现象：部分同学生活学习纪律散漫，顶撞长辈，甚至有部分同学对亲情较为麻木，认为老师和父母为自己所做的一切都是理所应当的。为此，班主任召集班委开会，商讨解决办法。会上，班长说："这些现象的发生，有一个重要的原因，就是部分同学只顾自己，不懂得爱别人，心中没有父母，没有长辈，没有感恩之心。我建议班级搞一次以感恩教育为主题的活动，让我们感悟亲情，学会感恩。"班长的提议得到了老师和班委会全体成员的一致赞同。老师说："我们就开展以'感恩父母，亲情回赠'为主题的活动，请班委会制订一份这次活动的策划书。"

"感恩父母，亲情回赠"主题活动策划书

一、活动背景

感恩是一种修养，更是一种境界。父母给了我们健康的身体，含辛茹苦地把我们养大，让我们享受到生命的美好。可是我们却很少将我们的感恩之情说出口，甚至对父母有过太多的抱怨。当我们历经了坎坷，才发现父母都拥有生活的智慧，是亲情为我们支撑起一方天空，是亲情托起我们翱翔的翅膀。那么，我们该为父母做些什么？为此，本班特开展以"感恩父母，亲情回赠"为主题的活动。

二、活动的目的、意义

通过活动让同学们领悟生命与成长的真谛，培养责任意识、自立意识和公共意识，善待自己，善待他人，形成健康的人格和高尚的灵魂。

三、活动时间、地点

时间：2010 年 3 月 18 日 14:30。

地点：学校学生活动中心。

四、活动流程

1. 准备阶段

（1）向全班同学宣传活动的主题、内容、形式，收集大家对此次活动的意见。（负责人：宣传委员）

（2）活动前一周，班委会向所有同学的父母发出参加活动的邀请函。（负责人：班长）

（3）活动前一周，各小组收集亲情故事，选出最感人的事例或片段，征得同学本人同意后，准备在活动中讲述。（负责人：学习委员）

（4）班委会撰写《感恩活动倡议书》。（负责人：学习委员）

（5）准备歌曲《感恩的心》录像带（向校团委借用）。（负责人：团支部书记）

2. 活动步骤

主持人：班长，团支部书记

（1）播放《感恩的心》录像带。

（2）朗诵诗歌《无言父母爱》。

（3）小组代表讲述自己与父母间的最感人的亲情故事。

（4）组织全体同学在"感恩卡"上写下对父母的最真挚的祝福，向父母大声朗诵，并将"感恩卡"送给父母。

（5）每位同学拥抱父母三分钟。

（6）班长宣读《感恩活动倡议书》。

3．活动结束

以班委会名义写一份活动总结。

五、活动经费预算

卡片　40元

矿泉水　40元

以上费用共计80元。

2009级土木工程建造（1）班班委会
二〇一〇三月二日

3月18日，2009级土木工程建造（1）班成功举办了这一次主题活动。活动之后，很多同学根据倡议书的内容，回家时主动分担家务，学会了体谅、关爱、孝敬父母，班级风气也有了根本的转变。

评点

班委会根据班级出现的问题，成功策划和组织了"'感恩父母，亲情回赠'主题活动"，让同学们接受了一次精神的洗礼，学会了知恩感恩，达到了预期的效果。

这是一份活动策划书。"活动背景"简要交代了班级出现的问题，进而提出了活动的主题，使主题具有较强的针对性。"活动的目的、意义"明确提出了通过感恩活动培养同学们"健康的人格和健康的灵魂"的目的，观点鲜明。"活动流程"从活动准备、活动步骤、活动结束后的总结等几个阶段，写出了每一个阶段所要采取的措施、办法，具体的负责人，完成时间等，有较强的可操作性。总之，这是一份主题明确，结构完整，内容具体，形式新颖，组织周密，活动内容符合学生心理的策划书。

相关知识

策划书是展示某次活动的整体设想和行动方案的应用文体，它把在活动中所要采取的一切行动都列出来，指示相关人员在特定的时间予以执行。

一、策划书的类别

常见的策划书有营销策划书和活动策划书。在市场营销中，把策划过程用文字写出来，这种营销方案就是营销策划书。针对接待、参观、开业、庆典、新闻发布会、记者招待会、竞赛、捐助等活动所制订的行动计划就是活动策划书。策划书是保证营销和活动顺利开展的关键。

二、策划书的格式

策划书因策划的内容、对象、要求不同而采用不同的结构、格式写法。下面简单列举其一般框架和要点。

1．标题

标题一般包括策划项目和文种，如"世界环境日活动策划书"，要求明确、清楚、具体。

2．正文

（1）策划的背景和意义。对项目的基本情况、开展的原因、社会影响以及相关目的动机进行介绍和阐述，如活动策划书要介绍活动背景和活动目的。

（2）策划项目。这是策划内容的主体部分，要进行详细说明。具体包括策划内容和实施步骤两个方面。策划内容是对执行策划项目相关内容的描述；实施步骤则说明策划实施时的程序及时间安排。较为复杂的策划需以其余各项计划书为附件，如费用计划、人员计划、作业计划等。

营销策划是为了更好地实现产品销售的目的。因此，营销策划书应把宣传与推销的策略作为写作的要点。一是围绕着产品进行精细的市场分析。比如，产品消费群体实际基数和潜在基数的大小；产品的类型、品种、属性优势；消费者可预测、可影响、可引导的消费能力、消费心理、消费方式、消费观念等；产品相应的价格指数是否符合当地消费者不同的消费心理与消费需求；同类产品的优势、不足、市场占有情况等。二是写作广告预案。如广告宣传的对象、广告宣传的目标地区、广告的创意、产品的品牌策略（时尚贴切的商标、朗朗上口的广告词等）、广告创意的方向（如物质消费与文化享受结合的程度等）、广告创作的策略（如品牌宣传的策略、媒体宣传的策略、情感影响的策略等）、产品促销方案（如展销、试用、抽奖、赞助、新闻发布等）。活动策划书侧重于介绍活动的步骤，包括活动流程、各阶段活动内容和重点、活动的组织、活动的各项预算等。

（3）效果预测。重点说明方案的可行性和操作性。一般包括策划效果评估和策划活动经费开支预算及其必要性、合理性论证等。

三、策划书的写作要求

1. 全面把握信息

要通过采访、考察、设想、咨询、查找等多种途径，广泛搜集资料，只有在全面把握相关信息的基础上做出的策划才不至于片面、雷同、落入俗套。

2. 突出策划重点

抓住企业营销或活动开展中所要解决的核心问题，深入分析，找准定位，提出可行的相应对策。

3. 具有可操作性

方案要具体、明确，便于指导每一个工作环节。

4. 创意新颖独特

新颖的创意是策划书的核心。策划过程中要广泛运用逆向法、辐射法、类比法等发散性思维，大胆创造，推陈出新，使策划别开生面。

写作实践

一、2011 级化工工艺（2）班针对校园内的一系列不文明现象，拟举办一次校园文明主题团日活动，活动的主要内容为组织观看电影、反映不文明行为的情景剧表演、给父母或同学发短信、发出倡议等。班主任曹老师要求 2～3 名同学为一个小组，合作制订一份活动策划书。很快，同学们就制订好了策划书，并在全班进行了交流。团支部书记王惠娟集中大家的意见，以 2011 级化工工艺（2）班团支部的名义制订了这次活动的策划书。

二、新学期就要开学了，学校又将迎来一批新的学生。新同学入学，会给老同学带来哪些商机呢？新世界职业学校 2011 级市场营销（1）班的几位同学联想到自己入学时的情形，他们认为很多新生需要购买手机、MP3、MP4 等电子产品。于是他们和万达商场联系，决定在开学初的一段时间内，和万达商场联合进行电子产品促销活动。为此，他们制订了本次活动的策划书，有效地保证了促销活动的顺利开展。

4.6 调查报告

案例 1

保安市新潮服装公司为了适应市场需求，需要对原有的服装系列产品进行进一步的开拓更新，并将研发的新产品迅速推向市场。在开发工作开始之际，为了准确把握市场脉搏，快速、全面、深入地了解各类服装的生产和销售情况，为新产品的研发工作提供第一手信息和有力的依据，公司请宝安市商业局纺织商情科对该市服装市场产销情况进行调查。市纺织商情科利用其在本地服装市场上积累的丰富经验，在全市范围内选择了 7 个有代表性的服装产销批零单位，通过走访询问的方法，获得了大量数据，完成了此项调查，并向服装公司提供了调查报告。

宝安市2010年服装市场产销形势的调查

这次调查，我们先后走访了市内 7 个有代表性的产销批零单位和部门。从调查结果看，今年我市服装市场的产销形势是：工业增产，商业增销，高档品种服装畅销，企业销售景象喜人。品种间产销量的增减变化幅度较大。

一、服装生产情况

从市服装工业公司计划生产科给我们提供的数据情况看，他们下辖的我市 22 个服装生产厂家，今年预计年产各种服装的总量为 830 万件，比 2009 年实际产量增长了 3.1%，其中 1～9 月份实际为 671.7 万件，比去年同期增长了 4.9%；出口服装今年预计为 370 万件，比 2009 年实际减少了 14.5%。

二、服装销售情况

1. 社会服装销售情况。今年我市社会销售各种服装的总量预计可达到 1600 万件左右，比 2009 年实际的 1447.2 万件增长 10.6%。从具体情况看，今年 1～9 月份实际销量为 722 万件，比去年同期增长了 15.7%。其中布制服销 144 万件，比去年同期减少了 18.6%；化纤服销 433 万件，比去年同期增长了 36.2%；呢料服销 41 万件，比去年同期增长了 78.3%。

2. 批发服装销售情况。据市服装批发商店和市服装工业公司经理部汇总的服装批发销售量对比结果看，今年批发服装的预计销量为 551.2 万件，比 2009 年实际增长 18.9%。

3. 零售情况。从对市内东风、和平、铁百 3 个零售商店调查结果看，今年这 3 个商店各种服装的预计年销量为 106.6 万件，比 2009 年实际的 113.3 万件减少 5.9%。其中 1～9 月份实际是 91.7 万件，比去年同期实际减少了 6.8%。减少的原因是布制服与化纤针织涤纶服销量减幅太大（布制服今年比去年同期减少 50%，化纤针织服减少 48.5%）。布制服减销的原因是因为人们的外衣穿着如今已被化棉、化纤面料的服装所代替。

三、对我市 2010 年服装市场形势、发展趋势和品种需求方面的几点看法

1. 市场形势与发展趋势。我们认为，2010 年我市服装市场的总形势是：市场持续繁荣，销量持续上升，高档服装持续热销，低档质劣服装仍受冷遇。发展趋势是：向时装化、多款式、仿古化等方向发展。

2. 品种需求。我们的看法是，明年在冬季服装中，各种式样的男女皮夹克、各种款式的男女羽绒服、呢料服、烤花呢长身大衣、雪花呢长身大衣、丝绸服装等，仍是人们主要争购的商品；在春秋服装中，仿毛织物的男女西服套装明年将持续畅销，与它相伴随的毛涤和纯毛织

物花呢西装也会相应出现增销的好势头；明年夏装中，各种化纤、毛涤和纯毛薄织物为面料的各种式样的服装，将会出现供不应求的形势，各种双绉、涤丝、真丝的男女衬衫将出现更大的增销局面，白雪纺衬衫也能继续保持今年的销售水平，各种式样的连衣裙、短裙、短袖旗袍等服装，必将受到更多中青年妇女的欢迎。童装的需求形势，2010 年将偏重于购买化纤童装，相对而言布制童装的需求将减少。但如果明年服装设计师们能够设计出更好、更新的布制童装款式来，其需求还有回升的可能。

宝安市商业局纺织商情科

二〇一〇年十一月

新潮服装公司拿到市商业局纺织商情科的调查报告后，立即召开公司领导层及生产和技术研发部门人员会议，根据调查报告提供的主要信息，确定了时装化、多款式、仿古化等服装研发思路，制订了下一个年度的研发和生产计划，从而较好地适应了市场的需求。

评点

新潮服装公司依据市商业局纺织商情科的调查报告，调整产品研发思路，制订新的研发和生产计划，增强了企业的市场适应能力和竞争能力。

宝安市商业局纺织商情科提供的是一份反映市场情况的调查报告。全文由标题、前言、主体三个部分构成。标题由调查内容和文种构成，揭示出本次调查的中心，简洁，规范。前言部分概括说明调查的方法、对象、范围和主要结果等基本情况，言简意赅。主体部分采用分条列项的方法，先分别说明产品的生产情况和销售情况，然后分析 2010 年服装市场形势、发展趋势和品种需求等情况，突出对产品的品质、品种、需求量的分析，观点明确，资料全面，数据具体，阐述深刻，对企业把握市场、研发新产品和制定生产计划具有较强的指导作用。

案例 2

学习成绩一向很好的黄凯，近来迷上了网络游戏，上课经常打瞌睡，逃课现象时有发生，经常不回家，谎称住在同学家，并且还偷偷地拿过家里的钱。班主任得知这一情况后，宣布举办一次主题班会——“利与弊：正确认识与利用网络”，要求同学们上网查找有关资料，并对黄凯说：“老师知道你是我们班中的网络游戏高手，就请你专门查找关于网络游戏情况的调查报告。”

班会课上，黄凯迈着沉重的脚步走上讲台：“同学们，我前段时间一直沉迷于网络游戏，前天，我看到了一篇关于网络游戏的调查报告，我将文章的内容制成了幻灯片，现在我就演示给同学们看一看。”

青少年学生网络游戏成瘾实证分析

2005 年 9 月下旬，笔者通过问卷调查的方法，对富安市大中学生网络游戏成瘾情况进行了调查。共发放问卷 3050 份，实际回收 2990 份，有效问卷 2512 份。

一、结果与分析

在有效的 2512 份问卷中，不同程度网络游戏成瘾的学生总数为 1035 人，占被调查学生的 41.2%。其中具有轻度网络游戏成瘾的学生为 610 名，占被调查总人数的 24.3%；具有中度网络游戏成瘾的学生为 382 名，占被调查总人数的 15.2%；具有重度网络游戏成瘾的学生为 44 人，占被调查学生总数的 1.8%。

1. 青少年学生网络游戏成瘾的流行率分析

（1）性别差异。有网络游戏成瘾的男生 698 人，占被调查男生的 41.6%；女生 315 人，占被调查女生的37.6%。

（2）年龄差异。11～17岁网络游戏成瘾的流行率有一个缓慢上升的过程，17～18岁有一个快速下降过程，18～20岁又上升到一个新的高度，22岁以后则缓慢下降。

（3）年级差异。初一、初二是上升趋势，高三又有一个上升趋势。

（4）家庭来源差异。城市生源学生中有602名学生有不同程度的网络游戏成瘾，占城市生源学生的39.0%。农村生源学生中有351名学生有不同程度的网络游戏成瘾，占农村生源学生的44.9%。

2. 青少年网络游戏成瘾的影响因素分析

（1）网络游戏因素。游戏类型、游戏动机、游戏地点、平均每周游戏次数、每周游戏时间、每次游戏时间、占用学习生活必需时间（上课、作业、睡眠或吃饭时间）的次数均与网络游戏成瘾有显著相关。

（2）学校因素。学校类别、年级、师生关系、同学关系、学生角色评价、学习成绩、学习压力、学习乐趣、学习动力等因素与网络游戏成瘾均有显著相关。

（3）家庭因素。家庭来源、教养方式、家庭气氛、家庭收入、父母职业稳定性等与网络游戏成瘾均有显著相关。

（4）社会因素。社会满意度与网络游戏成瘾有显著相关。

二、讨论与思考

1. 青少年网络游戏成瘾已构成当前重要的社会问题

（1）网络游戏成瘾已普遍影响青少年的身心健康。因长期玩网络游戏而导致出现失眠、头痛、消化功能不良、恶心、厌食、体重下降等躯体症状的成瘾学生共658人，占成瘾者总数的81.2%。同时，调查显示，游戏中和现实中人格出现分裂的有1007人，占成瘾总人数的97.3%。

（2）网络游戏成瘾毒化了青少年健康成长的社会环境。网络游戏成瘾对学风、师生关系、校纪、校风，对于家庭都产生了不良影响。

（3）对社会的安全和稳定构成潜在的不良影响。不同程度的网络游戏成瘾学生占被调查人数的41.2%，且随着网络游戏人数的增加，其成瘾的绝对人数也将随之增加，由此对社会构成的负面影响，绝不能低估。

2. 青少年网络游戏成瘾的一般规律与特征

（1）网吧是网络游戏成瘾的重灾区。

（2）中轻度和中度网络游戏成瘾群体应是治理网络游戏成瘾的重点人群。掌握青少年网络成瘾的关键期，做好工作，将会达到控制网络成瘾的最佳效果。

3. 切断网络游戏的成瘾源

网络游戏、学校、家庭、社会四个方面都与网络游戏成瘾有着极大的关联，其中网络游戏是最主要因素。切断网络游戏的成瘾源是解决这一问题的最主要途径，而规范和净化网络游戏文化市场是最关键的因素。

4. 构建一种有效的社会控制系统

一方面可以从网络游戏产品，网吧，易成瘾的年龄、年级，上网时间等方面，有针对性地制订相应的对策及措施。另一方面，要构建学校为主体，社会、家庭之间形成一个相互协调、目标一致的综合教育控制系统。

最后，黄凯说："同学们，网络游戏成瘾已经对我的心理健康、学习秩序、行为方式等产生了不良影响。我决定以后再也不玩网络游戏了。我也希望各位同学从此远离网络游戏。"话音刚落，班级里就响起了热烈的掌声。

评点

一篇调查报告不仅改变了黄凯同学对网络游戏的看法，更重要的是重建了黄凯同学积极健康的心理和正常的学习、生活秩序。可见，调查报告对于解决现实问题的重要作用。

黄凯同学介绍的是一篇研究问题的调查报告。这篇调查报告对尚属研究空白的网络成瘾现象进行了实证研究，通过对青少年网络游戏成瘾流行率的分析，揭示了青少年网络游戏成瘾的成瘾度、成瘾比例、成瘾率的变化曲线，分析了网络游戏成瘾的主要因素。文章运用大量确凿的事实，揭露问题的严重性和危害性，并在此基础上对网络游戏成瘾现象进行了讨论和思考，提出了解决网络游戏成瘾的方法建议，具有较强的现实意义。

全文结构清晰，主体部分运用充足的材料与统计数据进行层层深入的分析，叙议结合，观点明确，做到材料和观点的高度统一，言之成理，令人信服。

相关知识

调查报告是根据一定的目的，对某一情况、问题、经验进行调查研究之后写成的书面报告。在实际工作中，人们往往通过调查报告去探索规律，反映实际问题，透视社会热点，总结推广典型经验。

一、调查报告的类别

调查报告从内容上可分为反映情况调查报告、典型经验调查报告、研究问题调查报告、新生事物调查报告。从形式上可分为综合调查报告、专题调查报告。调查报告具有指导性、针对性、报道性和典型性。

二、调查报告的格式

调查报告在格式上没有固定的要求，一般来讲，调查报告的结构包括四部分：标题、前言、主体、结尾。

1. 标题

标题一般有以下四种。一种是由事由和文种构成，如《关于职业学校学生学习方法的调查报告》。一种是用调查的主要结论或作者的主要观点作标题，如《发展职业教育势在必行》。一种是以调查的主要问题作标题，如《中等职业学校学生如何走上创业之路》。一种是由主标题和副标题组成，主标题说明主要内容，副标题说明调查对象和范围。如《这样培养的学生会受到用人单位欢迎的——希望职业学校教育教学情况调查》。调查报告的标题要精炼醒目。

2. 前言

前言部分主要交代调查研究的基本情况，包括调查目的、时间、地点、对象、范围、手段、经过，有的可概括全文的主要内容，也可简要介绍调查的主要结论。前言要简明扼要。

3. 主体

主体是调查报告的主要部分。其内容包括两大部分：一是调查所得的具体情况，二是分析所得出的结论。

主体部分在结构安排上较为灵活，可以将调查材料按性质分类，分几个问题来写。如《如何成功找到你的第一份工作？——大学生成功就业经验调查分析报告》，主体部分从求职途径、求职心态、求职简历、能力匹配与职业规划、就业薪酬、求职信等方面分析了成功就业的大学生在求职方面的经验。也可以用对比方法来介绍调查对象的情况，在对比中得出结论。如《同一地区的农村经济为什么发展有快有慢？——廊坊市郊区二百个村的调查》，通过对经济发展速度不同的两类典型的调查、分析、比较，揭示农村经济发展的客观规律。还可以先摆出调查中了解到的情况，然后进一步分析原因，最后得出结论或提出解决问题的建议。如《学生心理状况调查报告》主体部分首先交代了调查结果，用具体数据说明学生心理状况，然后分析与讨论学生中存在的突出的心理问题及其危害或原因，最后提出了对学生进行心理健康教育应采取的措施。

4．结尾

结尾是调查报告的结束语，一般比较简要。可总括全文内容，可提出建议和解决问题的方法，可指出事物的发展趋势，可说明经验的意义。如果在主体部分已把问题讲清，也可省略。

三、调查报告写作的基本要求

1．深入调查，广泛占有材料

深入而详尽地调查并掌握事实材料是写好调查报告的前提。要做好调查，首先要明确调查目的，确定调查对象，拟出调查提纲，制定调查问卷。其次，根据调查的目的和内容，运用恰当的方法进行调查，如开调查会、个别访问、问卷调查、实际考察、网上调查等。

2．认真分析研究，从材料中引出固有的规律

对调查获得的材料进行科学的分析是写好调查报告的关键。要运用正确的思想方法进行科学的分析和综合的研究，经过去粗取精、去伪存真、由此及彼、由表及里的分析研究，鉴别材料的真伪，选取典型的材料，发掘材料深刻的内涵，从而概括、提炼出材料所固有的本质，说明调查对象的真实面貌。

3．用事实说话，做到观点与材料的统一

调查报告是用事实反映客观情况，说明问题的实质。用材料说明观点，做到观点从材料中来，观点与材料统一。在写法上，要具体，不要空洞。要有点有面，不要笼统浮泛，以偏概全。要有叙有议，不要罗列现象，或只发议论。

4．语言要准确平实

调查报告的语言以准确平实、明白晓畅为本，一般不用比喻、夸张、含蓄等修辞方式，也不用华丽的辞藻，禁绝一切浮词虚言、空话、套话，只要简明、准确、平实，使人读了十分明确就达到目的了。

写作实践

一、随着手机的普及，越来越多的学生利用手机进行信息的接收活动，例如手机上网，订阅手机报，群发具有新闻属性的短信等。为了解职业学校学生使用手机接收信息的情况，以便进一步拓展业务，提高服务质量，明远市移动公司通过问卷的形式，对该市职业学校学生

进行了调查。共发放问卷 140 份，回收有效问卷 137 份。明远移动公司获得了大量的调查数据（见下表），他们采用定量分析的方法，使用 SPSS 软件进行了数据分析，撰写了调查报告，对学生使用手机接受信息的情况进行了分析和评价，并提出了一系列建设性的建议。

学生使用手机接收信息情况调查

表 1：手机话费的主要用途

用途	打电话和发短信	上网、手机报、手机电视广播	娱乐
比重	79%	10%	31.6%

表 2：接受外界信息的途径

途径	手机	广播	报纸	杂志	电视	网络
比重	15.7%	27.3%	30.2%	21.6%	45.1%	18.6%

表 3：拒绝利用手机接受信息的原因

原因	收费昂贵	无用信息太多	手机功能限制
比重	66.7%	36.4%	25.6%

表 4：手机上网项目

项目	手机上网	手机报和手机广播	手机电视
比重	59%	30.8%	5.1%

表 5：手机上网频次

频次	偶尔使用	每天	4～5 次/周	2～3 次/周	1 次/周
比重	63.5%	13.1%	10.9%	2.9%	0.7%

表 6：手机上网的目的

目的	搜集资料	浏览资讯	查找天气	聊天	看电影小说
比重	78.2%	65.7%	45.5%	42.3%	32.8%

表 7：对手机新功能的态度

态度	便捷	时尚	针对性强	私密性强	资费高	资费标准不明	网速慢	内容不丰富	没有兴趣	屏幕小	耗电量大	手机不支持
比重	78.9%	76.2%	4.2%	3.8%	66.7%	57.2%	52.1%	40.7%	10%	30.6%	37.8%	17.5%

表 8：对手机资费的态度

态度	费用过高	不合理	完全不合理
比重	53%	40%	7%

表 9：对手机是否会成为新的具有影响力的媒介的看法

前景	一定	可能	不会	说不清
比重	21%	44%	18.7%	15.3%

二、为了了解同学们的课外阅读情况，制订好课外阅读计划，更好地开展课外阅读活动，新华中学一个班级在开学后的第一周内，对全班同学暑假的读书情况做了一次调查。

阅读该调查报告的有关内容，回答问题。

题目：________________

一、调查的主要结果

（一）关于读书的数量

全班 40 人，共读书 139 本，平均每人读书 3.5 本。从表 1 中可以看出，暑假里每个同学都读了书，读 1～5 本的同学居多数，占全班人数的 85%；读 5 本以上的同学较少，占全班人数的 15%。

（表 1）

本数	1	2	3	4	5	6	7	8	9
人数	7	8	8	7	4	2	1	2	1
占全班人数的百分比	17.5%	20%	20%	17.5%	10%	5%	2.5%	5%	2.5%

（二）关于读书的种类

我们把同学们读过的 139 本书，分类进行统计，列成表 2。

（表 2）

类别	德育	哲学	历史	自然科学	艺术	语文知识	教育	卫生体育	文学										总计
									诗歌	散文	中国古典小说	外国名著	中国现当代小说	推理小说	传记	冒险小说	科幻小说	戏剧	
数量			5	6		2			1	4	17	48	28	15	9	3	1		139
百分比			3.5%	4.3%		1.4%			0.7%	2.9%	12.2%	34.6%	20.1%	10.7%	6.5%	2.1%	0.7%		

我们发现，读的最多的是文学类书籍，其中外国名著居首位，中国现代和当代小说居第二位，中国古典小说居第三位，以下依次是推理小说、传记、散文、冒险小说、科学幻想小说、诗歌。非文学类书籍读得较少，只有自然科学、历史、语文知识三种。其他的如德育、哲学、艺术、教育、体育卫生方面的书则没有人读。

（三）关于阅读方面的困难

对开展课外阅读时所碰到的困难我们也做了统计。有 18 人提出：很难借到想要看的书，图书馆藏书太少，自己买书经济条件又不许可，一般都是碰到什么就看什么。有 12 人提出：缺少必要的读书指导，特别是有一些外国名著，由于不了解作品的历史背景，很难深入理解。有 8 人提出：读课外书受到家长的阻挠。其中有 5 位学生的家长怕看“闲书”影响学生学习，另有 3 位同学的家长是怕学生缺少鉴别能力，受到不好的影响。有 2 人提出学习紧张，没时间看课外书。有 1 人提出因为不认识繁体字，看中国古典作品有困难。

二、调查的主要结论

……

三、建议

……

1. 为这篇调查报告拟一个题目。
2. 分析调查的结果，写出 2～3 条分析得出的结论。
3. 提出改进课外阅读的建议。

综合练习

一、在江南省职业学校创新大赛中，楚淮中等专业学校蒋敏捷、宗淮江两位同学发明的新型电水煲获得一等奖。斯通电子集团得知这一情况后，立即和蒋敏捷、姜淮江两位同学取得联系，表示愿意将该产品投放市场。经过充分协商，将该产品定名为斯通 HYD—1502 电水煲，并于 2011 年 1 月 1 日开始正式投放市场。

斯通电水煲投放市场后，销量不断上升。为了进一步扩大产品的社会影响力，提高公司营销目标，2011 年 6 月 6 日，斯通电子集团在楚淮市明清步行街展销中心举办以“斯通电水煲家电下乡启动仪式暨斯通电水煲杯少儿才艺表演”为主题的促销活动。

从产品投放市场到促销活动期间，斯通电子集团需要用到本单元所学的哪些应用文？请试写其中的 2～3 种，并和同学进行交流。

二、运安市出租车已经完成了“油改气”，但是由于气源紧缺导致了燃气供应紧张。运安市新能源公司敏锐地感觉到这将孕育一个新的商机，于是公司开始对城区燃气出租车供气情况进行全面调查。根据调查结果，新能源公司决定扩大经营范围，开辟新的气源供应渠道，新建天然气供应站，面向城区出租车供应天然气。很快，新能源公司天然气供应站工程由黄淮石油天然气管道工程有限公司开始施工。

新能源公司决定新建天然气供应站需要什么应用文文本作为其依据？黄淮石油天然气管道工程有限公司为新能源公司建造天然气供应站又需要什么应用文文本，才能保证两个公司的合法权益？请查找有关资料，分别拟写这两种应用文文本。

第 5 单元

5.1 求 职 信

案例 1

王晓明是江海职教中心模具设计与制造专业 2007 届毕业生。今年三年级，即将毕业的他正在找工作。学校推荐了一些单位，可是他总觉得不太合适，怎么办呢？自己总得想办法啊，毕业的时间也临近了，很多同学的单位都在逐一落实。“不行，这样等下去是没有机会的。”王晓明决定主动出击，向心仪的企业寄送自己的求职信。怎么写呢？请教了老师和同学，并结合自己的实际情况，王晓明写下了自己的第一封求职信。

求 职 信

尊敬的领导：

感谢您在百忙之中翻阅我的自荐材料。我叫王晓明，是江海职教中心模具设计与制造专业 2007 届毕业生。

我自 2004 年进入江海职教中心以来，凭借自己扎实的基础和顽强拼搏的奋斗精神，经过几年不断的学习，在各方面都取得了长足的发展。在专业方面，具有扎实的专业基础，掌握了机械制图、机械设计、公差技术、冷冲压技术、模具工艺学等专业知识。在专业技能方面，我本着实事求是的态度努力培养自己的实践动手能力，多次参加专业部组织的校内、校外实习，掌握了一定的专业技能，并于 2005 年通过了焊工（中级）技能考试，2006 年还通过了数控（中级）技能考试。在业余时间，我还相继学习了文字排板、VF6.0、C 语言等应用软件，掌握了一定的计算机技术。

为了培养社会实践能力，丰富中专文化生活，2005 年我加入校团委网络部，2006 年又加入外联部，这些工作经历都提高了我的组织管理能力，使我对团队合作意识有了更深的认识。

贵公司是光明市有名的模具设计制造企业，你们“以人才和技术为基础，创造最佳产品和服务”的企业文化深深吸引了我。我愿意从最基层做起，竭尽我所能为贵公司的发展献出一分力量。

此致

敬礼！

自荐人：王晓明

二〇〇七年五月二十日

联系电话：029-56478962

通讯地址：光明市宏泰路大光明小区 18 幢 203 室

邮政编码：650021

附：个人简历一份

证书复印件等

写好了这封求职信，王晓明又按自己所求其他三家单位不同的情况，将信中最后一段有关内容作了修改，然后一一邮寄了出去。为慎重，他还特意寄了挂号信。过了大概三天，王晓明接到了一个电话，原来一家单位通知他去参加面试。

评点

王晓明在毕业找工作的过程中能主动出击，自找单位，积极将自己推荐出去，可见，求职信在就业时能发挥很大的作用。

王晓明写的求职信，是一封自荐信。他态度诚恳，介绍全面。既向用人单位介绍了自己在学校学习的知识和技能掌握的程度，又向用人单位说明了自己担任社会工作的情况，以及自己的工作态度。这些正是企业对员工基本素养的要求。另外，该求职信格式规范，层次清晰，语言通畅，而且能根据求职单位的情况来写，这些都能给用人单位留下良好的“第一印象”，进而产生进一步了解的想法。这正是求职信在求职中所起到的作用。

案例2

张小丽是一名来自农村的同学，报考中专时，她选择的是财会专业。在学校，她刻苦学习，成绩优异。临近毕业了，看到周围的同学纷纷靠着亲朋好友关系找到了就业单位，而自己却没有任何的社会背景，她心中非常着急。一切都得靠自己！她在心中暗下决心，一定要凭自己的学习成绩、专业技能和实践经验找到一份合适的工作。小丽仔细研究了别人所写的求职信，然后根据自己的情况，精心撰写了一份求职信。

求职信

尊敬的公司领导：

我是钟楼中专的一名应届毕业生，在校学习的是财会专业，希望能在贵公司谋得一份工作。我无法向您出示任何一位权威人士的举荐信来为自己加分，数年寒窗苦读所掌握的知识和技能是我唯一可立足的基石。

我来自农村，艰苦的条件磨炼出我顽强拼搏、不怕吃苦的坚韧个性。我很平凡，但我不甘平庸。因为我坚定地认为：天生我材必有用，付出总会有回报！求学期间，我主修商业会计，参加过会计自动化的严格训练，并且获得会计初级证书。作为一名会计学专业的学生，我热爱这个专业，并为其投入了巨大的热情和精力。三年的时间，我抓紧时间，刻苦学习，既注重专业课的学习，又重视能力的培养，以优异的成绩完成了学业（有关成绩见附件）。2005年我曾参与新百公司市场调研活动，2006年夏又积极参加并圆满完成了学校安排的暑期社会调查及实践任务。学习之余，走出校门，我尽量去捕捉每一个可以锻炼的机会，学习与不同的人相处，让自己近距离地接触社会，感受人生。

此外，人际关系和心理学方面的自修及训练，将有利于我与公司客户建立融洽的业务关系。其他关于该项工作的任职资格，请见随信附上的个人简历。

我深深地懂得：昨天的成绩已成为历史，在这个竞争激烈的今天，只有脚踏实地、坚持不懈地努力，才能获得明天的辉煌；只有不断培养能力，提高素质，挖掘内在的潜能，才能使自己立于不败之地。本着检验自我、锻炼自我、展现自我的目的，我来了。也许我并不完美，但我相信只要给我机会，我会尽我最大的努力让您满意，我将把自己的才智无悔地奉献给贵公司。

贵公司需要一名会计吗?贵公司需要一名秘书吗?贵公司需要一名公关人员吗?贵公司需要一名计算机操作员吗?我愿意接受公司的安排，从基层做起，积累更多的经验，为公司的发展献出自己的一分力。

如果需要，我很乐意接受实际操作考试和面试。盼望您的回音。

顺祝愉快！

求职人：张小丽

二〇〇七年六月二十一日

联系电话：025-95678966

通讯地址：宁海市光明路68号203室

邮政编码：210014

附：个人简历一份

证书复印件等

小丽很快收到了面试通知书，也顺利通过了单位的面试，成了宁新公司的一名实习会计。人事经理很赏识她，时常在别的新人面前提及小丽的那封求职信，说是小丽的吃苦精神和对工作的不挑不捡吸引了他。

评点

小丽在寻找工作的过程中，没有任何的社会关系，而是凭借自己的真才实学找到了单位，求职信起到了很关键的作用。

小丽的求职信是一封自荐信。在信中，她态度诚恳，介绍全面。不仅介绍了自己在学校的学习情况，更重要的是她充分展现了一名来自农村的学生吃苦耐劳的精神。在信末她还表达了对工作不挑不捡的态度，这正是此信的一个亮点。

相关知识

求职信是求职者向自己所要谋求职业的单位进行自我介绍，以谋求职业的一种应用文体。写好求职信，能为求职者赢得更多的面试或就业机会。求职信分为自荐信和应聘书两种，此处的求职信专指自荐信。

一、求职信的格式

正确、规范地书写求职信是即将就业的学生的一项重要工作。求职信的要素是“求”，因此在书写求职信时应围绕“为什么求”、“凭什么求”和“怎样求”来安排结构。

求职信的格式一般有标题、称谓、正文、落款和附件五个部分。

1. 标题

标题是求职信的标志，通常使用较大的字体在页面正上方的位置直接标注文种名，显得大方、醒目、简洁、庄重。

2. 称谓

如用人单位明确，可直接写出单位名称，一般在前面冠以“尊敬的”加以修饰，后以领导职务或统称“领导”落笔。如单位不明确，则用统称“尊敬的贵单位领导”，最好不要直接写给该单位最高领导。

3. 正文

正文是求职信的核心部分。一般包括自我简介、求职目的、条件展示、个人愿望和结语五项内容。

自我简介应根据需要进行选择说明，注意简洁，切忌冗长。如“我是北海大学医学与生命科学学院临床医学系的一名应届本科毕业生，我学的专业是临床医学，将于2004年7月毕业，很荣幸能有机会向您呈上我的个人资料。带着一份渴望与热忱欲在贵单位谋求一份适合我的工作。”

求职目的要写清楚信息来源、求职意向、承担工作目标等项目，要写得明确具体，并要把握分寸、简明扼要。

条件展示是求职信的重要内容，要针对所求工作岗位，突出自己的才能和特长。

个人愿望是表明自己希望加入对方单位的态度，要自然恳切、不卑不亢。如“真诚希望能够成为您领导下的一员，为贵单位添砖加瓦，并在实践中不断学习进步，在此附上简历一份，冒昧求职，希望您能给我一次机会。”

结语在正文之后，按一般书信格式写上祝贺的话语，如“此致敬礼”、“恭候佳音”之类。

4．落款

落款位于正文的右下方，写上求职人姓名、时间等。如果求职信为打印件或复印件，则应在落款处留下空白，由求职人亲笔签名，以示尊敬。

5．附件

附件主要包括联系方法、个人简历、各类证书和文章复印件，其他需要说明的材料也可作为附件一一列出。附件的位置一般在落款下一行的左下方。

二、求职信的写作要求

1．求真务实，内容明确

应本着实事求是的态度，如实写明自身情况，切不可弄虚作假。自我评价应尽量客观。

2．富于个性，针对性强

求职信的首要目的是力求吸引对方，引起对方兴趣。应针对所求职业，突出自己的特长和个性，在信的内容和形式上力求新颖，不落俗套。求职者要善于推介自己，用自己的成绩、特长等优势，甚至用自身的个性“闪光点”吸引对方，使对方在即使未曾谋面的情况下也能产生一种心动和值得一试的感觉。

3．掌握分寸，措词得体

写求职信应态度谦虚，语气委婉，称呼应为尊称，用“您”、“阁下”、“先生”等。同时要表现出信心，做到自信而不自大，自谦而不自卑。形容词要用比较级，不要用最高级，“很好”、“十分优秀”等用语应避免使用。对于自身情况，应多摆事实而少下结论。

4．有的放矢，言简意赅

尽可能多地搜集目标单位的信息资料，以在信中表明对该单位的了解，显示求职的诚意。如同时到多个单位求职，切忌不问青红皂白写一个版本复印后到处投递，内容应各有侧重。文字要反复推敲，意思清楚，用语得当，文法及标点力求准确无误。尽量控制在两页之内。

写作实践

一、王大力同学最近非常犯愁，学习了三年的汽修专业，即将走上社会，却没有找到单位接收。王大力同学在学校学习修车的技术可是一流，他能安全操作电焊、气焊，能胜任汽车日常维护及修理，而且为了好找工作，刚够年龄，他就考了驾照。在实习企业的一年实践中，他能独立驾驶，也有了验车、检修等经验，还会使用计算机。在语文老师的指导下，王大力同学写了一封求职信，希望能找到一家满意的单位。

二、下面是一位中职校毕业生所写的求职信，请认真阅读，根据求职信的格式和要求，找出其中存在的问题。

尊敬的宁海分行领导：你好！

我是金融类独树一帜、享有盛誉的品牌学校——宁海财经学校2005届的毕业生。

在经济飞速发展、人民生活水平日益提高的今天，人们的投资理财意识日益增强，我感觉投身于金融事业大有作为。因此，我非常热爱我的专业，在校期间，刻苦学习，各科成绩名列前茅。性格开朗活泼的我待人随和，能与同学和睦相处。我最大的特长是爱好体育运动。长跑、短跑及球类运动都是我的最爱，在这方面取得了一系列优秀的成绩：2004 年上半年，我代表学校参加区运动会 5000m 比赛获第一名，在 4×100m 竞赛中获小组第一名；此外与其他同学一起代表学校与旅游职校代表队参加篮球比赛以 95∶72 获胜，为学校赢得了荣誉。正因为体育锻炼，使得我有强健的体魄和充沛的精力胜任工作。

在工商银行实习期间，我热情招呼每一位客户，工作细致无差错，以优质的服务赢得了客户喜爱。我的财会电算化水平也很好，能处理银行的存储、信贷等日常综合业务。恳请您在6月5日前务必给予答复。

此致

敬礼！

张晓文

2006.5.28

格式方面存在的问题有：

1. ____________________

2. ____________________

3. ____________________

内容方面存在的主要问题有：

1. ____________________

2. ____________________

3. ____________________

4. ____________________

5. ____________________

6. ____________________

5.2 应 聘 书

案例 1

“市第一医院在招聘护士了！”女子中专护理专业的宿舍中传来一阵呼喊声。“真的？”李馨从床上一跃而起。“真的，你们听好了，条件是这样的：‘市第一医院现面向社会公开招聘护士20名。要求：护理专业毕业；学历中专以上；年龄不超过35周岁；男女不限；有工作经验者优先考虑。’大家可以去试一下啊！”同宿舍的李玲读完《新明晚报》后鼓动着大家。李馨心动了，虽说自己没有工作经验，但对于马上就要毕业的自己，这是个多好的机会啊！她立即开始动笔，希望能在众多的应聘者中脱颖而出。

应聘书

尊敬的市第一医院领导:

您好!

近日在《新明晚报》上看到贵单位的招聘启事，十分欣喜，我有意应聘护士一职。

我是女子中专 2010 届护理专业的毕业生。我有扎实的护理基础知识、熟练的操作技术及护理的工作能力。在校的理论学习和一年多的临床实践，已使我养成了严谨的学习态度、缜密的思维方式和坚韧的性格，我有信心胜任与专业有关的工作。医学是一门神圣的科学，它的价值在于挽救人的生命，对待患者，我有一颗友爱关怀的心，我热爱护理事业。

在校期间，我不但学到了专业知识，更提高了综合素质。我曾担任班级的生活委员和宣传委员，能积极带领同学参加各种活动，能独立完成本职工作和协助其他班干部做好班级工作。在努力学习本专业知识的同时，我不断充实自己，自学了计算机的相关知识，能熟练使用计算机。作为 21 世纪的中专生，我没有只满足于校内理论知识的学习，经常走向社会理论联系实际。我是广华社区敬老院的志愿服务者，每星期都利用周末的时间为老人们服务，从实践中提高自己的综合能力。虽然我还没有专业工作的许多经验，但经常走向社会的实践使我相信，我能够很快胜任护士这个岗位的工作。

最后真挚感谢您对我的关注，希望贵单位能给我一个实现梦想、展示才华的机会。祝贵院事业蒸蒸日上！盼望能接到您的答复。

此致

敬礼!

应聘人：李馨

二〇一〇年六月二日

联系电话：021-65498712

通讯地址：明海市淮海路 10 号女子中专女生宿舍 403 室

邮政编码：320015

附：个人简历一份

证书复印件等

李馨按照《新明晚报》提供的通讯地址将应聘信寄出，很快收到了面试通知书，同宿舍的另一位同学也收到了通知书。在面试的过程中，李馨凭借自己出色的条件，从众多的应聘者中脱颖而出，成为市第一医院的实习护士。

评点

李馨虽然没有工作经验，但应聘书中积极写出了自己的长处和诚恳的求职态度，在她的求职中起到了很好的作用。

李馨的应聘书介绍全面。既向用人单位介绍了自己在学校学习的知识和技能掌握的程度，又向用人单位说明了自己担任社会工作的情况，以及自己的工作态度。李馨没有工作经验，这是在应聘中的不利因素。但她对自己的志愿者实践活动进行了重点介绍，这能让用人单位感觉到，虽然没有工作经验，但有相应的综合能力，这也是李馨能应聘成功的关键。

案例 2

赵力是一名毕业多年的计算机专业学生，毕业后刻苦好学，取得了大学本科学历，随后又攻读了工程硕士学位。一直在一家出版社工作，从最初的打字员已经发展成为了一名网页编辑。最近从报纸上获悉市“蒙奶企业”在招聘兼职网页编辑，能在工作之余做点自己感兴趣的工作，是一件快乐的事情，出于这样的想法，赵力决定应聘。

应聘书

尊敬的人事部经理：

您好！

我从报纸上看到贵公司招聘兼职网页编辑的信息，我很感兴趣。

从 2006 年获得硕士学位后至今，我一直在出版社担任编辑工作，对出版社编辑的工作已经相当了解和熟悉。经过出版者工作协会的正规培训，加之积累多年的工作经验，我相信我有能力担当贵公司的网页编辑工作。

我对计算机有着非常浓厚的兴趣。能熟练使用 FrontPage 和 DreamWeaver、PhotoShop 等网页制作工具。我自己做了一个个人主页，日访问量已经达到了 100 人左右。通过互联网，我不仅学到了很多在日常生活中学不到的东西，而且坐在计算机前轻点鼠标就能尽晓天下事的快乐，更是别的任何活动所不及的。

由于编辑业务的性质，使我拥有灵活的工作时间和方便的办公条件，也在客观上为我的兼职提供了方便。基于对互联网和编辑事务的精通和喜好，以及我自身的客观条件和贵公司的要求，我相信贵公司能给我提供施展才能的另一片天空，而且我也相信我的努力能为贵公司的发展作出一定贡献。

随信附上我的简历，如有机会与您面谈，我将十分感谢。即使贵公司认为我还不符合你们的条件，我也将一如既往地关注贵公司的发展，并在此致以最诚挚的祝愿。

此致

敬礼！

应聘人：赵力

二〇〇九年十一月二十五日

联系电话：0133-74185296

通讯地址：保宁市元江路 8 号

邮政编码：560041

附：个人简历一份

证书复印件等

评点

赵力通过报纸了解就业信息后主动出击，以应聘书的形式直接求职，恰当地使用了文种。

这是一封很完整的应聘书。该应聘书格式规范，包括标题（应聘书）、称谓（尊敬的人事部经理）、正文（称谓下面的主要文字）、祝颂语（此致敬礼）、落款（具名、日期）等五个部分。语言规范，内容全面，着重介绍了应聘者个人的工作经历、专业能力、综合素质及对未来工作的期望，在最后也表明了自己的愿望。“贵公司”、“十分感谢”、“最诚挚的祝愿”等措辞得体，体现了对对方的尊重。

相关知识

应聘书是求职者根据用人单位发布的招聘人员的广告、通知和其他有关信息，有目的地表达求职意向的一种应用文体。

一、应聘书的类别

应聘书与求职信是一个类型，但相对求职信而言，应聘目标比较明确，对用人单位的用人条件和相关要求心中有数，减少了求职的盲目性，与此同时也增加了应聘的被动性。

二、应聘书的格式

和求职信相同，应聘书一般由五部分组成，标题、称谓、正文、落款和附件五个部分。

1. 标题

标题是该文种的标志，通常用较大的字体在页面正上方位置标注文种名。

2. 称谓

由于读信人是公司或单位的负责人，故可称呼为“广通公司负责人”、“开立厂厂长”、“捷迅通讯公司经理”等。对于明确了单位负责人的，可以写出负责人的职务，如“尊敬的毛处长”、“尊敬的朱经理”。应聘书不同于一般的私人书信，故称呼时应注意，不要用“亲爱的”、“我最尊敬的”等字眼。为了礼貌起见，可用“尊敬的”来称呼。

3. 正文

正文是应聘书的核心部分。多包括应聘目的、自我简介、条件展示、个人愿望和结语等内容。

应聘目的应写清楚信息来源、应聘意向、承担工作目标等项目，要写得明确具体，并要把握分寸、简明扼要。如“从报纸上获悉贵公司现在正在招兵买马、广纳贤才。我希望能为贵公司尽一点微薄之力，成为一名公司的营销人员，所以不揣冒昧地投函应征。”

自我简介应根据需要进行选择说明，注意简洁，切忌冗长。

条件展示是应聘书的重要内容。招聘材料中对拟聘员工的素质、条件等要求交代得十分清楚，应聘书就是围绕那些特定的条件和要求写作的。要针对应聘的工作岗位，突出自己的才能和特长。如：“求学期间，我主修商业会计专业，参加过计算机操作技能的严格训练，并曾业余在百货公司做过会计工作，在实践中受益匪浅，随后还在该公司任财务分析员，时间长达两个月。这使我有能力在贵公司这样一家专业化水平比较高的单位任职。”

个人愿望是表明自己希望加入对方单位的态度，要自然恳切、不卑不亢。如“处于人生精力最充沛时期的我，一直坚信‘天道酬勤’。我渴望在更广阔的天地里展露自己的才能，期望自己的能力在实践中得到锻炼和提高，因此我希望能够加入贵公司以进一步提高自己。感谢您在百忙之中给予我的关注，给我一片蓝天，我将还您一份惊喜。”

结语在正文之后，按一般书信格式写上祝贺的话语，如“祝贵公司兴旺发达”、“此致敬礼”、“恭候佳音”之类。

4. 落款

落款位于正文的右下方，写上应聘人姓名、时间等。如果应聘书为打印件或复印件，则应在落款处留下空白，由应聘人亲笔签名，以示尊敬。

5. 附件

附件主要包括联系方法、个人简历、各类证书和文章复印件等，其他需要说明的材料也可作为附件一一列出。附件的位置一般在落款下一行的左下方。

三、应聘书的写作要求

应聘书和求职信一样属于书信体的谋职文书，两者的格式大体相同，在写法上也基本相同。但应聘书的写作应特别注意以下几点。

1. 称呼明确

应聘书送达对象是已经知晓的特定人士，所以开头的称呼语不能含含糊糊，应有明确的称呼。如“尊敬的毛处长”、“尊敬的朱经理”等。

2. 语气亲切

因为诉求对象明确，应聘书的语气应该像与对方面对面交谈似的，非常自然亲切。如“恳请”、“敬请”、“您”、“贵公司”等，以表达和谐、亲切、相互尊重之意。

3. 紧扣目标

应聘书的内容必须对应相关招聘职位与条件，有针对性地选择自身能力和成绩中与特定条件相符的内容进行介绍。用诚恳的语言表明自己对目标职位的兴趣和认识，说明自己得到这个职位后可能做出的特别贡献，以此赢得用人单位的好感和认可。

4. 突出特长

要根据职位目标，通过分析，找准自己的优势条件，在应聘书中尽量展示自己的过人之处，扬长避短。只有超过其他应聘者，才有可能赢得先机。

5. 先行调查

写应聘书之前，要通过各种途径对用人单位的基本情况和应聘职位的有关要求，以及招聘活动的有关细节进行调查研究，做到心中有数。这样才可能保证应聘书的针对性以及对职位认识的准确性，以免偏离方向。

写作实践

一、广海职教中心财务会计专业的王新同学在毕业前夕一直为找工作忙碌着。近日他从电视台招聘广告上得知，灿新计算机公司招聘一名会计。王新对照招聘条件，在心里把自己各方面的情况过了一遍：学习认真，成绩优良，取得了会计从业资格证；曾担任校学生会的副主席，多次组织策划了大型校园活动；还是校足球队的队员，曾代表校队参加了广海市中学生足球比赛，球队在比赛中获得了第二名的好成绩。王新觉得自己都很符合，决定写信应聘。

二、林源是江阳高等职业学校计算机平面设计专业的应届毕业生，他得知百佳广告公司正在招聘平面设计师，想去应聘。因为百佳广告公司是江阳市赫赫有名的一家广告公司，有广阔的发展前景，科学的管理模式及合理的用人机制，能去该公司工作是对自己专业能力的一个很大提升。在毕业时，林源就写过求职信，他拿出过去写的求职信，想结合百佳广告公司的具体情况改写成一封应聘书。请帮林源将结尾处补充完整。

应聘书

尊敬的百佳广告公司人事部经理：

您好!衷心感谢您在百忙中翻阅我的这份材料。从报纸上获悉贵公司招聘两名平面设计师，我十分欣喜。希望能为贵公司尽一点微薄之力，也希望能在公司的领导下，提高自身能力，所以不揣冒昧地投函应征。

我是江阳高等职业学校平面设计专业的应届毕业生。在校期间，我勤奋学习专业知识，掌握了平面广告设计、CI 形象设计、产品包装设计等基本理论知识；熟练掌握计算机平面设计及影视广告制作的相关软件，能进行平面广告设计、包装设计、图形图像处理及影视广告制作；掌握计算机喷绘技术及苹果计算机操作技能，具有平面设计、影视广告制作、企业形象策划的能力。

我还经常参与专业部组织的企业外包实训，从中提高自己的专业技能。曾代表学校参加江阳市职业院校技能大赛，获平面设计项目高职组金奖。

在不断求索的人生历程中，我逐步形成了“以诚待人、以理服人、以德感人”的品格。实训中，我尽心尽职、兢兢业业；学习上，我刻苦钻研、敢于创新；生活上我吃苦耐劳、乐观豁达。我性格开朗，爱好广泛，富有热情，相信一定能在工作中与同事相处融洽，营造一种愉快而高效的工作氛围。

贵单位____

____

____

下页附简历敬请斟酌，恳请接纳，回函是盼，恭候佳音！

此致

敬礼！

应聘人：林源

二〇〇八年六月十四日

联系电话：0533-74185254

通讯地址：江阳市河西路 108 号江阳高等职业学校计算机部 04 平面设计班

邮政编码：120056

附：个人简历一份

证书复印件等

5.3 竞聘辞

案例 1

班级最近颇为热闹，因为要重新产生新的班委了，而且班主任说这次要竞聘上岗，从来没有过的。“丹丹，你去竞聘文娱委员怎么样啊？”、“我去啊？行吗？”唐丹丹有些犹豫。“怎么不行啊，你的文艺才能那么好，对大家又热情，一定可以。”同学们在一旁鼓励着唐丹丹。唐丹丹动心了，“去试试吧。”她在心里对自己说，自己确实很喜欢文娱活动，也愿意为大家服务啊！于是，带着竞聘辞，她大方地走上了演讲台。

窗外的世界很精彩　班内的活动大家爱
——文娱委员竞聘辞

各位同学：

你们好！

我的竞选目标是文娱委员。实不相瞒，对这一职位我是垂涎已久，因此，我今天走上讲台，不是凑凑热闹，而是有备而来。我自信，我有自己的竞争优势。

我曾在小学和初中阶段长期担任班级文娱委员，有着“从政”的丰富经验。记得小学三年级时，为迎接我县撤县建市，学校要求每班出几个节目。我组织全班同学积极投入，排演了大合唱《让我们荡起双桨》和小品《爷爷，过年了》，赢得了一致好评，我也因此获得“最佳小导演”称号。初中阶段，我所组织的班级“诗朗诵”活动获学校评选的一等奖。好汉莫提当年勇，而今勇气胜当年。进入高中本班后，上学期我组织同学们创编排演的小品《校园生活交响曲》获得了校迎新春汇演一等奖。

当然，会唱歌不一定就能当好文娱委员。下面就请各位听听我的工作设想，考察我的工作能力。我将在竞选成功后的第二天，在教室后墙上开辟一块“歌迷影迷园地”，及时向大家报道歌坛、影坛新动态、新信息，介绍歌星、影星的逸闻趣事。我将在重要的节日里，组织主题鲜明、风格独特的联欢晚会，让大家尽情尽兴，以松弛一下平时绷得过紧的神经，调剂我们紧张的学习生活。我还会不定期地在课间搞个“轻松五分钟”，或让未来歌星过把瘾，或让准笑星幽他一默，或设计几个“斯芬克斯之谜”让大家有奖竞猜。如果条件允许，我还准备搞个小型的“文化沙龙”，不定期地切磋技艺，并且每隔一段时间就交换一下各自的磁带、影碟什么的，实行“资源共享”。我将定期召开学生代表会议，及时收集对班级“文化生活”的意见，并根据合理的意见不断改进工作。

总之，我会让每位同学明显地感到，自从我当上了文娱委员后，本班的艺术气氛变得浓厚了，大家的学习生活也不再是枯燥无味了。“不一样，不一样，就是不一样。”我将用自己的实际行动证明我当文娱委员就是“无可替代”。

同学们以前常说：“窗外的世界很精彩，里面的我们很无奈。”你们如果选我当文娱委员，我一定会变它为“窗外的世界很精彩，班内的活动大家爱”。当我全面实施我的施政纲领时，请为我喝彩！

明智的你，请投出明智的一票！谢谢！

在热烈的掌声中，唐丹丹兴奋地走下台来。好友们也在一旁为她高兴，“丹丹，你说得太好了。‘窗外的世界很精彩，班内的活动大家爱！’我们愿意和你一起开展各项活动。”最后，唐丹丹同学以高票当选为班级新一届的班委会成员。

评点

在班委竞选中，唐丹丹同学不仅具有竞聘的实力，也在竞聘的过程中充分展现了自己。精彩的竞聘辞让同学们了解了她的条件和工作能力，帮助她成功当选为班委会成员。

这是一篇比较成功的竞聘辞。开篇就说明竞聘的目标和原因；其次，着重介绍竞聘的优势；最为关键的是详述了“施政”纲领，让大家感觉到竞聘者的无可替代。该竞聘辞的语言也很规范，表达意思不枝不蔓，重点突出，是一篇规范的竞聘辞。

案例 2

王小华最近心情比较激动，因为他听说自己所在的通信站里推行竞聘上岗机制。现在的副站长要调走了，岗位要拿出来竞聘。自己工作已有5年，一直希望能有一个这样的管理岗位来实践自己的理想抱负，也希望在专业领域有所发展，现在就是一个绝好的机会。回家把这事给家人一说，爸妈都很重视。妈妈是中学语文教师，她希望儿子“打有准备之仗”，就和王小华一起精心构思，让他结合自己的情况写了一份竞聘辞。

关于竞聘宁京通信站副站长的演讲

各位领导、各位同仁：

大家好！

决定参加这次竞聘前，也曾度德量力，思虑再三，而且我的处世哲学就是不与世人争。今天，我之所以参加这次竞聘，一方面是表明我对站里推行领导岗位竞聘上岗机制的拥护和支持；另一方面，也想通过这次竞聘，锻炼自己的能力，展现自己的才华，并借此机会和大家交流思想。同时，也准备让大家评价优劣长短，接受站长和大家对我的挑选。我相信，这次竞聘活动，必将使我站下一步的工作呈现一个良好的局面。

首先，简单介绍一下我的经历。我2001年考入宁京通信工程学院，2005年毕业分配到宁京通信站工作，已有5年的工作经验，现在通信科工作。

竞聘副站长这个职位，我认为自己具有以下几个方面的有利条件。

第一个有利条件是：我具有正直的人品、良好的修养以及完善的工作作风。

作为领导，必须先做好人。一个领导无能，最多是件次品，而一个品德不好的领导，则是危险品。我在为人方面，胸怀坦荡，公道正派，善解人意，与人为善，不搞小动作，这么多年来没有和任何人当面红过脸，背后搞过人。始终认为：“沉默是金，忍让是银，帮人是德，吃亏是福。”

第二个有利条件是：具有较全面的组织、协调工作的素质和能力。

工作中，我能识大体，顾大局，处理问题较为周全，工作认真负责，具有团结同志，能正确处理与领导和其他同志关系的素养；做工作，办事情，能够做到思路清晰，头绪分明，恰到好处。在肥西开展社教活动时，一个人负责有几千人的一个大村，在各种复杂的情况下，独自一人组织完成了从宣传动员、查对财目、公开选举到组建新的村班子的各项艰巨任务，受到当地群众的广泛肯定和领导的表扬。在通信科、政秘科、公司本部工作期间，也都能处理协调好与上下左右的关系，没有出现过大失误。

第三个有利条件是：熟悉各科具体业务并具有一定的通信专业知识。

2005年来，从通信科到政秘科，从政秘科到公司，各部门业务和人员都比较熟悉，而且都能轻松地应对自如。我在通院学的专业是人防通信指挥，并参加了2009年全国人防通信站长培训班，在平时工作中也积累了不少政秘、通信等专业知识，具有通信站干部必须具有的专业知识和素质。在这次2010年全省单边带电台演练中，就负责指挥了整个网上演练，顺利地完成了这次演练任务。

第四个有利条件是：具有较好的文字综合能力。

大家可以从我这份演讲中充分体会到，我就不展开了。

对所竞聘岗位的认识和上岗后的设想。

一、主要工作思路和目标

这可概括为24个字：“搞好服务，稳定大局，内强素质，外树形象，开拓发展，自强不息。”具体为以下几点。

1. 全面可靠地保障省人防办通信的畅通无阻，为机关搞好服务。通信站的天职是服务，本质是服务，体现的价值也是服务。目前重点任务就是抓好话务、电台、环境卫生、指挥所指挥大厅和窗口服务质量和水平。

2. 不断开拓通信站的生存空间和发展空间。“发展是硬道理”，通信站只有发展了，所作的贡献大了，才能更好体现通信站的生存价值，同时才能更好解决目前站里事少人多的局面。

3. 利用一切手段、渠道、机会加大培训力度，提升人才培养层次，全面提高全体人员的综合素质，以适应不断更新的通信手段和通信站的更快发展。

4. 拓宽各种渠道，采取多种形式，调动各方面的积极性，增加收入，以满足站里工作需要以及全站人员不断增长的物质文化需要。

二、摆正位置，做好配角，当好参谋

副职的主要职责，就是对站里的全面工作要尽其所能收集各种信息供站长参考，向站长提供各种建议和主张，帮助站长顺利做出决策；其次，要有统筹兼顾的思想，当好站里的协调人，使做出的决策能符合大多数人的意愿。总而言之，要做到尽职不越权，帮忙不添乱，补台不拆台。

三、上岗后要以服务为目的，不以争权为目的

我始终认为，当领导就意味着要吃苦在前、享乐在后，只有奉献、不能索取，不能有任何私心杂念，要想群众之所想，急群众之所急，公正廉明，经常和群众换位，想想群众的感受。事关群众个人切身利益的问题上，要多为群众争取，尽量让给群众。同时用自己的人格魅力，做好表率作用。孔子在《论语》中就有“其身正，不令而行；其身不正，虽令不从。”这句话就是告诫领导者必须培养正气，以身示范。

最后，我表个态，如果领导和大家把我推上这个岗位，我将珍惜这个机会，用心、用情、用良心干好工作。反之，不能上岗，我将一如既往在以后的岗位上尽心、尽力、尽职。无论结果如何，我都始终会“老老实实做人，扎扎实实做事”。

谢谢大家！

写好了竞聘辞，王小华还在在家里演练了几次，做了充分的演讲准备。果然，在通信站副站长的竞聘中，王小华终于凭着自己的实力、良好的人际关系、精彩的竞聘演讲当选了。

评点

王小华的成功竞聘充分说明了，职场中的机遇是留给有准备的人的。既要在平时的工作中提高自己的能力，也要在竞聘中进行充分的准备。一篇好的竞聘辞往往会助你一臂之力。

该竞聘辞的语言谦虚诚恳、平和礼貌。开头就表达了自己竞聘的目的是支持站里的工作和提高自己的能力，结尾也表达了自己对待竞聘结果的两种准备。竞聘辞的思路也很清晰，主体部分简洁地介绍了年龄、学历、现任职务、工作经历等情况，然后摆出自己竞聘的优势，最后提出自己任职后的施政目标、施政构想、施政措施。是一篇比较完整的竞聘辞。

相关知识

竞聘辞，又叫竞聘演讲稿，或叫竞聘讲话稿。它是竞聘者为了实现竞争上岗，展现自我具有足够竞聘条件的讲演稿。

竞聘者通过竞聘辞要展示自己的风度、谈吐、气质，更要将自己所具有的优秀品格、能力水平、知识才干展示出来，与竞争对手一比高低。它是竞聘者留给考官的“第一印象”。

一、竞聘辞的格式

竞聘辞的写作格式与演讲稿大致相同，只是在写法上还必须突出它自身的特点——竞聘条件。这里说的竞聘条件，包括个人的主观条件和竞聘者提出的未来的任期目标、施政构想、

措施方略等要项。因此，在结构上它可以分为以下几个部分。

1．标题

标题有三种写法。一是文种标题法，即只标“竞聘辞”、“竞聘演说”；二是公文标题法，由竞聘人和文种构成或竞聘职务和文种构成，如《关于竞聘江海职教中心学生会主席的演讲》《关于竞聘宁路汽车公司营销经理的演讲》；三是文章标题法，可以采用单行标题拟制，也可采用正副标题形式，如《我能为大家做点什么——竞聘班长的演讲辞》、《明白做人　踏实做事——竞聘鲁特电子公司网络经理的演讲辞》。

2．称呼

称呼即对评委或听众的称呼。一般用“各位评委”“各位听众”即可。

3．正文

正文是全文的重点和核心，应围绕以下几个方面展开。

开头。应开门见山地叙述自己竞聘的职务和竞聘的缘由。要自然真切，干净利落。如：“今天，我走上演讲台的唯一目的就是竞选‘班级元首’——班长。我坚信，凭着我新锐不俗的‘官念’，凭着我的勇气和才干，凭着我与大家同舟共济的深厚友情，这次竞选演讲给我带来的必定是下次的就职演说。”

主体。先介绍个人简历，包括年龄、政治面貌、学历、现任职务、工作经历等情况；其次，摆出自己竞聘的优势，包括政治素质、业务水平、工作能力等，如“我之所以竞聘这个职位，是因为我具有以下三个优势：有较为扎实的专业知识……；有较强的工作能力……；有较好的年龄优势……”；最后，提出自己任职后的施政目标、施政构想、施政措施等，如“班长应该是架在老师与同学之间的一座桥梁，能向老师提出同学们的合理建议，向同学们传达老师的苦衷。我保证做到在任何时候、任何情况下，都首先是‘想同学们之所想，急同学们之所急’……班长作为一个班级的核心人物，应该具有统御全局的大德大能，我相信自己是够条件的……我的治班总纲领是：在以情谊联谊的同时以‘法’治班，最广泛地征求全体同学的意见，在此基础上制定出班委工作的整体规划；然后严格按计划行事，推选代表对每个实施过程进行全程监督，责任到人，奖罚分明。我准备在任期间内与全体班委一道为大家办十件好事……”

结尾。要表明自己竞聘的决心、信心和请求；表明自己能官能民的态度。如“同学们，请信任我，投我一票，给我一次锻炼的机会吧!我会经得住考验的。相信在我们共同努力下，充分发挥每个人的聪明才智，我们的班务工作一定能搞得十分出色，我们的班级一定能跻身全市先进班级的行列，步入新的辉煌！假如我竞聘不上，我也会一如既往支持新当选的班长，为班级的前进共同努力！”

当然，竞聘辞由于它要考虑多种临场因素与竞争对手因素，它的结构可以灵活多样，但是其基本内容离不开这样几个部分。

三、竞聘辞的写作要求

随着我国机构改革形势的发展，和社会竞争的日趋激烈，愈来愈多的人都面临着竞职、竞聘的考验。因此，很有必要提高竞聘辞的写作水平。写作竞聘辞要注意如下要求。

1．开门夺气，力求新颖

竞聘的关键，就是要有竞争性，就是要争取听众的支持。做到这点的有效手段之一，就是要在演说开始之初的几分钟内，在气势上争取主动，战胜对方。

2．内容实在，针对性强

要言之有物，将自己的学历、经历、政治素质、业务能力、个性特征、曾获得的荣誉和奖励等优势条件介绍给听众，强化在听众心目中的地位，让人们认可自己的能力。

3．实事求是，明确具体

每介绍一段经历、一项业绩都必须客观实在。给国家做出什么贡献，给单位创造什么效益，给职工提供什么福利，一定要清楚，不能吞吞吐吐，模棱两可。

4．谦虚诚恳，平和礼貌

竞聘者是通过竞聘以实现被聘用的目的，只有给人以谦虚诚恳、平和礼貌的感觉，才能被认可和接受。所以，语言讲究分寸，表述要生动，既要有风采，又要谦逊可信、情感真挚。

写作实践

一、王莉 2005 年大学毕业后，一直从事银行会计工作，一步步从基层做起，储蓄、出纳、会计、交换、联行直到会计主管，积累了丰富的会计工作经验和会计管理知识。在工作中她有自己的想法，想在支行里建章建制、科学管理；在业务上会计核算与营销并重。最近单位搞竞聘上岗，她想去竞聘会计经理的岗位。但自己在支行仅仅才两年的时间，能行吗？但是不试试也不甘心啊！想来想去，反复斟酌，王莉终于写好了一份竞聘辞。

二、比较下列竞聘辞的三种结尾，哪一种最好?为什么?

1．“请投给我一票吧。我不会辜负你们的信任。我的演讲完了，谢谢！”

2．“最后，让我再次感谢你们认真倾听，感谢各位评委和在座各位对我的支持和鼓励。”

3．“今天，温度这么高，大家还冒着酷暑前来捧场，这使我非常感动。无论我竞聘是否成功，我都要向各位领导、评委，和在座的朋友们表示深深的谢意!”

5.4 个人简历

案例 1

大学要毕业了，张莉莉和许多同学一样已经开始寻找工作。

“莉莉，你的求职材料都准备好了吗？”爸爸问道。“好了。”“你把材料给爸爸看看。”莉莉把自己做好的求职材料拿了一份给爸爸。知道爸爸可是人事经理，眼光很敏锐的。爸爸重点看了个人简历，说，“学习经历有毛病，该突出培训情况没突出。求职意向仅仅‘护士’两个字太简单！”停了一下，他接着说：“一列队伍走来，你在其中，别人会注意到么？”莉莉不得不承认爸爸的话有几分道理。经过一番思考，张莉莉将自己的个人简历进行了修改。

个人简历

一、个人资料

姓　　名：张莉莉　　政治面貌：中共党员

性　　别：女　　学　　历：专科

出生年月：1986.10.2　　民　　族：汉族

专　　业：高护　　健康状况：良好

籍　　贯：泰北省石庄市

二、学习经历

毕业院校：北方学院高护专业

学习时间：2005.9～2008.7

其他培训情况

1. 在学校通过为期一个月的培训已获得了全科护士证书（社区护理证）

2. 通过全国英语四级考试，获得英语四级证书

3. 全国计算机应用技术证（nit 证），省一级计算机资格证操作能力，熟练掌握 windows，words，excel 等基本计算机操作，能进行文件编排和处理等实用技术。精通 707 系统的操作。

荣誉

1. 荣获 2005—2006 学年三好学生

2. 荣获 2005—2006 学年第一、二学期优秀学生奖学金三等奖

三、工作经历

2007.9～2008.5　北方学院附属第一医院住院部实习护士

工作描述

在北方学院附属第一医院（省三甲医院）进行实习，轮转科室有妇产科、呼吸内科、神经内科、泌尿外科、急诊、icu、手术室等科室。

经过 8 个月的临床实践，已具备较为扎实的专业基础知识和临床经验，整体素质有了提高。实践培养了敏锐的观察力、正确的判断力、独立完成工作的能力，以及严谨踏实的工作态度。

四、求职意向

护士、护理人员、医疗管理人员。我热爱护理专业，有一颗为病人服务的爱心。在北方学院附属第一医院为期 8 个月的临床实习，我本着勤奋好学、认真负责的态度做好本职工作，更好服务于病人，做到病人满意、医院放心 。现已具备较为扎实的专业基础知识和临床经验。学习实践培养了我敏锐的观察力、正确的判断力、独立完成工作的能力，以及严谨踏实的工作态度。我会用细心、爱心、耐心、责任心对待患者，适应整体护理的发展需要。诚实、热情大方、开朗、乐观进取的我是此职位的合适人选！

五、联系方式

联系电话：0588—7852469　　手机：13801265567

联系地址：石庄市海滨区北苑大道 15 号　邮编：553024

六、证明材料

荣誉证书、全科护士证书、英语四级证书、全国计算机应用技术证书

果然，情况有了变化。几天下来，有几家医院联系了张莉莉。张莉莉的底气也足了。经过一番比较，选择了一家三甲医院。面试后，人事部长将张莉莉安排在了住院部，很快张莉莉就独当一面，成为护理小组的组长。

评点

虽然没有见面，但精心填写的个人简历让张莉莉给了医院人事部长一个很好的第一印象，使人事部长对她产生了浓厚的兴趣。所以，努力策划好你的简历，让简历说话，让企业的面试官对你“一见钟情”，职位非你莫属。

张莉莉的简历包括了六个方面。前四个方面着重推出自己，学习经历、工作经历是重点。虽说是一名学生，没有工作经验，但张莉莉通过自己的实践经历很好地弥补了这一点。在求职意向中，没有简单写出自己所需的岗位，而是重点介绍了自己适合此岗位的条件，这是该简历的一个亮点。介绍简单，但重点突出，符合简历写作的要求。

案例 2

王双萍即将毕业了，今天老师通知她和同学要填写一份表格，是一份个人简历表。看了表格以后，王双萍很是迷惑，要填写来做什么呢？自己求职信已经写好了啊！但老师的一番话让她恍然大悟。“个人简历表在求职时能让你的情况一目了然。求职信不易使人简单系统地记住你的情况，简历简单扼要地就将你的情况呈现出来了，可以一下就吸引对方的注意。”听了老师的话，王双萍拿出笔慎重填写了自己的个人简历表。

<table>
<tr><th colspan="5">个 人 简 历 表</th></tr>
<tr><td>姓　名</td><td>王双萍</td><td>性　别</td><td>女</td><td rowspan="6">个人免冠
一寸照片</td></tr>
<tr><td>年　龄</td><td>22</td><td>学　历</td><td>大专</td></tr>
<tr><td>民　族</td><td>汉族</td><td>身　高</td><td>155</td></tr>
<tr><td>籍　贯</td><td>顺江省通江市</td><td>婚姻状况</td><td>未婚</td></tr>
<tr><td>毕业学校</td><td>顺江工程职业技术学院</td><td>专业名称</td><td>道路桥梁</td></tr>
<tr><td>家庭住址</td><td>顺江省通江市华光路 1 号</td><td>联系电话</td><td>10305178693</td></tr>
<tr><td>自我评价</td><td colspan="4">⊙忠实诚信，敢担当，肯负责，说到做到；
⊙肯学习，有问题不逃避，能积极处理；
⊙有自信，能有效影响他人，不以自我为中心；
⊙愿顺从，能以谦虚态度赞扬接纳优越者、权威者；
⊙有充沛的精力，热衷活跃于工作；
⊙做事持久努力，不半途而废，有韧性；
⊙为人诚恳，性格开朗，有主见，富有创造力，积极进取，有较强的组织能力和团队精神，工作积极进取，态度认真。</td></tr>
<tr><td>学习经历</td><td colspan="4">2002.9～2005.7　顺江三江中学高中部
2005.9～2008.6　顺江工程职业技术学院道路桥梁专业
2006.5　ATUO CAD 培训</td></tr>
<tr><td>工作经历</td><td colspan="4">2008.2～2008.5　美禄建筑公司　文员</td></tr>
<tr><td>技　能
特　长</td><td colspan="4">英语四级证书
全国计算机应用技术证书
在校期间学习了专业方面的知识，能够使用测量仪器进行测量，使用 CAD 制图等</td></tr>
<tr><td>获奖情况</td><td colspan="4">2006.3　获院“舞动青春”演讲比赛三等奖
2007.6　获院三等奖学金
2008.5　获院“优秀实习生”荣誉称号</td></tr>
<tr><td>求职意向</td><td colspan="4">期望职位 1　路桥工程设计及相关工作
期望职位 2　工程监理及相关工作
期望职位 3　其他相关职位</td></tr>
</table>

评点

在求职时，同学们往往认为个人简历表可有可无，因为求职信不是都写过了自己的情况了嘛。但个人简历表能简单突出求职者优秀的一面，更能引起用人单位的注意。

王双萍填写的个人简历表是由学校统一印制提供的。个人简历表比较规范，格式比较统一，基本上是从个人基本情况、学习经历、工作经历、自我评价、荣誉、求职意向等几个方面进行填写。王双萍同学填写的语言规范，按要求的项目进行了完整填写。

相关知识

个人简历，也称做个人履历，是求职者在求职应聘时向用人单位提供个人情况的一种应用文书。它的主要内容是对求职者的学历背景、技能专长、工作经验和工作业绩及其他个人情况的简洁概括，其写作目的是把自己介绍给用人单位，供用人单位在选聘时参考。

个人简历和求职信是有区别的。求职信的写作目的是吸引用人单位招聘负责人去看后边的简历，使其更具体地了解自己的情况；个人简历则把自己全面、集中地展示给对方，能迅速引起用人单位对自己的浓厚兴趣，最终选聘自己。

一、个人简历的格式

个人简历有表格式的，也有行文式的。主要由六个基本内容组成。

1．基本情况

列出自己的姓名、性别、年龄、籍贯、政治面貌、毕业学校及专业、婚姻状况、健康状况、身高、爱好与兴趣、家庭住址、电话号码等。

2．学习经历

按时间顺序列出自己曾在某学校学习某专业或某学科，以及起止时间，并列出所学主要课程及学习成绩，在学校和班级所担任的职务，在校期间所获得的各种奖励和荣誉以及所参加的各种专业知识和技能培训情况。

3．工作经历

按时间顺序列出参加工作至今所有的就业记录，包括单位名称、所任职务、就任及离任时间，应该突出所任每个职位的职责、工作性质等，此为求职简历的精髓部分。如学生没有工作经历，可凸显自己在校的社会实践和专业技能等方面的能力。

4．求职意向（也称求职目标）

求职意向主要表明本人对哪些岗位、行业感兴趣及相关要求。要表明自己应征的职位，说明自己具备哪些资格和技能，想找什么样的工作。

5．联系方式

同封面所要突出的内容一样，一定要清楚地表明怎样才能找到你，区号、电话号码、手机号、E-mail 地址等。

6．证明材料

简历的最后一部分一般是列举有关的证明人及有关附加性参考材料，包括学历证明、获奖证书、专业技术职务证书、专家教授推荐信和所发表的论文著作等。

二、个人简历的写作要求

1．简历要“简”

一位忙碌的人事经理根本无暇细读过长的简历，所以要使招聘者在最短的时间内读到更多的信息，篇幅最好不超过两页（A4 复印纸）。应尽量压缩，使之简短有力。

2．突出自己的优势

要花笔墨渲染与众不同的地方，详细介绍在专业领域学过的课程和相关经验及所受奖励，另外，就是要注意应聘什么职位就突出与之相应的那方面的特长。

刚毕业的学生，缺乏相关职业的丰富工作经历是弱势。写作时需要巧妙处理，以转劣为优。如可以在简历的工作技能部分强调“勤奋苦干……迅速掌握新技能”，或表示愿意接受较低薪水、不起眼的工作任务，长时间或在常规工作时间外工作。在简历中有效地掩饰工作记录空白、频繁离职和教育背景缺陷等问题，也许能为你获取工作的机会。

3．有的放矢

对于用人单位来说，简历是第一关，面试是第二关。人事经理往往首先通过简历判断是否达到招聘条件，再考虑通知当事人来面试。所以，求职者要研究用人单位的招聘要求，并在简历中突出自己相应的水平与能力。无关内容不要写，提供出足以证明自己能力的资料就可以了。

4．用词力求精确

阐述能力、经验要尽可能准确，符合实际，不夸大也不误导。不要写错别字，出现错别字会表明求职者素质不够高。

写作实践

一、李琴，女，33 岁，学历本科。大学文秘专业毕业后她就进入一家民营企业，从文员起步，一直做到秘书科科长，后又跳槽到一家知名企业担任总经理秘书。两年前，她因为生孩子，暂时离开职场。随着孩子慢慢长大，她抽空重返校园，参加了管理类课程的培训。近期，已完成学业的李琴欲重返职场并谋求更大的发展，她希望自己能进入一些大型企业担任高层秘书一职。可李琴在求职过程中却碰到了前所未有的困难，简历投了 N+1 份，可回信寥寥无几。她很困惑，自己能力不错，学历也够格，可为什么连次面试机会都没有呢？经过学习和思考，李琴才明白，原来自己没有写出个性、特色和新意。她思索了一番后，提笔重新写了起来。

二、请根据个人基本情况、学习情况、求职情况，填写下面的个人简历表。

<table>
<tr><td colspan="5">个 人 简 历 表</td></tr>
<tr><td>姓　名</td><td></td><td>性　别</td><td></td><td rowspan="6">个人免冠
一寸照片</td></tr>
<tr><td>年　龄</td><td></td><td>学　历</td><td></td></tr>
<tr><td>民　族</td><td></td><td>身　高</td><td></td></tr>
<tr><td>籍　贯</td><td></td><td>婚姻状况</td><td></td></tr>
<tr><td>毕业学校</td><td></td><td>专业名称</td><td></td></tr>
<tr><td>家庭住址</td><td></td><td>联系电话</td><td></td></tr>
<tr><td>自我评价</td><td colspan="4"></td></tr>
<tr><td>学习经历</td><td colspan="4"></td></tr>
<tr><td>工作经历</td><td colspan="4"></td></tr>
<tr><td>技　能
特　长</td><td colspan="4"></td></tr>
<tr><td>获奖情况</td><td colspan="4"></td></tr>
<tr><td>求职意向</td><td colspan="4"></td></tr>
</table>

5.5 推 荐 信

案例 1

天宁市中门职业学校的李大明老师听说天宁市职教教研室最近在招聘商贸专业的教研员。李大明老师从事商贸教学已有 10 年，是学校商贸教研组的组长。他很想去应聘，但是主管部门天宁市教育局职教处的领导对自己并不是很了解，如果能请学校写一份推荐信，应该会有帮助。于是，李老师去找了校长，希望学校支持自己，毕竟这是对全市教育工作和自己发展都有利的事情。经过校长办公会讨论决定，学校出面为李老师写了一份推荐信。

推 荐 信

天宁市教育局职教处:

近年来，我市职业教育的规模有了大发展，但教学研究力量较为薄弱，专业研究人员缺少。得知教育局为了有效提高职业教育质量，以适应教学教改的需要，现正进行商贸教研员的招聘。我校对此事非常关心，为此，特向你们推荐我校李大明老师任商贸教研员之职。

我们认为李大明老师能胜任该项工作，其理由如下。

一、李老师自参加工作以来，一贯忠诚于党的教育事业，热爱教育工作，他坚持党的四项基本原则，拥护改革开放的政策，有较强的组织性和纪律性，去年被评为市教育系统优秀工作者。

二、李老师从教已有 10 年，一直从事商贸专业教学工作，担任教研组长 6 年。近年来，他努力钻研业务，在教学研究上有独到见解，并积极进行教学实践的探索，撰写的专业论文多次获奖，出版论著三本，具有一定的研究能力和水平。

三、李老师为人诚实，谦虚谨慎。他今年 33 岁，年富力强。

特此推荐，请予任用。

天宁市中门职业学校(公章)

二〇〇八年七月十五日

推荐信很快以挂号信的方式寄出，不久教育局职教处就给学校打来了电话，希望李老师在 2 日内到市职教教研室参加面试。

评点

李大明老师在自己进一步发展的过程中通过推荐信求职，充分发挥了推荐信的作用。

这是一份单位写给单位的推荐信。在推荐信开头，中门职业学校表现出对市职教事业发展的关心，并直接推荐了李老师。其后详细介绍了李老师的人品、业务水平、工作能力，具体、充分地表达了推荐的理由。这是一份非常正式、规范的推荐信。

案例 2

钱文是郑宇教授的本科段学生，他的成绩优秀，参加过郑教授的很多项目研究。现在他考上了天平工程学院的数控专业研究生，师从张英华教授。因刚进校，还没有参与项目研究。最近返母校看望郑教授，聊起了项目研究。郑教授和张英华教授是大学同学，多年的深交。他知道张教授最近在进行一个新项目研究，听说钱文没有参加，颇为遗憾。在得知钱文很想参加这个项目研究后，郑教授决定以个人的名义，向好朋友推荐这位优秀的学生。

英华兄：

近日可好？上次一别已有三月，不知最近身体怎样？

听说你现在带研究生进行“数控系统”项目的研究，我很荣幸地向你推荐我过去的学生也是你现在的学生钱文参加这项研究。

钱文曾经参加过我的“数字控制系统”项目，在高年级期间专门进行“最优化理论”的研究。之前，他获得过专业课 86 分/100 分，排位在前 5%之内。之后，在仅针对研究生开放的课题中，他是参与的仅有的三位本科学生之一。

在指导他的期间，我了解到他是一个好学勤奋的青年，他总是积极钻研我的讲义并学习掌握知识。其实某些任务对一般的学生是有难度的，可他总能出色地解决，这些正是缘于他逻辑和分析思维能力以及对理论的清晰构想。在最后解决开发项目中自由易变的优选问题时，他深思熟虑并且熟练地完成了它，这深深打动了我，因此我给了他比其他许多研究生更好的成绩。

另外，在中高年级，他参与了控制系统的路线项目群，且总是得到好成绩。

凭借他所表现的勤奋努力和卓越的学习能力，我相信钱文完全能够在你的控制系统研究领域担任主要职责，甚至能在高强度的项目中表现更加杰出。为此，我毫不犹豫地推荐他，希望你将优先考虑他的申请。

祝好！

友：郑宇
二〇〇九年九月二十日

钱文很快就得到了张教授的通知。张教授在与钱文面谈后，决定报系里，增补钱文为项目研究组成员。钱文再次回母校，专程去感谢了郑宇教授。

评点

钱文能顺利进入项目组，除了因为自身的条件优秀以外，还因为这份推荐信让张教授认识了他、了解了他。可见，推荐信对求学、求职起着很大的作用。

这是一份个人写给个人的推荐信。因写信同收信的双方关系较熟，所以不用标题，在称呼上也比较亲切。推荐信的开头先问候了一下对方，略叙思念之情；其次介绍了推荐者和自己的关系，及被推荐者的基本情况，说明推荐的理由。最后，再次表达自己希望能办成此事的愿望，并向对方致以感激祝福之情。

相关知识

推荐信是单位、团体或个人向其他单位、团体或个人推荐人或物，以便对方采纳的专用书信。推荐信一般是第三者写的，也有自荐的。因自荐信（求职信）在前文已介绍过，此处专门介绍第三者撰写的推荐信。推荐信可以是个人写给个人、个人写给单位或单位写给单位。

一、推荐信的格式

推荐信的格式与一般书信基本相同，包括标题、称谓、正文、结尾、落款五部分。

1．标题

标题一般由文种名构成，即在第一行正中写上“推荐信”三个字。有的推荐信由于写信人同收信人双方关系较熟，则可以不要标题。

2．称谓

在第二行顶格写上收信方的姓名和称呼，或只写对方的职务或对方部门名称，个人姓名后可加职位，如“李明先生”“尊敬的工商局局长”“艾德公司人事部”。如果写信者同收信者是熟人朋友，则也可以用常见的私人信件一样的称呼，如“明华兄”。

3．正文

开头。可以问候一下对方，略叙思念之情，也可以开门见山直说其事，这要视你和对方的关系而定。如关系较为密切，就无须太多客套话。开头要介绍自己(或推荐人)的身份，以及自己同被推荐人之间的关系，同时说明写信意图。如“我是朱力，华岳电子公司总经理。得知我公司优秀员工张明化想要出国深造，我感到非常高兴和无比欣慰。在我看来，这样一个上进的年轻人应该接受良好的教育，拥有更辉煌的未来。因此，我很荣幸向贵校强烈推荐这位优秀青年。”

中段。是推荐信的展开部分，先要针对用人单位的情况需要，介绍被推荐者的基本情况，包括姓名、性别、年龄、业务水平、工作能力、身体状况等，以引起对方好感，从而达到推荐人才的目的。再说明推荐的理由，要求写得具体、充分。如“现在，作为我公司的一名业务精英，王海鸣工作更加认真、负责、努力，为所有同事树立了榜样。付出就有获得，他因此被评为本公司优秀员工，并享有高额奖金。”

最后。再次表达自己希望能办成此事的愿望，恳请对方给予被推荐人工作或晋升机会，并向对方致以感激祝福之情。如“但是考虑到他的前途，我依然毫不犹豫地支持他远赴贵校深造。真诚期望贵校能同样支持他，给他一个提升自己实现梦想的机会。谢谢！”

4．结尾

用“此致敬礼”“祝工作顺利”等语，表达问候之意。

5．落款

落款在右下方署上姓名，姓名之前可以加上工作单位。署名的下方写上具体时间。有些还可以注明自己的详细通信地址，以备必要的联系之用。

二、推荐信的写作要求

1．实事求是

推荐信用以表达推荐方的意见和愿望，是提请对方作为参考的一种依据。因此，写作时必须写清理由，实事求是地反映所荐人或物的具体情况和长处，决不能隐瞒实情和虚夸。

2．诚恳谦恭

推荐信要写得诚恳、谦恭，多用商量语气，留有余地，不能强求他人，以免收信人反感或为难。如“为此，诚恳地希望贵公司给予大力支持和协助，使学生切实圆满完成实习任务。”

写作实践

苏志鹏是天华职校秘书专业毕业生，在校期间表现优秀。他已学完所有的秘书大专自考课程，并全部一次性通过全国统一考试，不仅拿到了京华大学的自考专科文凭，还取得了计算机操作员中级职业资格证书、秘书中级职业资格证书，曾获全市计算机录入比赛二等奖。在校连续三年获优秀学生称号，2007 年获国家奖学金。最近得知温馨皮具有限公司正在学校招聘文员和秘书实习生，苏志鹏很想去一试。他除了精心准备了各项应聘材料，还请班主任李梅老师向该公司领导写信推荐自己。

二、请找出下面推荐信格式和写法的错误。

推荐信

尹老师，你好！

这学期来，班级发展较好，但学习情况不尽如人意。为加强同学们的学习积极性，增强各学科的均衡发展，为此，特向你推荐我们班王林同学任班级学习委员。我认为他能当任此职。

请予任用。

王强

2009 年 09 月 08 日

格式错误：

（1）____________________

（2）____________________

写法错误：

（1）________________

（2）________________

（3）________________

综合练习

一、《新明晚报》今天刊登了一则招聘信息："我公司因发展需要，特招聘十名市场营销人员。要求：大专以上学历，男女不限，有一定的口头表达能力、与客户沟通能力，有一定的营销工作经历为佳。新华房地产公司。"看到这则消息，新明财经学院营销系的应届毕业生林明想去试试。他心里盘算着，新华房地产公司是新明市有名的一家房地产企业，实力雄厚，员工的福利待遇一直都很好。自己大学本科毕业，在校期间也学了很多的专业知识，获得过奖学金，曾评为校三好学生，而且还是校报编辑部的部长，参加过很多的社会实践，相信凭自己的实力应该可以去竞争。"第一次求职期望值也不能太高，得从基层做起啊。"林明在心中暗下决心。

请你想一想，以上情境中需要用到本单元的哪些应用文呢？你能写出其中的2～3种吗？

二、乐群市前进中等专业学校是当地有名的中专校，学校的教育理念与时代紧密结合。最近学校准备在优秀学生中选出一名校长学习助理，借以了解同学们的学习情况，策划一些有益于提高学生学习能力的活动，也为学校的决策提供一些依据。校长室特别重视此事，特意在学校张榜公布，希望各班级推荐人选，也欢迎自荐，最后将以候选者竞聘演讲和全校同学参与投票的形式产生这位校长学习助理。09数控班班长李恒得知后，积极准备起来，他的班主任宋洵梅老师也支持他参加竞聘，代表班级推荐了他。

请你想一想，以上情境中需要用到本单元的哪些应用文呢？你能写出其中的2～3种吗？

第 6 单元

6.1 新 闻

案例 1

“到底学什么专业？”这个问题正苦恼着准备报考中专的中考生赵小涛。爸爸认为“学计算机应用专业，有发展前途。”在银行里工作的妈妈持有不同意见：“学财会专业，就业容易。”小涛自己对汽车技术专业非常感兴趣，“怎么说服爸妈，同意自己报考汽车技术专业呢？”这可让小涛犯了愁。这时，报纸上刊登的一篇新闻引起了赵小涛的注意。

高级汽修技师“一将难求”

随着城市机动车不断增多，我市的汽车维修、汽车美容养护业日渐火爆，相比之下，汽修人才供应明显跟不上行业发展。

9 月 24 日，记者从我市汽车行业工作研讨会得知，目前我市的汽车修理专业技术人员占所有专业技术人员的比例还不到 10%，而手握职业资格证书的高级汽修技师更是“一将难求”。

“现在普通汽车维修工月工资就能拿到 2000 多元，高级汽修技师每月更是可赚近 5000 元。”业内有关人士认为，随着汽车市场快速发展，汽修技工就业前景广阔。

“爸爸妈妈，快看！这可是最新的新闻报道！”赵小涛忙把报纸拿给爸爸妈妈看。“汽车技术专业可是既容易就业，也很有发展前途的。”爸爸妈妈又仔细看了几遍才放下报纸。“爸妈是老眼光了，消息太闭塞，再让我们了解了解，好好想想行吗？”几天后，通过查看相关新闻资料及实地考察，爸爸妈妈终于同意让赵小涛报考汽车技术专业。

评点

赵小涛以一篇新闻说服了家人，达成了心愿，这充分说明了新闻有效传播信息的重要性。

这是篇动态新闻，反映了汽车维修行业人才急缺的情况。标题巧妙引用成语“一将难求”，一下子就抓住读者眼球。正文第一句话利用对比，清晰告诉读者最重要的信息，让读者一目了然。第二、三段以充分的数据进一步进行具体阐释，满足读者了解新闻事实详情的需要。结尾处，寥寥几字就很好地展望了汽修行业的未来发展。整篇新闻简明扼要。

案例 2

当今旅游市场竞争激烈，要想拥有足够的客源，就必须在开发新鲜旅游线路上下工夫。海峡职业学校旅游服务与管理专业毕业生王飞准备自主创业，开办自己的旅游服务公司。“选择什么样的旅游线路来打响创业第一炮”成为最近苦恼他的问题。一天，网上的一篇新闻吸引了王飞的眼球。

我国确认雅鲁藏布江大峡谷为世界第一大峡谷

壮美的祖国山河又被我国科学家首次确认一项新的世界之最：深达 5382 米的雅鲁藏布江大峡谷是地球上最深的峡谷。从此，过去曾先后被称为世界第一大峡谷的深达 2133 米的美国科罗拉多大峡谷、深达 3200 米的秘鲁科尔卡大峡谷将退居次要地位。

这项重大成果是中国科学院地理学家杨逸畴、大气物理学家高登义、植物学家李渤生日前一致推出的，并得到国际第四纪研究联合会主席、中国科学院院士刘东生教授的赞同和支持。据了解，他们不辞艰险，曾多次深入雅鲁藏布江大峡谷考察，对这里的地质、地貌、植被等学科的研究深度，具有公认的权威地位。

为确认雅鲁藏布江大峡谷在世界上是无与伦比的大峡谷，这些研究人员以 1∶50000 地形图和航测图为依据，在海拔 7782 米的南迦巴瓦峰和 7234 米的佳拉白垒峰的峡谷处做一标准剖面，然后又横跨大峡谷做两条比较性剖面。计算结果表明，切开喜马拉雅山脉的雅鲁藏布江大峡谷，平均深度在 5000 米以上，最深的地方为 5382 米。

这些科学探险者还向记者出示了他们在实地踏勘时获得的数据。雅鲁藏布江大峡谷谷底最窄处在钢朗附近，仅为 74 米。一般宽 80～200 米。大峡谷从米林县派镇算起，朝东围绕南迦巴瓦峰作马蹄形弯曲后，又向南延伸到墨脱县的希浪附近，全长为 370 千米。在大峡谷中穿行了绝大部分路段的杨逸畴研究员说，截面呈 V 字形的大峡谷，因个别地段江水汹涌异常，紧贴 300 多米高的岩石峭壁奔腾下泄，迄今为止，还没有人徒步贯通雅鲁藏布江大峡谷。

研究人员进而指出，这条大峡谷的存在，等于为印度暖湿水汽的北进提供了一个大通道，使人们通常认定的亚热带北限在这里又向北延伸约 6 个纬度。因此，大峡谷内热带雨林密布，到处郁郁葱葱，风景如画。这也为各种动物提供了良好的栖息地。在峡谷内，虎、猴、蛇、羚羊和野猪等，均有所见。同时，雅鲁藏布江大峡谷也是世界上海拔最高的大峡谷。

雅鲁藏布江大峡谷是怎样形成的？这些研究人员认为，距今 200 多万年以前的上新世，青藏高原开始强烈隆起，急流滚滚的雅鲁藏布江寻找地壳的薄弱处，它围绕南迦巴瓦峰，至少在不同方向的三组地质构造断裂带处下切侵蚀，从而造就了现今的峡谷奇观。

王飞认真阅读了几遍新闻，觉得这是个极好的商机。随后，他几次前往雅鲁藏布江大峡谷进行实地考察。三个月后，王飞推出的雅鲁藏布江大峡谷旅游项目大受游客欢迎，王飞一下成为当地旅游界的知名人士。

评点

这是一篇关于雅鲁藏布江大峡谷的综合新闻。虽然足不出户，王飞却从中知晓天下大事，发现商机，充分感受到新闻及时传播信息的便利。

这篇新闻对材料的把握和处理较为自如，不是简单堆砌材料。新闻标题及导语部分开门见山，首先点明“雅鲁藏布江大峡谷为世界第一大峡谷”这一最引人瞩目的科学事实，引起读者兴趣。随后，又通过介绍这项重大成果的研究者，阐述中国科学家工作的权威性（得到国际知名专家的赞同和支持）和严谨性（中国科学家不辞艰险，曾多次深入雅鲁藏布江大峡谷考察，对这里的地质、地貌、植被等做了很多研究），介绍研究方法（通过地形图和航测图进行精确计算，得出科学的数字。运用实地勘测的数据，以第一手资料证实大峡谷之深之险）等材料继续丰富拓展这一事实，使读者明了事实全貌。最后两段，仍在报道这一事实的基础上，进行横向和纵向的延伸，为新闻提供更丰富的相关信息，使读者对雅鲁藏布江大峡谷是世界第一大峡谷这一新闻事实理解得更全面、更深刻。

相关知识

新闻，是对新近发生的、有社会意义的事实的及时报道。它有广义和狭义之分。广义新闻泛指新闻报道的各种体裁，如消息、通讯、报告文学、评论等。狭义的新闻专指消息。消息在新闻诸文体中使用频率最高、使用数量最多，是新闻报道中最常用的文体。这里所讲新闻写作就是消息写作。

一、新闻的类别

新闻的分类，可以有多种标准和方法。如按报道的对象划分，可分为人物新闻、事件新闻、会议新闻等；按报道的内容划分，可分为政治新闻、经济新闻、社会新闻、军事新闻、体育新闻、文教新闻等；按报道的地域划分，可分为国际新闻、国内新闻、地方新闻等；按篇幅长短划分，又可分为长新闻、短新闻、标题新闻、一句话新闻等。

现在通常是按写作形式、写作特点，把新闻分成动态新闻、综合新闻和典型新闻。

动态新闻是对现实社会中发生的新事物、新情况、新动向的简要报道；综合新闻是指综合反映一个带全局性的情况、动向、成就和问题的及时报道，可以理解为动态新闻的综合报道；典型新闻是反映某地、某部门或某单位在工作中的典型经验、典型问题的报道，往往带有较强的指导性和警示性。

二、新闻的格式

一般由标题、导语、主体、结尾、背景几部分构成。

1. 标题

标题是新闻的眼睛，是对新闻内涵的高度概括和浓缩，它本身往往就是一句话新闻。

新闻的标题要准确、鲜明，更要引人注目、引人入胜，当然也要言简意赅。根据报道需要，新闻标题可以一行，也可以二行或三行。以三行为例，中间的一行为正题，是标题的核心，不可或缺，用来概括新闻中的主要事实，揭示其意义；正题上方称为引题，主要交代背景、烘托气氛、引出正题；正题下方称为副题，用来对正题做一些补充性的说明，加强效果。

三行标题多适用于重大事件，宣传声势大，一般不用。如：

先挖渠后放水　扶上马送一程（引题）

武钢体制改革静悄悄收实效（正题）

顺利剥离七万职工　劳动生产率大幅度提高（副题）

二行标题可由正引式或正副式组成，两者可以互为补充，加强视觉冲击力。如：

（1）树立自信　找准位置（引题）

看职校生的成才成功路（正题）

（2）生死瞬间 师爱无边（正题）

山体滑坡时女教师救出38个孩子（副题）

一行标题指只有正题的标题，要求突出主题，简明醒目。如：“职校生喜获国家助学金”。

2. 导语

导语是整条新闻中最精要的部分，一般把所要报道的重要事实或者事件的结局制作成导语，作为新闻的开头。导语必须简明概要。

导语可分为直接性与间接性两类。

直接性导语是一种最常用的导语形式，即开门见山、简明扼要地突出表现最新鲜、最重要的事实，或最有个性特色、最具新闻价值的内容。它适用于时效性较强的事件性新闻。直接性导语又可以分为叙述式、评述式、总结式等。

（1）日前，江南中等职业学校的15名文秘专业学生激烈争夺5个礼仪之星名额。据老师

介绍，这些参加决赛的选手是从近500名学生中选拔出来的。(叙述式)

(2)中华民族期待了一个半世纪的历史性的一幕今天在全世界瞩目下成为现实：1997年7月1日零时零分，五星红旗在香港升起，米字旗在几秒钟前降下。从这一刻起，中国恢复对香港行使主权，英国在香港长达156年的殖民统治宣告终结。(评述式)

(3)辞旧迎新之际，我市市内循环封闭高速路提前通车，标志着我市在全省范围内最早完成市内道路高速化建设。(总结式)

间接性导语，即间接体现新闻主题，迂回舒展地引出新闻的核心事实或新闻要旨。间接性导语可分为描写式、引用式、提问式。

(1)听说上海一东一西镶有两块玉，西边是“汉白玉”，即是波光粼粼的淀山湖；东边是块“祖母绿”，那就是满园覆翠的“森林公园”。(描写式)

(2)“记者只有热爱祖国、热爱人民，有追求，用心采访、用心写作，才能在采访中感动自己，用新闻报道感动社会。”全国优秀新闻工作者、新华社高级记者张严平充满真情的演讲赢得现场阵阵掌声。(引用式)

(3)当清风吹起你的黑发，你可曾想到风竟是我们取之不尽的能源呢？春风吹拂的5月，200多位国际能源专家云集北京。他们的议题只有一个：开发中国的风！(提问式)

3. 主体

主体又称“新闻躯干”，是一篇新闻最基本、重要的组成部分，是展开新闻内容、阐释新闻主题的关键部分。主要功能是对导语进行解释、深化和具体化，对导语中涉及的内容，进一步提供有关细节和相关资料，使其更清楚、明确、具体。

新闻主体的写作要做到：紧紧围绕导语所确立的主题来选择和运用材料，报道事件所涉及的要素逐一做详细交代，尽量具体充实，使读者对报道的内容有较完整而真切的了解；在表述时，要注意按照时间或事物内在联系的逻辑关系为顺序进行展开。如同样是城市遭遇暴风雪，报道道路交通情况，可以按从早“6点整”开始描述到晚“8点整”的时间为序，报道暴风雪对城市交通造成的影响，也可以按照逻辑顺序，从暴风雪天气情况、市民如何应对、政府如何组织、如何有效防止损失扩大等方面来描述；主体的叙述要错落有致，有节奏、有悬念、有交代，要力求细节描写生动传神，要充分运用描写、叙述多种手法，要巧设玄机，扣人心弦，使人读来不知不觉渐入佳境。

4. 结尾

由于新闻一般采用“倒金字塔”结构（以事实的重要性程度或受众关心程度依次递减的次序，先主后次地安排消息中各项事实内容，犹如倒置的金字塔或倒置的三角形，因而得名），事件的重要部分已在导语部分作交代。因此，结尾部分要有的话，也是高度概括的一两句话，用于“点睛”。如“总之，职业院校的改革方向，应注重高技能人才和应用型人才的培养，归根结底就是要使职业教育对接市场主体——企业的需求。”结尾处再次突出重点，加深读者印象。

5. 背景

背景是对新闻报道事件的历史条件和环境条件的补充说明材料，作用是使读者更好、更准确地理解新闻内容，使新闻更充实饱满、生动活泼，主题更加深化。背景不是单独组成部分，也没有固定位置，所以不能把背景看成新闻结构的一个独立层次。背景可以一次性交代，也可以分散穿插在导语、主体、结尾几个部分。背景材料是从属部分，无须多言，否则就会喧宾夺主。如“昔日道路两旁破破烂烂的构筑物已荡然无存，取而代之的是高大的乔木、苍翠的灌木和绿茵茵的草坪，投资5000万元打造后的北干道俨然成了一条森林项链”中，“昔日道路两旁破破烂烂的构筑物已荡然无存”就是一条对比性背景材料。如果没有这个背景，也就谈不上“异军突起”。

三、新闻的写作要求

1. 真

真实是新闻的灵魂和生命，是新闻写作的基本原则。新闻报道的事实必须确有其事，不能捕风捉影、无中生有。新闻中反映的何时（When）、何地（Where）、何人（Who）、何事（What）、何故（Why）、何果（How）这些基本要素，以及一些引用的数字、史料、背景资料等，都要求具体真实，准确无误。

2. 快

新闻既要讲究时效，迅速及时发表，以便及时传递信息，取得最佳效果；也要适应时需，发表在火候上，避免超前空喊或放马后炮。

3. 新

新包括事实新和角度新。事实新，即指新闻要关注“新近发生”“能引起广泛兴趣”“重要”“有意义”“广大读者普遍关心”的新鲜事实，也要针对时代、读者的需求，抓住新情况、新经验、新问题，给人以新意、新信息、新启发。角度新，是指报道要确立有新意的主题，抓住事件的特点及读者的心理，改变常规报道切入角度，选择最佳的崭新角度切入，以取得较好的社会反响。

4. 精

精指短小精炼。新闻要用简洁的语言，写清事实，显出精神，准确生动地将信息传播开来。

写作实践

一、校园文化艺术节活动正如火如荼展开，在校园新闻网从事小记者工作的王颖了解到以下信息，准备写一则新闻进行报道。

时间：5月12日到14日

内容：校团委主办2011年江海职业技术学校第五届校园文化艺术节活动。具体有“东陆风华”艺术演出、“我爱我校”校园演讲比赛、“青春之歌”话剧比赛、“雅乐颂歌”管弦乐晚会。

开幕活动：5月12日下午3时，教学楼四楼电教馆，“东陆风华”艺术演出。节目有：架子鼓联奏《飞扬的青春》、爵士舞《我就是我》、现代舞《Any club》、萨克斯合奏《神话》、《欢快地跳吧》等。

意义：弘扬五四精神，展现江海学子的时代风采，活跃校园文化氛围。

二、如果你是名小记者，看到下面的新闻事实，你会怎样拟写新闻标题？

1．西安名胜大雁塔南侧有尊高大的玄奘铜像，经常有孩童爬到“唐僧”身上玩耍，周围游客纷纷指责这种不雅行为。

2．一位张先生在小区被狼狗咬伤，为了索取医药费，又被霸道的狗主人打断右脚。

3．北京奥运会，中国男篮再一次无缘 4 强。和以往的成绩相比，虽然没有太大的突破，但全队上下所展现出的拼搏精神，却让广大球迷满意。

4．冯小刚导演的新片《集结号》已经拍摄完毕，近日将公映。

5．过去只知道攥着锄头柄在地里刨的农民兄弟，也学会运用互联网做生意了。

6.2 通　讯

案例 1

“这工作又脏又苦，还不容易干出成绩。真是瞎了眼，选错了行！”汉江职业学校模具制造专业学生王成很是苦恼。“静心做事，踏实努力，你们一定可以在平凡的岗位上做出不平凡的事业。”无论老师怎么激励，在王成耳中全是空话，一钱不值。直到一天，在新闻网上他看到这样一篇通讯，陷入了沉思。

焊花灿烂亮征程

从 19 年前初次握起焊枪那一刻起，他就立志要做个“顶呱呱”的好焊工。6500 多个日日夜夜，他经历了艰辛的砥砺磨炼，实现了从一个普通的职校毕业生到历次技术比武的佼佼者、从乾州市的焊工技能大赛“状元”到中石化集团公司“优秀焊工”的飞跃，他倾情付出了自己对焊工专业全部的爱，他就是中石化乾州维修分公司电焊工胡志宏。

醉心钻研　厚积而薄发

当年进厂后不久，胡志宏被派往鼎庄锅炉厂等企业学习焊工技术。也就是从那时起，那把焊枪和焊工专业书籍就没有离过他的手。白天专心投入基本功训练，虚心向老师傅们请教；夜晚伴着书香入眠，就连做梦都在想着遇到的技术问题；难得有空闲上街时，他也总是一头扎进书店里，寻找焊工技术方面的书籍。他最喜欢的是那城墙砖一般厚的专业书，可书的价钱实在太贵了，他买不起，就站累了蹲、蹲累了站地在书店里看，一看就是几个小时，那叫一个“过瘾”——这也是他多年来唯一的嗜好。

“三更灯火五更鸡”，熟悉胡志宏的人都钦佩他那种勤奋好学的劲头儿。在钻研焊接技术过程中遇到难题时，他总是锲而不舍地展开攻坚，哪怕不吃不睡也要把难题解开。单是一项仰脸板焊接工艺，他就潜心钻研了整整两年，终于把这一技术练到了炉火纯青的地步。无论平焊、立焊，还是仰焊、横焊，各种焊接位置的施焊技术，他都一项一项烂熟于心；氩弧焊也好，手工电弧焊也罢，凭着超人的悟性和“一个汗珠儿摔八瓣儿”的毅力，他的水平称得上是达到了技艺非凡的水准。往往别人两天才能干完的活儿，他只要半天就完成了。有人问起其中的诀窍，他诚恳地说：“只是熟能生巧！”

倾情付出　好钢出利刃

在单位里，谁都知道胡志宏的手机是 24 小时全开的，只要有了“急、难、险、重”的活儿，谁都知道他是随叫随到的！

2004 年大检修期间，从车用液化气装置到催化装置的铬五钼合金钢管线焊接工程，可谓是一项前所未有的难活儿，焊接性能差、材质偏脆、极易氧化产生冷裂纹而造成返口或探伤不合格。在密密麻麻罗列的管排上高空作业，焊接位置是“溜缝儿”而行，常年在外施工的中石化四化建专业焊工看了活儿，都连连摇头，但胡志宏却迎难而上，以他为首的突击队 24 小时连轴转施焊，克服焊接层数多、探伤要求严等困难，600 多米管线、200 多道焊口，创造了焊接合格率 92%的奇迹。

2005 年 3 月，焦化装置加热炉注水线更换工程，作业空间狭小，现场能见度极低，多排炉管并列，很多部位要凭感觉摸着施焊。块头大的焊工进不去，身量麻利的胡志宏勉强被塞了进去，他把焊条弄弯，憋足了一口气开始焊接，一道、二道、三道……，不一会就喘不上气来了，大家把他拉上来呼吸点新鲜空气，他又蜷缩在铁盒子里接着干……越到里面难度系数越大，换了最小号的焊枪把儿，手还是拐不过弯儿来，他灵机一动，把钨极拉长 5 毫米，最后手伸不进去了，就用食指和中指捏着焊把儿焊……就在这样夹手夹脚的作业条件下，140 道 φ89×6mm 的焊口，他竟焊出了 100%探伤合格率 94%的好成绩！

这些年来，他的手握焊枪的身影遍及乾炼的各个装置检修现场：无论是催化抢修中的提升管修补，还是新上第七套聚丙烯的突击施工；无论是天寒地冻的高空中施焊，还是挥汗如雨的容器内奋战……他都如“过五关斩六将”般摘得了叫人艳羡的胜利果实，自己也在焊花飞灿的倾情付出中获得了最大的满足和快乐。

锐意进取 登攀无止境

正月初三，当人们还沉浸在浓浓的节日气氛里，胡志宏却打起背包，踏上了去往中石化第四建筑安装公司的道路，专程学习药芯 CO_2 气体保护焊技术。

药芯 CO_2 气体保护焊技术具有焊接工艺性能好、生产效率高、能耗和综合成本低等多种优点，这项新技术在我国一些重大工程项目上才刚刚开始运用。胡志宏深知自己肩上的担子有多重，在半个多月的学习中，他虚心学习，潜心钻研。白天实地学习实践，晚上和伙伴们谈论的话题也是他最心爱的焊工专业，根本无暇顾及美丽的异地风光。这次充电学习，使胡志宏受益匪浅，他不仅增强了自信，掌握了全套先进焊接技术，而且在与同行们的切磋中，学到了很多东西。

高高的炼塔上，胡志宏手握焊枪正在紧张作业，他在用手中的那柄焊枪，书写着心中的梦想与阳光。望着光影中的他，笔者眼前幻化出这样一幅动人的画面：一个坚毅的汉子，背负着已装有累累硕果的行囊，在焊花铺成的闪光征途上行进着，越走越快，越攀越高……

“胡志宏，十九年如一日，干一行专一行，成长为行业专家。”这样的事迹深深震撼了王成。“原来在平凡的岗位上真可以做出不平凡的事业，我一样能做到！”王成拾起工具，认真工作起来。

评点

这是一则人物通讯，作者叙写了一位从普通职校毕业生成长为焊工专家的优秀青年胡志宏的奋斗历程，为当代青年树立了学习的榜样。

整篇通讯主题明确，材料选择得当。作者的笔墨全部集中在胡志宏对焊工工作的热爱上。所使用的材料，具有典型性，如主人公的质朴话语“只是熟能生巧”，给人以真实、亲切之感。通过这真切的声音，一个踏实努力、刻苦钻研技术的青工形象跃然纸上，生动展示了当代青年的精神风貌。

全文以横式结构布局，通过“醉心钻研 厚积而薄发”“倾情付出 好钢出利刃”“锐意进取 登攀无止境”三个片段，有代表性地再现了胡志宏的奋斗历程，没有曲折的情节，没有离奇的悬念，看似平淡，实则动人。

案例 2

刚刚进入仙鹤贸易集团工作的文秘专业毕业生李明非常惊讶，第一天上班的工作不是办理手续，也不是熟悉工作环境，而是要阅读一篇老通讯，还要写下读后感。“做文秘工作还要读新闻？这篇文章有何神奇之处？为什么公司这么重视？”李明急忙阅读起来。

“一厘钱”精神

一厘钱，最勤俭的家庭也早已不放在眼里，可是却有手经百万元的厂长、会计、供销人员和长年给国家创造财富的工人，为少花一厘钱，给国家多积攒一厘钱，算盘打了又打，潜力挖了又挖。

用过高级“京华墨水”的人，也许以为，制造这种第一流墨水的费用，会比包装费用大得多。其实相反，包装墨水的费用比制造墨水的费用大 3 倍。因此，要当好墨水厂这个家，给国家多积累资金，大头是降低包装材料的成本。可是墨水不能不用瓶装，商标不能不贴，纸盒不能不用，而且还要分量准、包得牢、外观美。如果京华墨水厂说自己无法降低成本，那也很难怪它，可是这家工厂的包装成本，去年减少了，今年又减少了。他们是用珍惜“一厘钱”的精神减少的。

那是在去年春天，厂长李健刚提请党支部委员会讨论他打算在全厂提出的一个口号：每件包装材料降低一厘钱。

管瓶盖的供应人员，把 11 个瓶盖厂的代表请来，把 11 个厂造的瓶盖摆出来，把天津造、上海造、美国造、德国造的墨水瓶盖也摆出来，同各厂代表一起，比质量，称重量，算成本，评美观。他们把 11 个厂生产瓶盖的 17 项费用指标排成队，逐项比较，精密计算，彼此取长补短。这些似乎是“分外”的工作，促使一些厂把瓶盖的成本降低了，全厂购买每个瓶盖就少花了 4 厘多钱。就在这小小的瓶盖上，去年节约了 10 万元！

管纸盒的孙树德，在自己的办公桌上，摊开一大张纸，拿来一个印好未糊的装墨水瓶的盒，左比右量。他眼前出现了希望：几年来只裁 15 个盒的那种纸，有可能再多裁出一个。他抱着这种希望到东家印纸盒的工厂，找工人商量；到西家印纸盒的工厂，向厂长“游说”。他的希望在 4 个月前终于变成了现实。原来每张纸裁 15 个纸盒，要废掉一小块。经过他和工人们研究改进裁纸方法，每个盒盖插进盒里的那个“舌头”比原先短一“韭菜叶”，一张纸就多出了一个盒。这样，每个盒的纸张费用就减少了一厘钱，全厂一个月节省了 8 令纸，不！还有，裁纸盒方法一改，印盒效率也提高了，每个盒的印刷费用又因此从刀缝里减少了一厘五毫钱。一年要用近两千万个盒呢！

厂长也早在人们不注意的地方设了“关卡”。他告诉回收废瓶子的老人，发现废瓶中有好瓶，要立刻向他报告。一天，那老人果然在车间交回去的废瓶中发现两个好瓶子，忙去报告了厂长。厂长立刻叫上班组长，叫上科室人员，来到现场。他拿起那两个瓶子说：“丢一个瓶子国家损失 6 分钱，没人拣；为什么自己掉个一分钱的小‘钢镚’，就赶紧拣起来呢？”这种爱护国家财产的教育真能打动人心，从此瓶子的损失率大大下降了。

“一厘钱”精神，使京华墨水厂改变了原来的亏本状况，为国家积累了大批资金。“一厘钱”的精神，也在有关工厂产生了连锁反应。如果这种精神在全国每个企业都产生连锁反应，该能为国家积累多少资金啊！

看完报道，李明很有感触，他的读后感中这样写道：“正是有了老一辈建设者的勤俭节约、艰苦奋斗，祖国才有了今日的富强。作为新时代的我们，不仅要节约一滴水、一度电、一厘钱、一分钟，在降本节支上下工夫，更要加强专业钻研，通过管理创新，在降本增效上下工夫。这是我们的历史使命，责无旁贷。”

评点

这则通讯，叙写了京华墨水厂通过开展节约“一厘钱”活动，改变了原来的亏损状况，为国家积累了大批资金。这虽然是发表于 1963 年的一篇老通讯，但是在当今时代仍具有很强的现实意义。

这篇事件通讯，通过改造瓶盖、设计纸盒、加强教育这些具有代表性的事件，集中体现了京华墨水厂全体职工勤俭建国、艰苦奋斗、精打细算的“一厘钱”精神。在具体报道中，有相关资料介绍，有事件的细节描摹，也有对此事的议论，显得报道全面而深刻。特别是作者紧扣主题采用以人写事的手法，使得报道更为生动，可读性强。

相关知识

通讯是以叙述、描写为主要表达方式，对具有新闻价值的人物、事件等进行具体生动的报道，从而及时反映现实生活的一种新闻体裁。

一、通讯的类别

按报道对象、内容和写作手法，通讯一般可分为以下几类。

1. 人物通讯

人物通讯以具有典型意义的新闻人物为报道主体，描述先进人物的感人事迹，展示其优秀思想及品德。也可以写一些违背社会价值取向的人物，为社会正面的健康生活主流提供必要的对照和反面教材。

2. 事件通讯

事件通讯反映现代生活中发生的典型的、具有社会意义的新闻事件，可以具体写出一件事的来龙去脉，也可从某一新闻事件中截取若干个片段进行细致的描述，还可以是若干个事件的综述。

3. 工作通讯

工作通讯介绍工作经验或研究工作中存在的问题，以指导实际工作。报纸上常见的“述评”“问题调查”“记者来信”“记事”等都是这类通讯。

4. 风貌通讯

风貌通讯又叫概貌通讯，着重记叙某地区或单位发展变化、自然风貌、风土人情、生活状况。报纸上常见的“巡礼”“纪行”“见闻录”“散记”“侧记”等都是这类通讯。

5. 专访

专访是种特殊的通讯，是记者对事前选好的新闻人物、单位、部门进行专题采访后写出的报道。它具有采访对象新闻性、报道内容单一性、人称使用特殊性和现场感受强烈性特点。

二、通讯的格式

主要由标题和正文组成。

1. 标题

通讯标题和新闻标题一样，都要求具体、准确、鲜明、生动、简练，但也有自己的特点。通讯的标题更接近一般文章的标题，以单行题或双行题为主，很少有三行题。

根据显示内涵的不同，可分为以下几类：直接昭示主题类，如《赤子情怀——记优秀科学家谭铁牛》、《“为人民服务”精神》；含蓄点化主题类，如《贫困生有了阳光》、《“小机”斗“大机”》；启发读者理解主题类，如《谁是最可爱的人》、《他为何走上不归路》；显示基本内容类，如《第一颗原子弹爆炸纪实》、《敲开世界冠军的大门——中国女子排球队记事》。

2. 正文

正文一般由开头、主体和结尾三部分内容构成。

（1）开头。通讯的开头与新闻不同，不一定要概括整个事实或揭示主题，更多的是在紧扣主题的前提下以多种灵活的表达方式来引出新闻信息，成为启迪读者思路的一把钥匙。较为成功的、精彩的通讯开头可以是以下几种：以鲜明对比开头，以重要情节开头，以精辟议论开头，以恰当引语开头，以设置悬念开头。如：

① 鸡年大运出新闻，“小机”咄咄斗“大机”。

“小机”者，成立刚才两个月，人数不满百的村办乡镇企业——大运天海机床厂也。

“大机”者，成立 50 余年，职工 6000 多人的大型国有企业——大运机床厂也。（以鲜明对比开头）

② 1964 年 10 月 16 日下午 3 时，千古空旷的罗布泊笼罩在一片紧张、肃穆气氛中。随着指挥员那洪亮、短促的声音“起爆”，罗布泊深处突然出现一道红色的强烈闪光，地面紧接着升起了一个巨大的火球，犹如出现第二个太阳。它的光芒把空中的太阳比了下去，天空和大地被照得一片通红。（以重要情节开头）

③ 也许，岁月能改变山河，但历史将不断证明，用信仰、奉献和忠诚堆积的元素，即使再平凡，也会超越时空，像山峰一样永远矗立。（以精辟议论开头）

④“也许我告别，将不再回来，你是否理解？你是否明白？也许我倒下，将不再起来，你是否还要永久地期待？如果是这样，你不要悲哀，共和国的旗帜上有我们血染的风采。”中国人民解放军是最伟大的军队。（以恰当引语开头）

⑤ 一杯可乐 36 元！一小碟花生 68 元！一壶茶 172 元！这是什么地方？（以设置悬念开头）

（2）主体

通讯是一种开放式文体，主体内容的安排无需拘泥于固定的模式。但都应用典型的事例、丰富的材料、生动的描述、形象的语言，对所报道的主题进行拓展、深化、提炼，从而感染读者，使之更具社会意义。

主体的结构方式常见的有纵式、横式和纵横式三种。

① 纵式结构

按照事件发展的时间顺序，或按照作者观察、认识事物的逻辑顺序来组织材料、安排层次，是一种发展、延伸、推进的结构方式。可以使文章有头有尾、有始有终、循序渐进、易于理解。如《赤子情怀——记优秀青年科学家谭铁牛》一文，就通过“毅然回国”“成果丰硕”“重任在肩”三段描写，按时间顺序介绍了谭铁牛的事迹。又如《和平的进驻》，通过“离营——兵车与彩车同行”“出关——形象与责任并重”“入关——军队与人民情深”、“赠匾——信任与期盼共存”、“入营——荣誉与使命同在”六段描写，按照事件进程顺序报道了人民解放军进驻澳门的情形。

② 横式结构

运用空间转换，或者采用并列铺排的方式组织材料、安排层次，是一个多视角、多侧面扩展的结构方法，能使文章中心突出、报道面广。如《谁是最可爱的人》就是通过松骨峰战斗、马玉祥勇救朝鲜孩子、战士在防空洞卧冰吃雪三个小故事，突出“志愿军是最可爱的人”这一主题。又如《迎接千禧年》，以空间并列形式，报道了千禧年到来之时，北京、东京、纽约、伦敦、悉尼、开罗的气氛和活动。

③ 纵横式结构

运用时间与空间交替的方式组织材料、安排层次。这种结构又称为电影分镜头式结构，往往是以时间为经线、以空间为纬线来布局谋篇，兼有纵式结构与横式结构的优点。如《为了六十一个阶级兄弟》，就是采用这种结构方式的成功之作。从1960年2月2日61个民工中毒开始，到2月5日民工被抢救脱险，这是纵线；北京、山西平陆县、张村公社、卫生部、黄河渡口等不同地点、不同单位关注支援平陆事件的情景，这是横线。纵横交错，有条不紊。

（3）结尾

应紧扣通讯主题和新闻事实，自然巧妙加以收束，不要画蛇添足。写法有画龙点睛，突出、升华主题，如“六连的士兵过硬，是军官带出来的；六连的军官过硬，是党小组、支部管出来的。党支部这个战斗堡垒过硬，是硬六连的硬根子”；有抒发情怀，引起共鸣，如“‘平静’，多么让人震撼的‘平静’两个字啊。或许，这就是一个从命运的逆境中走过来的人，呈现给生活的最美的姿容”；也有提出问题，发人深思，如“张强的经历，也许有些特殊；但它反映的社会现象，却带有一定的普遍性。难道见义勇为的英雄们流血还不够，还要默默流泪”；或展望前景，鼓舞士气，如“一条护城河，牵动众人心。我们有理由相信，有大家的支持和维护，护城河一定会水变清、岸变绿、景更美”；或照应全文，首尾呼应等。

三、通讯的写作要求

1. 精心提炼主题

通讯的主题要做到正确、新鲜、深刻、明确。要从富有时代精神、符合客观事实的角度去考虑，从而产生良好的社会效应；要新颖独到，与众不同；要能揭示事物的本质，触及时代深层的问题；要清晰明白，一篇通讯只能表达一个中心思想。

2. 认真选取材料

搜集材料时要多，要“以十当一”；选择材料时要精，要“以一当十”。只有占有丰富的资料，才有选择的余地；只有选取选取典型的材料，才能充分表现主题。

3. 巧妙谋篇布局

通讯在结构上越来越呈现出多样性与自由化的趋势，但粗略的结构划分方法还是有的，要按照一定的逻辑顺序将材料组成一个有机整体，使之富于条理性。

4. 活用表现手法

通讯的主要表现手法是叙述和描写，但为了表现人物和突出主题，还会使用抒情和议论。四种方法综合运用，可以使通讯叙事生动，描绘形象，抒情感人，议论透彻。

写作实践

一、“大学生陈孝生从小父母双亡，四年中，他没有向家中要一分钱，没有向学校申请减免学杂费，没有申请困难补助，完全靠自己打工解决学杂费和生活费，还还上了父亲去世时借的 2000 多元钱。虽然平均每天打工三、四个小时，他还每年都获得奖学金，并且成为一名中共预备党员。”面对这样的事实，赵莉非常感动，想为陈孝生撰写一篇通讯，以此表达敬佩之情、学习之意，她该如何进行报道呢？

二、阅读下面这则通讯，根据各部分内容，试着在横线上写下合适的小标题。

建州奇人一晚灭鼠 390 只　灭鼠上瘾成职业

“老鼠过街，人人喊打!”但把打鼠当成一门职业赚钱的人却很少，建州 53 岁的方余粮便是一位职业打鼠者。

报道称，他曾经创下一个晚上消灭 390 只老鼠的纪录。他以打老鼠为职业，但最大的愿望是打光老鼠，打破自家“饭碗”!

____

方余粮出生在建州篑口镇一个瓦匠家，16 岁那年应征入伍，成为武警部队一名战士。他所在的班专门负责饲养军马，业余时间他和战友们自制夹子夹老鼠。

经过 7 年的摸索，他们发明了一种很好用的夹子，老鼠只要碰上便有来无回。退伍后，正赶上家乡搞联产承包责任制，他在自己责任田里用部队带回的夹子夹老鼠，每天他都夹到 10 多只老鼠。

镇上的粮站正闹鼠灾，粮站主任想了很多办法都没有明显效果。有一天，主任听说方余粮夹老鼠有一套，便专门请他去，夹一只老鼠给半斤谷的报酬。

当天晚上，方余粮带着自制的 50 只夹子到粮站仓库周围“布阵”。第二天，方余粮便凭着 390 只老鼠尾巴到粮站主任那里领到了 195 斤谷子的报酬，这在当时可是一笔不小的收入。

方师傅灭老鼠的事在小镇上传开了。镇上的医院、学校、农机站、供销社等都请他去打老鼠。从此，方余粮便开始他的职业灭鼠生涯。

____

方余粮灭鼠的名声日益大震，1986 年，其中一个月时间内，他居然收到了 2000 多封来自全国各地的信。有向他请教灭鼠经验的，有想登门学艺的，还有向他购买老鼠夹子的。

有一天，建阳张氏父子几经周折找到篑口镇，拜方师傅为师，学了足足一个月。那一年，他带了 10 多个徒弟。

1986 年底，增城棉纺厂特地请方余粮到厂灭鼠，报销来去车费，包食宿，打一只老鼠 1 毛钱。方师傅自豪地说：“当时村里人都羡慕我哩，这是我第一次到外地去‘传经送宝’。”厂方还特地派了 2 名年轻职工跟着他学习。那一次，本来约好只在增城呆一个星期的，可后来增城柴油机厂、冶炼厂等单位得知后，纷纷来请他，直到春节前，方余粮才回家。

____

与老鼠打了几十年交道的方师傅对老鼠的习性可是了如指掌。

方师傅说，他平常最爱收集全国各地灭鼠信息。电灭鼠不安全，成本高，有些地方无法展开；药物灭鼠费事，还容易造成二次污染。目前，采用夹子这一环保方式是最好的。

报道称，多年来，他不停地改进夹子的形状、大小、弹簧的直径，他的夹子已非常完美，能在任何环境下作业，老鼠只要碰上便有来无回。他还想将夹子申请专利。

____

打老鼠让他有了一个可以维持生计的好职业。多年来，方余粮先后为建州的 70 多家单位打过老鼠。他说，今年他已与建州市 3 家大宾馆签订了共 24000 元的灭鼠合同，近日又有几家宾馆和一些机关单位正在和他洽谈灭鼠事宜。

方余粮坦诚，他一生最大的愿望就是“失业”。他说生活环境一年比一年干净了，人们的生活水平也一天天提高，现在老鼠也比以前少多了。如果有朝一日真的没有老鼠可打了，即使失业也心甘情愿。

6.3 评　论

案例 1

“又宰了一个，轻轻松松 1000 元到手了。小王，你别死脑筋了，这来钱多快呀！”刘明炫耀地说着。王建是一名职业学校汽修专业毕业生，在信德市汽车城里经营一间汽车快修店。由于刚刚开店，虽然一直诚信经营，生意却不怎么样。刘明是旁边一家快修店的老板，技术不怎么样，嘴上功夫了得，花言巧语骗了不少顾客的钱。对于刘明这番言论，王建并不赞成，他始终认为靠坑蒙拐骗做生意长久不了。这天，他看到这样一篇评论，更加坚定了他诚信经营的决心。

汽修不明码标价罚五千，罚得好！

本报评论员

《信德市机动车维修管理规定（征求意见稿）》开始在网上征求民意了。《管理规定》征求意见稿规定，机动车维修经营者应将原厂配件、副厂配件和修复配件分别标识，明码标价，供托修人选择。托修人自备配件，应提供配件合格证明，并在机动车维修合同或者结算清单中记载，否则不得使用。违规不将原厂配件、副厂配件和修复配件分别标识、明码标价的，或在使用时违规不如实告知消费者的，责令限期整改；限期整改不合格的，处以 1000 元以上 5000 元以下罚款。

多数车主都有修车“挨宰”的经历，副厂件被收了正厂件的钱；防冻液、雨刮水是用自来水勾兑的；还有的人将车开到维修厂，结果车子被拆开后竟被修车者玩了“空手道”，车子没有任何修理，维修老板却向你要钞票。也有的车主倒车不慎轻微碰擦，在修理厂整修做漆时，却稀里糊涂被收一千元，“小毛病”修成“大问题”。凡此种种，猫腻数不胜数。最可悲的是，许多车主修车被宰还蒙在鼓里一无所知。

该征求意见稿的出台，对于数字日益变大的汽车拥有者来说，无疑是个福音。此举将使汽车维修行业更加透明。新规定中关于持证上岗、配件、维修明码标价等方面的制度，对广大车主来说，意义非常重大。对于“小毛病”修成“大问题”、工时费是笔“糊涂账”的维修企业来说，应该意识到，到了与这些“猫腻”说“拜拜”的时候了。对于汽修行业，尤其是“路边摊”来说，新规定的实施无疑将是一道紧箍咒。而对于那些对汽车技术不甚明了的广大车主来说，这个紧箍咒来得及时且作用不小。

目前，国家对开办汽车维修厂的资质虽有要求，但并未硬性规定修理店内的工作人员要悬挂个人维修资质证或者是信用凭证，这就造成了不少维修店大量招入没有经过相关技术培训的工人。另外，部分维修人员由于待遇相对较低，就在维修中通过造假为自己“提高”待遇。同时，零部件以及工时收费普遍缺乏明码标价和标准缺失，也造成了随便要价的方便。目前的征求意见稿很显然就是针对上述弊端对症下药的。

有业内人士对此表示，由于买车、修车等问题是我国消费领域出现的一个新问题，消费走在前面，而法律滞后，所以，应当加快立法步伐来规范和调整汽车修理行业。目前，这个具有法律效应的规定就要出台了。本报认为，除了制定完善的法规外，还要提高法规执行的力度，并且要建立一个普通老百姓也能直接举报或投诉的有效信息通道，对于违规不法维修经营企业要打击及时并且有力。有了完善的法规，有了强有力的执行，困扰汽修行业多年的造假坑害消费者的行为一定会得到有效遏制。

“汽修市场必将越来越正规化。坚持以诚待客，坚持以信立业，自己一定能立足于社会。”看完这篇新闻评论，王建的信心更足了，对前景也充满希望。1 年后，王建诚信服务的作风得到顾客口碑相传，店面生意火暴，而刘明的快修店则因为多次被顾客投诉，造成很坏影响，最后倒闭关门。

评点

这是一篇评论员文章，很好地体现了评论所具有的鲜明的政治性、强烈的现实性和深刻的理论性。

好的评论应该具备强烈的理论色彩，文章标题“汽修不明码标价罚五千，罚得好！”就旗帜鲜明发表了编辑部的主张，表明编辑部的立场。随后，文章对《信德市机动车维修管理规定（征求意见稿）》相关规定进行解读，便于读者更好理解新闻事实。第二、三、四段，通过对汽修市场现状分析，证明征求意见稿是有的放矢，就是针对现实生活中这些弊端对症下药，表现出强烈的现实作用。特别是在写作中，文章不是装腔作势抒发虚假的感情，而是真正做到了和人民群众同呼吸，共命运，利于引起读者强烈的共鸣。文章最后一段，跳出了就事论事的圈子，表现出深刻的理论性，提出“除了制定完善的法规外，还要提高法规执行的力度，并且要建立一个普通老百姓也能直接举报或投诉的有效信息通道，对于违规不法维修经营企业要打击及时并且有力”这一正确的、新鲜的见解，从而更好地提高读者的认识水平，达到评论的写作目的。

案例 2

“看，《中国 2010 年上海世博会 3 日游玩攻略》！你看过没有？”、“写得特别详细，太佩服了！我可写不来。”、“作者倪文灏真是运气好，一下就出名了。”这几天，江南职业学校 08 级旅游服务与管理班的同学，对一篇有关世博会的文章及其作者议论纷纷。

班上学生黄亚楠看了《攻略》后，觉得它非常实用。对于作者也有几分敬佩，但究竟敬佩什么，一下又说不清道不明。一天，她看到了报纸上的一篇新闻评论，感觉思路一下明晰起来。

世博攻略高手是这样炼成的

陈亦冰

最近，一份“中国 2010 年上海世博会 3 日游攻略”的帖子在网上热传。数以十万计的网民浏览后，冠其为“民间最牛观博攻略”。本届世博会执委会副主任周汉民也赞叹“如何选择世博会的游览路径是一个最难回答的问题，而这份攻略确实非常实用”。

攻略作者倪文灏年仅23岁，2008年毕业于上海第二工业大学的会展策划与管理专业，当初曾在世博会展示中心做过志愿者，因为工作认真被留下成为展示中心的正式员工，现在是城市最佳实践区的讲解员。写这份攻略他只花了3个晚上的时间。

一个刚刚工作两年的大学毕业生，怎么就突然变成世博会的攻略高手？也许好多人会感慨他的机遇和运气，然而，笔者却注意到了其中的三个细节。

一是做有心人。世博会工作人员、志愿者不计其数，都很负责、很努力，但小倪更细心、更用心。他虽然没有时间实地考察园区全貌，但他有时间天天留心展示中心的园区沙盘模型的变化。久而久之，他对园区的结构、道路、交通了如指掌，熟悉程度甚至超过了自己的居所。他每天回家都会打开世博官网，查询有关信息，日积月累，自己就变成了一幅世博园区的“活地图”。

二是有兴趣做。写这份攻略肯定不是小倪的工作职责，也不是想出名赚钱。他在接受采访时说：“我就是喜欢做，趁着年轻根据自己的兴趣做些喜欢的事，那就是一种快乐。把我的知识或者说是一点心得，让更多的人分享，给他们在参观世博会时提供一点帮助。”不浮躁，不功利，把做有益的事当作生活的乐趣。

三是有能力做。许多专家都承认，要在三夜的时间里，写出这样专业的攻略，真不简单。那么小倪的这种能力是怎么来的呢？他说：“我平时就是一名驴友，很喜欢自己背包旅游。每次出行我都会在网上做好功课，写一份详细的行程单，包括怎样坐车、怎样住宿、选择怎样的游览路线，我就是按照这样的思路来写世博游攻略的。”

攻略高手原非依仗机遇和运气，靠的是乐于平凡，善于积累，在千姿百态的世界里找到一个适合的位置，开开心心、踏踏实实地做好自己的事，包括充实生活的每一天。

笔者认为，对于无数苦思冥想成才立业的大学毕业生来说，倪文灏的“走红”，应该是极好的启示。像他这样的人才，即使到了世博会后，也一定是许多企业眼中的“香饽饽”。

看完了评论，黄亚楠有些激动，急忙把这份评论复印后分发给同学们。“世博攻略高手原来是这样炼成的！倪文灏，好样的！你是我们学习的好榜样。”看完评论后，班级中各种争论突然统一起来，汇成了这句话。

评点

这是一篇署名评论文章。作者通过对社会热点问题的巧妙评论，挖掘出了事件的深层意义，可以帮助读者提高认识。

在第一、第二段中作者交代了写作背景及相关人物资料，为下文的评论做好铺垫。第三段提出问题，“一个刚刚工作两年的大学毕业生，怎么就突然变成世博会的攻略高手？”然后结合事实，从“做有心人”、“有兴趣做”、“有能力做”三个角度展开论述，最后总结观点“攻略高手原非依仗机遇和运气，靠的是乐于平凡，善于积累，在千姿百态的世界里找到一个适合的位置，开开心心、踏踏实实地做好自己的事，包括充实生活的每一天。”并在文章结尾，再次提示，发人深思。全文层次清晰，具有时代气息，和很强的现实意义。

相关知识

评论是新闻传播机构或个人，就当前重大问题和新闻事件发议论、做解释、提批评和谈意见的一种论说文体，是所有新闻媒体上各种评论形式的总称。这种以议论为主的新闻文体，主要具有评和论两种功能。“评”就是提批评、谈意见；“论”就是发议论、做解释。

一、评论的类别

评论从不同角度，有多种分类。按说理的方式，有立论和驳论两种；按媒介分，有报刊评论、广播评论、电视评论和网络评论；按评论的内容分，有形势评论、事态评论、工作评论、思想评论和经验评论等。

目前，在我国新闻界普遍采用的是按评论的形式进行划分，常见的有以下几种：社评、评论员文章、短评、编者按、署名文章。

1．社评

社评又称为本社、本刊和本台评论，是最高规格的评论形式，主要是就带有全局性和普遍意义的事件、问题和形式等表达意见与看法，往往具有一定的理论深度和影响力。

2．评论员文章

评论员文章是仅次于社论的评论形式，多用于评论地区性、行业性的问题。评论员文章反映编辑部的观点和倾向，也代表编辑部集体的意见，因而具有一定的权威性。

3．短评

短评又叫短论，属于新闻评论中的轻武器，主要用于评论那些有一定影响的事件和问题等。它篇幅短小、形式灵活、内容相对单一，常与新闻一起发表。

4．编者按

编者按是最简短、最轻便的一种评论形式，是编者对新闻报道所作的说明和批注，一般起强调重点、表明态度的作用。它一般放在文章前，放在文章后面的通常称为“编后”。

5．署名文章

署名文章是各类人员撰写的对各种事件发表评论的文章，可以各抒己见，文责自负。如专栏评论、漫谈、杂感、时评、学习笔记、工作札记、书刊（影视剧）评介等。

二、评论的格式

评论和一般议论文差别不大，通常由标题和正文两部分组成。编者按可以不写标题。

1．标题

评论的标题一般体现文章的中心思想。在具体写作上，或是给出一个论断，如《安全生产是人命关天的大事》《“大学排行榜”没啥意义》；或提出某个问题，如《今天怎样学习雷锋》《油价为什么只升不降》；或发出一个号召，如《让贫困学子上得起学》《营造和谐社区靠大家一起努力》。

2．正文

正文分为引论、本论、结论三部分组成。

（1）引论

提出要阐述论证的问题，点明或暗示文章的中心论点，统帅全文，为全篇定向、定调子。

常用方法或是开门见山，点明题旨，如“切实做好下岗职工再就业工作，关系到改革发展稳定的大局，具有重大的政治、经济和社会意义”；或说明原委，交代有关背景，讲明写作动机，提示写作意义，如“上海艺人周立波曾在‘一周立波秀’里调侃：老太太过马路，不想被‘活雷锋’搀过来扶过去，硬是在原地打转转，而福利院的老人因为几次三番‘被洗澡’，干脆就待在浴缸里等着志愿者去献爱心”；或设靶论战，即一开始就先把需要批驳的论点摆出来，如“现在的孩子，特别是城市孩子，身上的零花钱不少，有些家长给孩子零花钱时，大方而盲目，只要孩子伸手就给。笔者担心，长此以往，若不加以正确引导，孩子容易养成肆意挥霍的不良习惯”。

（2）本论

本论是新闻评论的主体部分，要求层次分明、意脉贯通。本论安排层次时应对全篇评论作通盘考虑，一般都要结合绪论和结论来进行。主要有两种形式。

① 并列关系，全篇为总分（或分总）结构。在这种情形中，不管文章是开头提出论点，还是结尾归纳结论，其本论部分均分而述之，各部分一字排开，不分主次。如《安全生产是人命关天的大事》一文就是从“抓好安全工作，首先思想要高度重视”“抓好安全工作，要注重分析目前安全事故多发的特点，研究新情况，采取相应的对策措施”“抓好安全工作，要特别重视落实领导责任制，尽快建立健全重大事故责任追究制度”三个部分进行阐述。

② 递进关系，即由表及里，层层深入，各部分之间主次分明，不可换位。如《做有责任的人》一文就从“敢于承担责任”“尽力完成任务”“勇于知错能改”三方面依次层层深入，螺旋上升。

（3）结论

结论用来综合全篇作总结，要求干净利落、态度坚定、照应引论、紧扣主题，如“对于学生安全来说，当前行之有效并且合理的做法，应当是学校主动与家庭和社会携起手来，加强沟通、彼此协助，共同为学生的成长成才创造一个宜人的空间”；也有进行展望，以鼓舞信心、激励奋斗，如“目前，海峡两岸中国人都面临当今世界的严峻挑战和历史机遇，应当不失时机地共同携手，振兴中华，建设一个统一和富强的中国，为人类的和平与进步事业作出更大的贡献”；还有抒情性结尾，启发读者进一步思考，如“因为创新，世博会闪烁智慧的光芒；因为盛会，人类梦想插上新的翅膀。‘抛弃战争吧！让我们联手、和谐与团结！’1867 年，法国作家雨果在巴黎世博会导览手册上写下的这句话言犹在耳。从上海世博会再出发，人类的梦想向着未来展翅翱翔”。

三、评论的写作要求

1．精心选题

所选论题要带有普遍意义，或为当前急需解决的问题，或是特别需要关注的新情况、新动向。

2．深刻论理

论理包括提炼论点，选择论据和进行论证三个步骤。其中，论点一定要正确、鲜明。这要求作者有一定理论素养，懂得党和国家的方针政策，还要了解实际，具备有关专业知识。论据要真实、典型、准确。为此，要深入调查研究。在论证过程中，可采取直接论证法（归纳、演绎、类比）和间接论证法（反正、淘汰）以及反驳法（直接反驳和归谬）。

3．注意导向

写评论，要态度鲜明，开门见山，要加强针对性和准确性，还要讲究时效和一定的生动性，从而不断强化正确的舆论导向。

写作实践

一、今年开始，沧海高等职业院校课堂上重新启用“上课”、“起立”、“老师好”等问候语。这些原本只发生在中小学课堂上的教学形式，现在成为学校的一项新规。校园网报道了这一事实，对这件事冀文彦也有一番看法，准备写一则评论阐明观点。

二、请根据上下文内容，将下面一则短评补充完整。

专业技术首席专家聘任制度，真棒！

2010 年 1 月 1 日，总经理赵亦凡为公司首批聘任的专业技术首席专家张成、王灿颁发了聘任证书。公司实行的专业技术首席专家聘任制度，是将具有丰富管理经验的公司已退休专业技术人员，高薪聘任到公司技术管理岗位上，以此提升公司在工程建设、运行管理、市场开发等方面的技术力量。公司首批聘任的两位专业技术首席专家，都是公司紧缺专业的技术带头人。

____

____

公司专业技术首席专家聘任制度的逐步实施，将为广大员工开辟更为广阔的发展空间。这是公司创建学习型组织，推动企业文化建设的需要，是从公司战略发展的高度，创新激励机制的一项重要举措。

6.4 简　报

案例 1

“哥，时间到了。一起踢球去！”郭明推开了攻读政法大学研究生学位的哥哥的房门，却见哥哥正在奋笔疾书。“哥，你还忙什么呀？不是和小强他们约好去踢球嘛！”郭明很诧异。“在写论文啦！”哥哥连头也不抬一下。“写论文？哥前几天不就写好了嘛！还写什么？”郭明更是不解。“忙着啦，你自己去玩吧！”哥哥有些不耐烦。“哥，你到底搞什么呀？”郭明非要弄明白。“你看了就知道了。”哥哥实在没办法，递给了郭明几张打印出来的资料。

高校哲学社会科学

工 作 简 报

2009 年第 5 期（总第 27 期）

教育部社科司编　　　　　　　　　　2009 年 4 月 21 日

【编者按】加强研究生学位论文规范管理，防止抄袭、剽窃是高校学风建设的重要内容。中国政法大学基于“法治”的思路，建立起一整套相对完善的研究生学位论文答辩制度，既有严厉的“打假”，也有宽容的“救济”；而且将对学位论文不端行为的学术处理与诉讼过程的司法处理相衔接，使得学术“打假”行为有法可依、有章可循。现将该校有关做法予以介绍，供参考。

中国政法大学依法治理研究生学位论文不端行为

撰写学位论文，作为研究生培养的环节，既是锻炼、提高研究生学术水平和研究能力的重要渠道，也是培育、养成良好学术品德和学术规范意识的重要途径。从 2004 年开始，中国政法大学以研究生学位论文的原创性检查为抓手，着手建立相关数据库和制度，严格研究生学位论文管理，不断完善管理制度与规范体系。学校从 2005 年开始试点，2006 年起正式对研究生学位论文进行原创性专项检查，严厉查处学位论文抄袭、剽窃行为。据统计，2006 年到 2008 年三年中，共检查研究生学位论文 4010 篇，其中有抄袭行为的 252 篇，所占比例从 2006 年的 11.02%降到 2008 年的 5.76%，呈逐年下降趋势。

制定学术不端行为认定标准。对于学位论文抄袭剽窃的处理，涉及数量认定和性质认定两大环节。学校组织专家对学位论文中的学术不端行为的认定标准进行多次专门论证，不仅根据抄袭、剽窃的字数多寡，分段确定，而且甄别抄袭、剽窃部分在学位论文中的作用，分类定性，并将其作为影响处理结果的情节。“标准”规定，抄袭剽窃占论文总字数 3%以下的为情节轻微行为，给予责令修改论文一周后答辩或责令修改论文延期半年再予答辩的处理；抄袭剽窃占到 3%～10%的为情节较为严重行为，给予责令修改论文后一年内答辩或取消其学位申请资格的处理；如果占到 10%以上则认定为情节严重行为，直接取消学位申请资格；因抄袭、剽窃被责令修改论文后一年内答辩，在第二次申请过程中，再次有抄袭、剽窃行为者，一律取消其学位申请资格。

坚持学术不端行为处理合法性。处理学术不端行为的难点之一，在于处理标准与处理结果的合法性、合规性。对于学位论文不端行为的处理，涉及当事学生的重大权益，而法科学生又普遍具有较强的维护自身权利的意识。中国政法大学强化“依法治校”原则，利用自身的专业优势，将对学位论文不端行为的学术处理与诉讼过程的司法处理相衔接，使得学术打假行为，无论是在标准的确定上，还是在程序的设立上，均建立在坚实的合法性、合规性基础之上。法律规定，著作权受到保护。凡是抄袭、剽窃他人享有著作权的智力成果，其字数达到一定比例，在司法实践中即被认定为侵权，行为人必须承担相应的法律责任。中国政法大学确定的“抄袭字数认定标准”与司法实践中的“抄袭字数比例”相衔接，因而保证了处理标准的合法性。

赋予当事人申请救济的权利。当学位申请人对评审实体标准的科学性、评审程序的正当性提出疑问时，学校赋予申请人在导师推荐、专家评审、答辩委员会答辩、学位委员会审定等每一答辩环节申请救济的权利，允许有关机构依据救济程序，重新审议学位申请的阶段性要求，并独立做出新的决定。学校一般从研究生提交论文就开始检查，原创性检查专业小组在查出涉嫌抄袭、剽窃的论文后，将查验结果提交答辩委员会。首先，申请人在答辩时，可就专业小组提出的查验结果向答辩委员会解释、陈述。其次，在院学位评定委员会、答辩委员会做出关于学位论文抄袭、剽窃的认定结论和处理意见后，申请人对于该认定结论和处理意见有异议者，可以在 7 天内向校学位评定委员会申请复议。学校成立了学术规范与复审委员会，研究和处理相关事宜，使检查结果更加公正、准确，保证学位申请人的合法权益。增设救济程序的目的在于，通过一个新的机制重新审视被审查对象，让当事人能够通过合法途径提出自己对于前期结论的异议，为当事人提供一次表达意见、提出抗辩的机会，扩大了公正结果产生的几率，提高了研究生教育和培养的公正性。

报：部党组成员
送：全国哲学社会科学规划办公室、部内各司局
发：教育部社科委委员、学风建设委员会全体委员、高校分管校领导、各省、自治区、直辖市

教育厅（教委）社科管理部门，直属高校社科（科研）处、部分省属高校社科（科研处）、教育部文科重点研究基地

看了资料，郭明好像有些明白了：哥哥的论文肯定有些问题，正忙着修改呢！看来做学问真来不得半点虚假，千万不能寄希望于侥幸。

评点

这是一篇工作简报，很好发挥了传递信息、交流经验的作用。

文章一开始就通过“编者按”点明用意，介绍中国政法大学加强研究生学位论文规范管理的新做法，并在字里行间表示出赞许之意，明确传达了这份简报的意义。正文部分开门见山，先通过详细数据展示成果，让人一目了然。然后从“制定学术不端行为认定标准”、“坚持学术不端行为处理合法性”、“赋予当事人申请救济的权利”三个方面，用事实说话，详细介绍具体做法。

整篇简报脉络清晰，内容集中，语言简洁。

案例 2

“儿子，你说买啥行业的股票好？”爸爸征求在华海职业学校交通运输专业就读的傅强的意见。“买股票就是买预期，关键要看行业景气度。交通运输行业正在大发展，我看这个行业行。晚上我查些资料给你看。”谈到自己的专业前景，傅强充满信心。第二天一早，“爸，我看就买水运吧！这个行业好！”傅强把打印下来的资料递给了爸爸。

水运行业动态

简　　报

2007 年第 5 期（总第 100 期）

交通部水运司编　　　　2007 年 4 月 9 日

灵便型船运价创国际海运新高

3 月 30 日国际干散货综合运价指数 5388 点，日均 5123 点，同比增长 97.1%，较上月增长 16%。

国际海运市场运价在 2 月稳步增长的基础上，3 月加快节奏向上突破，9 日越过 5000 点，月底达到 5388 点，是近两年来的最高位，较 2005 年以来的最低点 1747 点上涨了 2 倍多，距离 2004 年底的历史高点 6208 点已是近在咫尺。3 月初在以承运铁矿石为主的海岬型船舶运力紧张传导下，巴拿马型、灵便型船舶运价也节节升高，即期船难寻也带动中长期租船价格上扬，太平洋、大西洋两大干散货运输洋区行情火爆。海岬型、巴拿马型船舶四条航线平均租金分别超过 9 万美元和 4 万美元，海岬型船最高时曾超过 10 万多美元，已与 2004 年的历史最高位相当，5 万吨以下灵便型船突破 2004 年 3394 最高点，达到 3482 点，创历史新高。

根据干散货运输特点，第二季度相对平淡，而当前的火爆行情让人们始料不及。其主要

原因是由于全球经济继续向好，铁矿石、煤炭、粮食等大宗货物需求旺盛，而船舶运力扩张跟不上需求增加。其次为澳大利亚西部地区热带风暴影响、部分港口堵塞严重、印度对本国铁矿石出口征税，使我国进口铁矿石运距拉长、4 月 1 日新财政年度铁矿石涨价期限逼近、钢铁企业加大了进口量等等，诸多因素进一步加剧了运力紧张。

数据显示，今年全球干散货运力处于适度偏紧状态。虽然由于某些原因可能在某个时段引起运价波动，但全年运价高位运行的基本格局不会改变。

报：部领导

送：部内各司局、海事局

发：各省、自治区、直辖市水运交通管理部门，

“政府编制的动态简报，数据假不了。”爸爸仔细阅读了几遍，对“今年全球干散货运力处于适度偏紧状态。虽然由于某些原因可能在某个时段引起运价波动，但全年运价高位运行的基本格局不会改变”这论断非常赞同。“咱看好水运业，就买‘中国船舶’。”爸爸以 90 多元 1 股的价格买了 1000 股，没想到年中最高涨到 300 元 1 股，获得了超高的收益。

评点

这是一份业务动态简报。通过阅读，便于行业内部掌握重要信息，更好开展业务工作。

这份简报主要反映近期国际海运市场运价情况。该简报 4 月 9 日发出，文中采用最新数据为 4 月 1 日，体现了时效性。标题选取了文中最具有代表性的事例，给人以视觉冲击力。正文部分第一段以数据说话，让读者一下就对总体情况有了印象；第二段利用具体事例、数字，运用叙述、对比等方法进一步进行详情介绍；第三段多角度分析原因；第四段对未来发展走势作出判断。全文简明扼要，短小精悍，时效性强。

相关知识

简报是机关、社会团体、企事业单位用来汇报工作、反映情况和交流经验的一种事务性文书，也叫“动态”“情报”“通报”“内部参考”“综合反映”等。

简报以真实、及时、简明的方式，在交流情况、沟通信息方面发挥着重要作用。它不是正式公文，却可以起到上传下达的作用。上级机关可以通过简报了解工作的进展和动态，下级机关也可以通过简报了解领导机关的意图。简报还可以用于本行业、本系统内的各单位之间传递信息和交流经验，从而有力推动工作和事业的发展。

一、简报的类别

简报种类繁多，按刊出的日期分，有定期的和不定期的；按发行的时间分，有长期的和临时的；按密级分，有机密的和不保密的。目前，最常见的分类方法是根据内容的不同，将其划分为工作简报、动态简报、会议简报三种。

1. 工作简报

工作简报以反映业务工作活动为主要对象，主要反映工作中的新情况、新经验、新问题。

2. 动态简报

动态简报以反映某些事物的发展为主要对象，主要反映新情况、新动态、新趋势。内容

新，时效性强。

3．会议简报

会议简报以反映会议活动为主要对象，主要反映会议进程和会议作用、成果。当一个会议编发多期简报时，每期的主旨、选材可各有侧重，表述方法也可灵活多样。

二、简报的格式

简报一般由报头、报体、报尾三部分组成。

1．报头

报头在简报第一页上方，用横线与报体部分隔开。具体内容有：简报名称、期数、发文单位、发文日期。必要时可以套红，以显示正式庄重。

（1）简报名称。印在第一页上方的正中，为了醒目，一般用大号字体。

（2）期数。在名称正下方，用较小字体，按年度标出期号，还可标出累计的总期号。

（3）发文单位。位置在期数左下方，应标明全称。

（4）发文日期。位置在期数右下方，以领导签发时间为准，应标明具体年、月、日。

有些简报根据需要还应标明密级，如“内部参阅”“机密”“绝密”等，位置在简报名称的左上方，保密性简报才有编号，一般简报没有编号。

2．报体

报体是简报的主体部分，由标题和正文组成，有时根据需要还要加上“按语”。

（1）标题

标题是简报内容的总提要，应力求贴近、简明、醒目，使人一目了然。主要形式有单行标题和双行标题两种，类似于新闻的主标题和主副标题。有的简报，在报头的简报名称处已经写明内容，可以不再写标题，如《全国审计工作会议简报》、《农产品价格简报》。

有些简报在标题前加有编按，是编者根据简报内容加写的评论、补充说明和指导性意见。

（2）正文

正文主要是概述某一工作情况，及工作中的问题、经验、信息等。主要有以下几种形式。

① 新闻式：类似新闻的写作，由导语、主体、结尾、背景组成。如案例 2 中简报就是这种形式。

② 集纳式：用明确的中心话题，把一组简讯或者把不同方面的情况贯穿起来，加上前言或者编按，使之成为一个有机整体。各部分可以采用分段表述，也可以列小标题或按序号分述。如正文抓住“校企资源共享，合作推动双赢”这一主题，将各学校特色做法进行展现，就是这种形式。

③ 转发式：对于一些有借鉴作用的好材料、好经验，可以编发在简报上，以指导推动本部门的工作。常常在正文前以编按做必要的导读，说明编发的目的、原因、意义，以期引起重视。案例 1 中简报就是这种形式。

3．报尾

报尾在简报最后一页的正文下方，在两条平行的横线内，写明简报的报、送、发单位。报，指简报呈报的上级单位；送，指简报送往的同级单位或不相隶属的单位；发，指简报发放的下级单位。有时报尾还有本期简报的印刷份数。

三、简报的写作要求

1．简

简指精要简短。简报是对情况的简明报告，语言要精练，篇幅要简短。这是其最基本特征。

2．真

真指内容真实。须确有其事，不是虚构的，也不是“大体如此”，既不夸大，也不缩小。

3．实

实指事实胜于雄辩。报道不是靠作者的旁征博引，推理证明，而是要靠事实说话。

4．新

新指内容新鲜。简报要反映新问题、新经验、新情况、新动向和新思想，才有利于取得指导工作的主动权，及早给人以借鉴和启示。

5．强

强指简报的针对性、指导性强。简报多针对工作中的热点、重点、难点制发，这样才有指导意义。

6．快

快指报道的迅速及时。简报写作要快，制发也要快，力争读者在第一时间了解到最新情况。

写作实践

一、从职业学校毕业后，丁俊到华海模具厂办公室参加工作。由于模具厂要使用相当数量的有色金属，因此老板对铜、铝、锌市场价格很关注。老板要求丁俊做一份3月份铜、铝、锌市场价格行情简报，以供参考。通过市场调研，丁俊了解到以下信息后，编写了一份简报。

品种	2月平均价格	3月平均价格	月开盘价格（3.1）	月收盘价格（3.31）	月最高价格	月最低价格
铜	55262元/吨	59310元/吨	59400元/吨	60450元/吨	60500元/吨（3.30）	58200元/吨（3.15）
铝	16078/吨	16189元/吨	16150元/吨	16100元/吨	16250元/吨（3.11）	15900元/吨（3.25）
锌	17462/吨	18133元/吨	18300元/吨	18250元吨	18600元/吨（3.12）	17000元/吨（3.3）

二、根据所提供的信息，制作出一份简报报头。

简报名称：江苏省中等职业学校和中小学深入学习实践科学发展观活动简报

期数：第66期

发文单位：江苏省中等职业学校和中小学深入学习实践科学发展观活动指导小组办公室

发文日期：2011年1月25日

6.5 广播稿

案例 1

“总担心病房会出什么问题，就是节假日手机也不敢关机；晚上要值夜班，白天才能睡觉，生物钟颠倒，休息没有规律；元旦、春节这样的重大节日，都时常要加班。”护士专业实习生黄薇最近有点烦闷，“我怎么选了个这职业？”她想到放弃。一天，无意中她听到这样一段广播。

我怎么学起医来（节录）

张海迪

我来的时候是春天，春天是播种季节，不是收获的季节。这个时候大概没有我干的活儿。怎么办呢？我就这样等着吗？不久，有一件事情深深地触动了我。这件事也为我开拓了一条最初的为人民服务的路。村子里有个小孩。他总是慌慌张张地为我们搬东西，不是提个小篮，就是提个小花盒。后来我看他挺可爱，给他起了个名，叫“小不点”。“小不点”常常到我屋里来玩，他见我看书，站在桌子旁边问：“姐姐，你不出去玩，你闷吗？我推你出去玩吧！”我说：“你长大了再推我出去玩吧。”可是有天上午，我正在看书的时候，“小不点”的妈妈匆匆忙忙地抱着“小不点”进来了。一进门就慌慌张张地说：“玲玲，你快看看，你这城里来的姑娘懂得多，你看看你兄弟这是咋啦？”我一看，吓了一跳。他翻着白眼，吐着白沫。当时我还是一个不满十五岁的小姑娘，我也不知道这是怎么回事，只知道他生了病。我就说：“哎呀，你赶快把他送到医院吧，千万不要耽误！”可是，我们那儿离公社医院要走十几里路，到县城要走二十多里路。后来，“小不点”走到半路上死了。我当时就非常恨我自己，为什么我不会治病呢？我要是会治病，这个小弟弟不就死不了吗？这件事激发了我，农村缺医少药，农民看病很不容易，我不能下地干活，学习当个医生给群众看病不是很好吗？

“张海迪，5 岁患脊髓病，高位截瘫。可就这样一位残疾人，还自学医术，为乡亲们无偿治疗。”黄薇很受感动，重新审视自己。“不错，护士工作是很辛苦，但能为患者服务，这份欢乐更为独特。”解开心结，黄薇带着微笑走入了病房。

评点

这篇录音讲话，是身残志坚的张海迪自述的成长经历，很好体现了广播稿群众性的特点。

整篇广播稿体现了以口语形式报道新闻的应用文体的特点，讲究具体形象，通俗易懂。如“这个时候大概没有我干的活儿。怎么办呢？”、“姐姐，你不出去玩，你闷吗？我推你出去玩吧！”、“哎呀，你赶快把他送到医院吧，千万不要耽误！”等。这些语言充满生活气息，很通俗，很生动，显得自然、亲切。一下子就抓住了听众的耳朵。

案例 2

“爸爸，咱家的香蕉卖出去没？”职校生张庭很是着急。“卖出去了，卖出去了！”张爸连声说着。“卖出去了？前几天，不是说卖不动吗？怎么一下又卖出去了？”张庭急忙追问。“据说是政府搞了什么营销活动，反正是卖出去了。”具体情况张爸也不清楚。“政府搞了啥营销活动，这么有效？”张庭心中很是疑惑。这时，一段广播解开了她心中困惑。

营销促销助农产品市场艰难转身

2009 年，被称为我国农产品营销促销服务力度最大的一年。

一场别开生面的“香蕉宴”擂台赛于 2009 年 11 月份在广宁市展开，参赛者奇思妙想、各显神通，用香蕉作为主原料，做出了三十多道菜。

参赛者：我们可以做拔丝香蕉、高丽香蕉、吉列炸香蕉、沙拉香蕉卷……

几乎与此同时，在海城，还举行了一场充满创意的吃香蕉大赛。

比赛现场欢声笑语，但很多人并不知道，这背后却是香蕉丰收后大量滞销的严峻局面。今年广宁香蕉丰收，总产量达 210 万吨，因与南方其他香蕉主产区同时上市，加上北方大雪封路，广宁香蕉遭遇了十年来最严重的滞销问题。

记者：这香蕉多少钱一串？

蕉农：7 元钱。

记者：这一串大概有多少斤？

蕉农：大概有 60 多斤。

记者：相当于多少钱一斤？

蕉农：两角多。价格低是对我们最大的打击，辛苦多少年，投资都投下去了，现在都收不回来。

广宁的香蕉困局引起了有关部门的高度重视，农业部、商务部等部门迅速制定了应急和专项促销工作方案，密集开展应急和专项促销活动。11 月 26 日在广宁，香蕉产销对接鉴赏会召开。

农业部市场信息司市场流通处处长陈兆云：我们迅速组织了各地的十家大型批发市场，由我们出钱立即赶赴两个主产区，现场签订了 12 万 5 千吨的采购订单，达成长期的购销协议，涉及数量有 85 万多吨，超过广宁全年香蕉产量的 40%。活动结束以后，产品收购价很快从最低每斤 0.2 元到 0.3 元回升到 0.6 元以上。

广宁香蕉事件只是 2009 年农业市场众多营销案例的一个缩影。有人把刚刚过去的 2009 年称为我国农产品营销促销服务力度最大的一年，营销促销成为农业部门落实职能转变的新重点。

“原来是这样！”张庭恍然大悟。同时对自己正在学习的营销专业有了更深刻的体会：“营销不仅仅是某种商品、某个企业的事，也可以是整个行业、地区的事。我一定要学好专业，将来更好为家乡服务！”

评点

这是篇广播新闻，充分体现了广播稿可听性强的特点，即主要靠声音进行传播信息，影响听众，进行有目的的宣传。

全文不仅有播音员的播报，还有记者、蕉农、政府人员的声音。通过音响的使用，更好展示了事件的相关情况，生动、形象地帮助文字展开情节和表现主题。如记者和蕉农几句对话，一下就把广宁香蕉遭遇十年来最严重滞销的问题展示出来，无须再花费笔墨描述，马上吸引了听众的注意。

整篇报道结构明晰、短小精悍：导语直接，主体具体，全文只用 600 多字就多角度阐释了“营销促销助农产品市场艰难转身”的主题，达到了篇幅短、立意新、内容精的要求。

相关知识

广播稿是供广播使用的各种文字材料的总称，是一种用口语交流信息的文体。因此，撰写广播稿要充分发挥口头语言的一切优点，并注意克服口头语言的缺点，这样才能充分展现它以听取胜的特点，达到宣传教育的目的。

一、广播稿的类别

1．广播新闻

广播新闻是广播中运用最多、最普遍的一种形式。它采用“以事实说话”的方式，及时将信息进行传播。其最突出特点是简短和时效性强。广播新闻可以分为带音响的消息和不带音响的消息两大类。其中，带实况音响的消息尤其能够凸显广播特色。

2．录音讲话

录音讲话，包括录音座谈会，是直接广播人民群众和各级负责同志声音的一种重要的广播报道形式。它或者是在一定会议上的讲话，经录音以后播出；或者是由记者、通讯员邀请各条战线的先进人物、先进集体的代表讲话、开座谈会，经录音以后播出。能直接表达出讲话人的思想感情，富有感染力。

3．广播专题

广播专题是就某一新闻题材所作的全面、充分的报道。其内容容量大，表现手法灵活。包括广播通讯、广播特写、广播专访等报道体裁。

4．广播评论

广播评论多选取社会热点、焦点进行分析点评，一事一议，立场鲜明，使广大听众对新闻事实有更深入、更正确的认识。

5．广播直播

广播直播也称现场直播，即记者在新闻事件进行的同时，现场采访、现场解说、现场录音，实现节目与新闻事件同步播出。这是最能体现广播优势的一种报道形式。

二、广播稿的格式

广播稿是现实中运用非常普遍的报道形式，其结构主要由导语和主体构成。

1．导语

导语要突出最新鲜、最重要、最精彩的事实信息，即开头要先声夺人，一下子把听众吸引住。多使用叙述式和议论式，特别是广播直播中，导语经常采用现场记者交代时间、地点和现场情况的方式。如“各位听众，我现在是在绕城公路收费站。可以看到收费站顶棚出现了坍塌，现在整个顶棚已经压在一辆解放牌卡车的车身上”。

2．主体

主体是对导语的深化和补充，是广播稿的主干部分，必须精心选择事实，提供新闻事实的具体过程以及相关细节、数据等。如在广播稿《六孔秤盘卖鱼翁》中，导语部分介绍“在农贸市场有位挑着一担鲜鱼，提着六孔盘秤的老人”之后，主体部分通过老人个性情况、老人为何要在秤盘上打孔、家人反应等信息进行深化和补充，使读者更全部了解新闻事实。

三、广播稿的写作要求

1. 导语要精心设计

广播新闻采取线性播出，如果“开头”不吸引人，听众很可能马上调台甚至关掉广播。所以广播稿对导语的要求更高，必须凸显全文最精彩的内容，紧紧抓住听众的兴趣。

2. 篇幅要短小精悍

由于广播的特性，广播稿的文字一定要简明扼要，尽量篇幅短、立意新、内容精。

3. 结构要简洁清晰

广播以声音为介质，稍纵即逝，因此广播稿结构必须简洁明了，一篇一般只围绕一个中心问题来写，直到把问题搞清楚为止，防止多线穿插，纵横交错，条理不清。

4. 语言要通俗易懂

广播是给人听的，语言就必须口语化，使人听得懂，听得明白。在写作时要注意：多用双音节，少用不用单音节；多用口头语，少用或不用文言文或半文半白的词；尽量把书面语言改成口头语；不用同音不同义的词；尽可能少用虚词、双关词；尽量不用倒装句；尽量少用简称，不滥用简称。

写作实践

一、张雯丽在金州综合性人才招聘会上，发现不少招聘单位公开反对求职者携带厚厚的简历前来应聘，甚至打出招牌，明文规定只收一张纸的简历。金师大出版社招聘人员解释“一方面是避免浪费，另一方面就是因为投简历的比较多，太多的话看不过来，觉得没有必要写那么复杂”。张雯丽急于想通过广播新闻形式把这个信息告诉同学们，她该如何报道？

二、下面这篇广播稿的顺序有些混乱，请试着调整过来。

联合国官员和专家对新都中学人口教育工作十分赞赏

① 本站消息：新都中学人口教育教师吴天海今天在他的办公室里，拿着一本厚厚的笔记本告诉本站记者：联合国官员和专家对新都中学五年多来的人口教育工作十分赞赏。

② 今年 9 月 23 日，联合国计划开发署驻华代表孔雷风委托他的夫人访问新都中学后，称赞这个学校的人口教育搞得好，写下了热情洋溢的题词：“向新都中学学习”。

③ 去年 10 月 16 日，联合国人口活动基金审评小组全面审评新都中学人口教育工作后，一致表示满意。当审评小组成员海迪·斯温德尔斯女士听了几位学生用英语汇报学习人口教育知识的体会后，高兴地说：“我要把你们写的心得带回纽约，让我的女儿拿到学校去念，使他们更好地了解你们。”

④ 今年 3 月，联合国人口活动基金审评小组在给联合国的审评报告中写到：“政府官员、教员和学生的高度主动性是非凡的。”、“那些教师和学生将人口教育的信息传递到他们的村庄，例如，劝说他们的亲属遵循一对夫妇一个孩子的政策。”

⑤ 人口教育是贯彻“计划生育”基本国策的战略措施。早在七十年代初，周总理就倡导在中学生中进行人口教育。1980 年 3 月，根据我国政府与联合国人口活动基金会签订的中学人口教育项目协定，新都中学被列为全国十所试点中学之一。五年多来，这所中学已经有

1200 多名高中学生系统接受了人口科学基础知识和人口政策的教育。去年底，学生写的 5 份专论被提交联合国教科文组织亚太区教育处。

⑥ 1984 年 3 月 17 日，联合国教科文组织人口教育顾问沙尔马博士来新都中学视察，他作了这样的评价："我对你们卓有成效的人口教育表示十分赞赏。"

综合练习

一、2010 年，江南省教育厅决定在全省启动定向招收免费培养幼儿男教师，首批人数为 300 人（新宁、扬江、天济三市共有 91 个名额），专招今年的初中毕业生，并指定由新宁高等幼师、扬江高等幼师和苏城高等幼师负责培养。根据省厅规定，这 300 人的 5 年 5 万元的学习费用全部由省政府买单，毕业后由各地政府包分配，全部回户籍所在地的公办幼儿园任教，任教期限不少于 5 年。

5 月 29 日～30 日，将在新宁幼儿高等师范学校对新宁、扬江、天济三市考生进行面试，首日报名人数就超过 2000 人。面试内容包括五官形体、普通话、音乐、美术、心理测试等。合格标准为：身高一般应在 1.60～1.85 米，五官端正，面部无明显特征和缺陷，无口吃，无色盲、色弱，体形匀称，四肢无残疾；普通话较标准，音乐基本素质较好，动作协调，具有基本的绘画能力，适合从事幼儿园教学工作。面试总分 100 分，60 分合格。

在现场记者了解到以下信息：

1．竞争非常激烈，一大早学校门前就排起了长队。

2．面试内容包括五官形体（20 分）、普通话（20 分）、音准节奏（20 分）、美术（20 分）、舞蹈动作（10 分）和心理测试（10 分），只有总分达到 60 分方为合格。

3．来报考幼儿男教师的考生成绩大多在中游，但其中也不乏一些成绩优异者。有位学生认为"我觉得这个职业很好，而且未来的就业前景也很好，可以减轻家庭负担，其实不一定上高中考大学才叫有出息。"

4．在现场，不少考生都是由家长陪同而来。每每有考完的考生出来，就会有一大堆家长热切地围上去打听面试内容；而很多时候，一旁的孩子却显得并不积极。记者发现，有七成左右考生是遵循家长意愿，"被报名"参加面试。

请想一想，在以上情境中，需要用到本单元所学的哪些应用文呢？你能写出其中的 2～3 种吗？

二、北方股份有限公司是国内生产计算机的大型企业，每年光是家用计算机的生产和销售就达到数十万台，还有商用计算机和笔记本计算机。王英杰是北方公司生产部的经理。6 月 5 日这天午休时，王英杰在广播里上听到一条消息《工信部：7 月 1 日起新售计算机将预装上网过滤软件》，报道了国家工信部于日前发出通知，为构建绿色、健康、和谐的网络环境，避免互联网不良信息对青少年的影响和毒害，要求所有计算机生产厂家在产品出厂前必须预装"绿堤"绿色上网过滤软件。报道后还有相关评论，以及记者现场采访教育局和有关学校领导的谈话。王英杰立即拿起报纸，去找总经理商量。结果，总经理告诉王英杰，公司昨天也已收到工信部发来的有关正式通知和该软件光盘。总经理要求王英杰，对库存和正在生产的所有计算机都立即组织安装该软件，以确保 7 月 1 日后出厂的所有产品都预装该软件。总经理还要求，生产部在 8 月初要对 7 月份已生产、销售计算机预装该软件的情况做个统计汇报。

请想一想，在以上情境中，需要用到本单元所学的哪些应用文呢？你能写出其中的 3～4 种吗？

参考答案

第 1 单元

请柬

一、

请　　柬

尊敬的家长：

学校定于 2011 年 9 月 30 日上午 10 点举行家长会，中心议题是与家长谈谈如何引导孩子适应新的环境、找准新的目标。家长会地点在我班教室（教学楼 A 区 401 室）。恳请在百忙中抽出时间参加为盼。

三阳中等专业学校 11 电子商务班全体任课老师

二〇一一年九月二十三日

二、未指出会议的具体时间和具体地点。

聘书

一、

聘　　书

为提高我校校园电视台的服务水平，特聘请江东城市大学影视专业张冠亚教授担任我校校园电视台顾问，指导我校电视台工作。

此致

敬礼！

宁南职业技术学校（签章）

二〇一〇年三月二十日

二、

缺漏的内容：（1）成立家长委员会的目的交代不明。（2）聘书结尾的祝颂语缺失。

多余的内容：聘书要求简洁，不需要对单海南的情况做详细介绍。

改为：

聘　　书

为了使家庭教育和学校教育充分融合形成合力，我校成立了校家长委员会，特聘请单海南先生担任我校家长委员会的成员，希望单先生能在百忙中抽出时间协助学校的教育工作。

此致

敬礼！

江滨职业学校（签章）

二〇一一年六月十日

对联

一、供应纸张笔墨，货销江海内外。

二、1. 服装行业；2. 物流行业；3. 文具行业；4. 饮食行业。

贺信

一、

贺　信

亲爱的张海：

你好！

听到你被 4S 店聘用的好消息，真为你高兴。在校时，你就是 07 级学长中潜心磨炼专业技能的佼佼者，深得老师和同学的好评，也取得了不少荣誉。实习中的你，也不时传来好消息，不是参加技能竞赛获奖，就是被所在单位嘉奖。因为你的不懈努力，你成为我们这些学弟学妹的榜样。衷心祝愿你在未来的日子里取得更大的成就！

此致

敬礼！

路明

二〇一〇年六月二十日

二、这封贺信存在以下问题：

1．称谓不当。既然是舍友发出的贺信，以"亲爱的"称呼比较恰当。

2．发信日期不明确。仅指出年月，未写清日期。

3．正文部分不够简洁。"回想起我们的同窗生涯，真是感慨良多，我们一起去食堂，一起去运动场，一起去教室，结下了深厚的情谊"这一句回忆与祝贺对方开业无关，显得多余。

4．语言过于口语化。"听说你的文具店开业了"中"听说"不够正式，宜改为"欣闻"。"当然，你最可贵的就是你一直在校园实训基地忙着"宜改为"回想我们在校的时候，你就一直忙碌奔波于校园的实训基地"。

改为：

贺　信

亲爱的徐沁：

你好！

欣闻你的文具店开业了，我们都为你高兴。回想我们在校的时候，你就一直忙碌奔波于校园的实训基地。你总跟我们说，我们在校就是要学习知识，培养能力，学校给我们提供了这么好的环境让我们积累经验，增强我们的实践能力，我们该好好把握。你也说，有朝一日一定要有一番作为，今天，你终于实现了做老板的梦想，你应该很开心吧。

预祝你成功！

307 舍全体舍友

二〇一〇年十月二日

慰问信

一、

慰问信

春歌各位亲爱的女同胞们：

在万象更新、生机盎然的春天里，我们满怀喜悦地迎来了第 100 个“三八”国际劳动妇女节。在此，谨向辛勤工作在春歌旅游战线的妇女同胞们致以节日的问候！对大家多年来为春歌旅游发展做出的突出贡献，表示崇高的敬意和衷心的感谢！

过去的一年，我们的巾帼英雄们团结一致，顽强拼搏，开拓创新，奋发进取，出色地完成了各项工作任务。全年接待国内外游客达到 20 万多人次，超额完成了年度目标任务。这辉煌的业绩里，饱含着你们的无私奉献，凝聚着你们的辛勤汗水。你们以事业的使命感和高度的责任心，开拓进取，争先创优，表现出你们“巾帼不让须眉”的精神风貌。

希望你们再接再厉，不断提升个人素养，不懈追求更高的人生目标，自尊、自信、自立、自强，不断取得事业的新成就，为春歌的旅游发展再立新功。

衷心祝愿大家节日快乐、工作顺利、身体健康、家庭幸福!

春歌旅游服务公司总经理 春晖

二〇一〇年三月八日

二、

格式错误：（1）称谓语后应把逗号改为冒号。（2）正文部分的问候语不应顶格写，应该空两格。

正文部分段落次序错误：应把第 2 段与第 3 段对调。

改为：

慰问信

全体战斗在防治“非典”第一线的同志们：

你们辛苦了！

自从出现第一例输入性非典型肺炎病例以来，该病严重威胁着人民群众的身体健康和生命安全。面对突如其来的疫情，我院党委、行政果断决策和统一部署。全体医护人员临危受命，以无私奉献的可贵品质，发扬救死扶伤的人道主义精神和大无畏的精神，日夜奋斗在防治“非典型肺炎”第一线。在防治工作中，我院广大医护人员积极请战，不畏艰险，任劳任怨，以高超的医术与病魔抗争，为人民的生命健康做出了重大贡献，用实际行动实践了“竭尽全力除人类之疾痛，维护医术的圣洁和荣誉”的誓言。我院抽调干部参加“非典”领导小组的工作，“非典”领导小组的领导、工作人员废寝忘食，夜以继日，紧张工作，科学领导，为有效控制“非典”作出了重要贡献。在此，谨代表工会和全院职工，向全体战斗在防治“非典”第一线的同志们致以崇高的敬意和诚挚的慰问。

我们坚信在这场与非典型肺炎的战役中，万众一心，一定能够彻底战胜病魔，造福人民！我们衷心地祝愿全体战斗在防治“非典”第一线的同志们健康、平安！

容海医院工会（盖章）

二〇〇三年四月十八日

欢迎辞、欢送辞

一、

欢迎辞

尊敬的各位领导、各位来宾：

大家下午好!

在国内消费需求日益增长的市场背景下，后江市国际酒店设备及用品展览会信息发布会隆重举办，在此，请允许我代表后江市酒店用品行业协会，对各位领导、来宾的光临，表示热烈的欢迎！衷心感谢大家对我市酒店用品行业的支持、帮助、关心和厚爱！

后江市酒店用品行业协会自 2006 年成立以来，秉承“争创一流、发展共赢”的理念，为当好政府与企业的桥梁和纽带而不懈努力，我们时刻关注行业动态、热心帮助行业发展，积极为会员企业、行业、政府服务，促进与各相关组织的经济交流与合作。将于今年 6 月 20 日至 6 月 22 日举办的后江市国际酒店设备及用品展览会，是我市酒店用品行业的一件大事，我们预祝展会取得圆满成功。同时，我们也将充分利用自身资源，积极帮助展会发展，提升展会优势，更好地为行业服务，为我们的会员企业服务。

后江市是酒店用品产业最具知名度和影响力的集散地之一，随着全球经济复苏步伐的加快，酒店用品行业将有更广阔的发展空间。让我们携手合作、共同努力，为开创我市酒店用品行业新局面，做大做强酒店用品行业做出新的、更大的贡献！

预祝后江市国际酒店设备及用品展览会顺利召开，成果辉煌！谢谢大家。

后江市酒店用品行业协会会长 达德

二〇〇八年六月十八日

二、欢送辞的问题如下：

（1）称谓不当。对学长应尊称，把“亲爱的”改为“尊敬的”。

（2）正文部分结构混乱。应该首先对学长们参加 50 周年校庆活动行程圆满结束表示祝贺。其次表达惜别之情。宜将正文部分第 2 段与第 3 段对调。

（3）欢送辞部分内容多余。对本届学生会的介绍与欢送的主题不符，宜删去。

改为：

欢送辞

尊敬的学长们：

你们好！

我谨代表现任校学生会，对你们的返校行程圆满结束表示热烈的祝贺。

明天，你们就要离开母校了，在这即将分别的时刻，我们依依不舍。大家相处的时间是短暂的，但我们之间的校友情谊是长久的。我国有句古语：“来日方长，后会有期。”我们欢迎各位学长在方便的时候再次回母校来看看，看看我们的成长，看看母校的发展。

祝大家一路顺风，万事如意！

学生会主席 李博

二〇一一年六月二十五日

综合练习

一、

文种一

请柬

尊敬的陆海生律师：

为了迎接 2011 年“六·五世界环境日”，通江市百万市民环保知识竞赛于 2011 年 6 月 4 日上午 9 点整在海洋社区学院举行。特邀您作为本次比赛的评委，敬请莅临指导。

此致

敬礼！

通江市环保局（盖章）
二〇一一年五月二十六日

文种二

贺电（对联）

通江市电视台“热点”栏目组：

通江热点传千里，环保行动进万家。

《文海报》全体同仁
二〇一一年六月十日

文种三

贺　信

通江市电视台“热点”栏目组：

欣闻贵台“热点”栏目组以敏锐的职业敏感关注了通江市环保局主办、通江市海洋社区学院等 18 所社区学院协办的百万市民环保竞赛，并以直播的形式在“六·五世界环境日”前向广大的电视观众展示了这一活动，进一步扩大了环保竞赛的影响力。这样的直播在当今环境保护形势日趋严峻的今天，引起广大市民的极大关注，无形中充分地发动了民众，形成了一股全民环保热，社会效果卓著，这让我们广大的电视人深受鼓舞。传播信息、传承文明，是我们广大电视人的使命，也是我们的责任。为你们取得的成绩而骄傲！

谨致以热烈的祝贺！

新元电视台全体同仁
二〇一一年六月十二日

二、

文种一

聘　书

为了回馈广大支持酷运体育的世界杯球迷用户，酷运公司特聘请鸿又雁先生担任旗下网站“我迷”网的特邀嘉宾，在世界杯期间，即 2010 年 6 月 11 日至 7 月 12 日，每日中午 12 点至下午 1 点在“我迷”网与广大球迷互动评球。

此致

敬礼！

酷运公司总经理：大和
酷运公司（盖章）
二〇一〇年五月二十五日

文种二

欢迎辞

尊敬的鸿又雁先生：

您好！

您是广受球迷朋友们欢迎的资深评球人。今天您光临酷运公司旗下网站“我迷”网，参与世界杯期间与球迷每天 1 小时的互动评球。这是球迷的荣幸，也是“我迷”网的荣幸，更是酷运公司的荣幸。我相信，您的到来将大大吸引球迷们参与“我迷”网世界杯期间的评球互动活动，您的精彩点评将大大点燃球迷们的热情。

再次对您的光临表示热烈的欢迎！

酷运公司总经理：大和
二〇一〇年六月十一日

文种三

慰问信

“我迷”网营销部全体员工：

你们好！你们辛苦了！

我谨代表酷运公司，对你们在世界杯期间的营销活动大获成功表示热烈的祝贺，并对你们的辛苦工作表示亲切的慰问！

你们的三点策划极为精彩，渲染了世界杯比赛期间的热烈气氛，丰富了“我迷”网的内容，吸引了球迷的极大关注。你们的精彩策划使公司月营业额猛增了数十万元，也极大地提高了网站及公司的知名度。你们加班加点的辛勤工作更是保证了网站在世界杯期间的顺利运转。公司衷心感谢你们辛勤的付出。希望你们再接再厉，取得更大的成功！

祝你们身体健康，工作再上一个台阶！

酷运公司总经理：大和
二〇一〇年七月十三日

第 2 单元

便条

一、

留言条

张红：

办公室肖主任需要一份今年一季度的销售情况统计表，我将统计表送到办公室时恰逢肖主任临时外出，现根据王经理的通知又要立刻外出办理一件急事。待肖主任回来后，请您代我立即把统计表送给肖主任。

吴莉　即日

二、

毛病：“您好”应在称呼下一行；署名不正确。

改为：

请假条

曹刚老师：

您好！

我女儿钱燕因昨天晚上受凉感冒发热，我准备今天带她到医院去检查治疗。特代她向您请假壹天。请假条由周玲同学代交。

代请假人：钱燕的母亲赵颖
五月五日

单据

一、

借　条

因出国参加洽谈会所用，现借取公司伍仟欧元整，定于 4 月 15 日前归还。此据。

借具人：业务部　孙淳

二〇一〇年四月五日

二、

错误：未交代欠款原因；借款数额应大写，并以“整”字结尾；不用写收条人名称；落款“欠条人”名称错误，应为“欠款人”，或直接署名；落款日期应用中文数字。

改为：

欠　条

今在光明家具厂购买办公桌椅十套，共计人民币壹万元整，已付玖仟元整，尚欠壹仟元整，定于一周内还清。此据。

欠款人：李洪

二〇〇六年三月三日

计划

一、

2009 年销售主管工作计划

俗话说得好：“火车跑得快，全靠车头带。”一份工作要想有更好的成果，前面的领导人物起着关键的作用。没错，销售主管的我，也对 2009 年的工作做出了新的计划。

2008 年的销售任务已经完成，虽然不算很顺利，但总结回款情况、销售流程、经营分析及业务来源等方面的问题，作为销售主管的我对于 2009 年的销售主管工作计划有了新的方向。

我的个人工作计划会明细化，但在实施的过程中将带领所有的组员们一起行动。2009 年预计全年回款 50 万元以上，保持增长。预计第一季度完成 5 万元回款，第二季度 10 万元回款，第三季度回款 15 万元，第四季度 20 万元，地级市内终端服用客户预计扩增至 120 个，并开发县级市场。

一、工作方向

1．对员工增进及管理

预计第二季度增进新员工两人，培养事业型员工。培养员工的士气，并尽可能利用公司的资源为他们提供培训及满足他们的诉求，为其自身的发展服务，熟悉他们的个性爱好，采取相应的授权、管理服务的措施。用实际的制度来激励员工努力工作，鼓舞士气。

2．实行奖罚分明制度管理体系

根据同行抵触造成的市场威胁，以大产品带动小产品进行粗销。

3．销售渠道

进一步将产品深度分销，由原来的个体客户销售转移到药房。在终端的走访中，针对信息的收集，寻找对产品需求量大的消费群。目前，我们的目标还需积聚在追求时尚的年轻人这一块，我们还需要在产品质量上寻找相应的切入点。

二、目标市场

将对任怀、怀北、缓阳等局部市场进行开发，实行自然销售，特殊区域可视情况而考虑是否增派销售人员。

三、销售队伍人力资源管理

1．人员定岗

怀中城区固定人数 5 人，终端 4 人，流通 1 人，准备从终端调派 1 人兼跑怀北市场，而原负责流通的人员兼跑省内周边城市，开拓空白市场。

2．人员体系内部协调运作

每日晨会进行前日的工作汇报，终端人员将负责的区域业务工作表格化，流通人员将市场信息和竞品动态提供给终端人员，终端方面的供求信息和网络资料由流通人员安排解决，大家交换意见，进行信息沟通，为销售做好全方位的工作。

3．关键岗位定义，技能及能力要求

终端人员销售直接面对消费者进行服务，要求在沟通技巧上有所提高，要有实际的终端业务开发率，流通人员销售目标是为产品打开分销渠道，通过分销过程，最终到服用人群，流通人员要具备清醒的思维、长远的战略眼光，善于沟通、分析，认真看待问题的启发性和套路背后的逻辑性，打开每一个产品流通的环节，确保产品顺利分销。

4．培训

给予全体员工进行定期的培训，在销售技巧上进行实战的演习。

对于 2009 年销售工作，我心里已留底，我相信一切在于行动，当我们年底再总结的时候一切会有不同的收获。

二〇〇八年十二月二十六日

二、

新华市蔬果公司第一分公司

2002 年第一季度反季节蔬菜生产计划

（2001 年 12 月 20 日）

种植品种	面积（亩）	地块安排	首播日期	计划产量（千克）	负责人
小白菜	0.5	1 号大棚	1 月 2 日前	2000	张华
四季豆	1	2 号大棚	1 月 3 日前	3000	王林
西红柿	1	3 号大棚	1 月 2 日前	6000	李新
青　椒	1	4、5 号大棚	1 月 4 日前	8000	赵红

说明：

（1）为了更好地实施新华市政府“菜篮子工程”，为市民提供品种丰富的高质量蔬菜，决定利用塑料大棚作反季节蔬菜的栽种实验。（2）在种植过程中，请各负责人做好数据记录，及时总结经验，为大面积推广作好技术准备。

总结

一、

2010 年度公司群众性体育活动总结

2010 年度，公司为了活跃文化气氛，丰富员工们的业余生活，在开展群众性体育活动方面做了很大努力，并取得了一定的成绩，使原先单调沉闷的工作氛围变得轻松活跃。

概括起来，主要做了以下四项工作。

一、严格午间锻炼活动考勤

由于员工埋头工作，或沉溺于网络游戏、聊天等，午间锻炼活动几乎无人问津，直接导致公司购置的体育锻炼器材闲置，下午半天工作效率降低。为此，在公司领导的带动和要求下，人事部加强了对午间锻炼出勤的检查工作，对过去的考勤方法做了一些改动，把原来由各部门自查时“讲情面”、出勤率“掺水分”的现象转变为及时公布当天各部门出勤情况，表扬出勤率高的部门，激发大家的集体荣誉感。对各部门经常缺勤的个别员工，人事部列出名单，建议部门给予一定的批评。采取这些措施后，午间锻炼热闹非凡。

二、因地制宜，开展多种体育竞赛

公司有近百名员工，但活动场地很有限，要组织体育竞赛困难不少。人事部从实际出发，因地制宜，利用有限的场地，成功地举行了各种部门之间的体育比赛。有羽毛球联赛、女子乒乓球擂台赛、篮球对抗赛等。通过组织这些体育比赛，吸引了大部分员工参加，活跃了公司业余生活，得到了大家的充分肯定。

三、与客户单位保持联系，互相交流经验

除了在公司内举行一系列比赛外，还与合作的客户单位共同组织体育竞赛活动。本年度与海泰计算机公司联合组织了第一届篮球流动杯赛、乒乓球联谊赛及象棋对抗赛。比赛采取互访的方式，轮流到对方公司举行赛事。通过比赛，不仅共同切磋球艺、棋艺，而且互相交流工作经验，大大促进了相互的联系，博得了双方员工的好评。人事部计划今后除与海泰计算机公司继续保持联系外，也与电信公司取得联系，以便开展更多业界体育活动，充分加强联系。

四、配合公司做好有关工作

人事部能主动向公司有关部门征求开展体育工作的意见，努力完成公司交给的各项工作，如及时召开各部门会议，传达公司有关指示，通报各部门体育锻炼情况；做好健身房管理工作等。

本年度，人事部在开展群众性体育活动方面主要做了以上四方面的工作，成绩是主要的，但也存在一些薄弱环节，不少工作还有待进一步开展。工作的不足主要表现在：

一、计划中的一些项目未能很好地完成。

二、工作主动性仍不够，一些具体工作还要在领导催促下才做。

三、经验不足，在开展工作也发生了一些不愉快的事，如与海泰计算机公司进行乒乓球联谊赛时，未经公司批准，就对技术部乒乓球队骂裁判一事做出轻率处理。

以上几点在今后工作中应注意改进。

公司人事部（盖章）

二〇一〇年十二月二十日

二、

一、提高服务质量，做好计算机及其外设的维护工作

二、加强档案管理的现代化建设工作

三、加强档案馆内部网络管理工作

四、做好网络版及单机版数据库应用的业务指导工作

五、强化制度，规范内部管理

述职报告

一、

述职报告

王丽丽

尊敬的领导、各位同事：

你们好！

我是大光路储蓄所储蓄员王丽丽，大专学历，2001 年 10 月参加工作，一直在农行从事储蓄员的工作。

2010 年全年工作已经圆满结束，我们有必要回顾一年来的工作，及时对经验教训进行总结，以开创全新的工作局面，为完成明年更大的工作目标做好充分准备。下面我向大家做述职报告。

截止 2010 年末，发展贷记卡客户 16 名，第三方托管 9 名，开借记卡 127 张，网上银行客户 45 名，经销保险 346 万，吸储 500 万。

思想上，我积极参加政治学习，关心国家大事，拥护以胡锦涛为首的党中央的正确领导，坚持四项基本原则，拥护党的各项方针政策，遵守行纪行规，政治上要求进步，具有较高的政治觉悟，积极向党组织靠拢。

学习上，自从参加工作以来，我从没有放弃学习理论知识和业务知识。刚工作，我没有满足于现状，利用业余时间自学，由于学习勤奋刻苦，成绩优良，不但掌握和提高了金融知识，也有了一定的理论水平。学习理论的同时，更加钻研业务，把学到的金融知识融汇到工作中去，使业务水平不断提高。

工作上，本人能忠于职守，严于律己，工作勤恳，严格执行国家金融政策，遵守农总行的各项规章制度，积极响应上级行的有关号召，积极开展各项工作。我在许多工作流程的细节上想点子、找方法，在符合有关规章制度的前提下简化流程、提高效率，更好地完成工作要求。积极参加“文明优质服务工作”，树立良好的金融企业形象。从着装、仪表、言谈、电话礼仪和工作的精神状态，都有了很大地转变，取得了明显的效果。想客户所想，善待每一位客户。我们的客户群较为复杂，还有很多的老年人。老年人眼睛花、耳朵聋，沟通起来也较为吃力，需要我们不断地耐心讲解。我能够发扬中华民族“老吾老以及人之老，幼吾幼以及人之幼”的优良传统，尊敬老年人，细致耐心地解答问题，受到他们由衷地赞扬。我还坚守职业道德，维护我行声誉。我们多次退回客户多存的存款，多的有几千元几百元，少的几十元，受到了客户的一致好评，从而与客户之间建立了良好的信誉。构建良好的诚信体系，才是取得跨越式发展的桥梁和纽带。我个人的工作成绩是与我们储蓄所的发展分不开的。

回顾过去，展望未来。机遇和挑战并存。我要在巩固 2010 年工作成绩的基础上，开拓进取，创新求实，争取创造出更大的经济效益和社会效益，让我们的事业更加辉煌，让我们的未来更加美好!

二〇一〇年十二月二十日

二、光有成绩陈述，没有问题分析；缺少述职人，可将述职人写在标题下，也可写在最后述职日期上方。

规章制度

一、

行政接待工作管理规定

为进一步提高行政接待管理水平，促进与各级领导和兄弟单位之间的友好合作，增进友谊，交流信息，改善外部环境，树立企业形象，特制定本管理规定。

一、行政接待工作的主要任务

1．安排上级部门、兄弟单位、业务关联企业各级领导来公司的吃、住、行。

2．安排重要来宾的检查、考察、调研等活动。

3．协助办理公司大型会议的会务工作。

4．协助开展公共关系工作，协调好外部环境。

二、行政接待工作的基本原则

1．坚持为提高企业发展和经济效益服务的原则，强化公关意识，宣传企业形象，广泛获取信息。

2．坚持规范化、标准化、制度化的原则，执行党和国家有关廉政建设的规定，符合礼仪要求，杜绝随意性。

3．坚持勤俭节约、热情周到的原则，根据来宾的身份和任务执行不同档次的接待标准，反对铺张浪费。

4．坚持办公室归口管理与对口部门接待相结合的原则，办公室负责接待工作的统一管理，办理重要接待事务；对涉及较强业务性的接待事务，应由有关部门牵头对口接待，办公室配合。

三、行政接待工作的程序、规范

1．接打电话要使用文明语言，如您好、请问贵姓、您找哪位、请稍候、谢谢等类似的礼貌用语，做好电话记录。

2．客人来访应热情迎接，主动引导客人到办公室或接待室交谈，如本人有事需要暂时离开办公室，应将办公桌上的文件、资料、贵重物品安放好，以免泄密或丢失。

3．宴请客人实行派餐单制度，经办人填写派餐单，科室、部门负责人签字后报总经理审批，办公室负责统一安排。宴请客人原则上安排在公司大酒店，确因特殊情况不能在公司大酒店接待的，经总经理批准后方可接待；擅自在外地就餐以及未经审批私自安排的宴请，经办人承担一切招待费用。

五、行政接待工作的标准、要求

1．事务性接待标准、要求。根据领导意图及客人需求，掌握接待工作的规律，做到目标明确、思路清晰、计划周密、主次分明、机动灵活、着装大方、举止文明，不擅自在授权范围外作任何决定和承诺，以高度的事业心、责任感和良好的精神风貌体现公司的品牌形象。

2．宴请标准、要求。宴请客人时，应根据宴请的性质和规模不同，分为工作餐、聚餐、宴会、大型宴会四个标准。

（1）工作餐标准：指安排来访人员到职工食堂就餐。用于接待因洽谈业务、维修设备等原因不方便回原单位就餐的人员。

（2）聚餐标准：指来访人员人均接待标准不超过 10 元。不安排陪同人员，不安排酒水，用于接待一般业务性工作人员。

（3）宴会标准：指来访人员人均接待标准不超过 20 元（不含酒水），用于接待一般事务性工作人员。陪同人员不超过来访人员的三分之一，接待用烟为两盒“红塔山”或“一枝笔”，接待用酒为两瓶“金塔”、“金心”或两捆“青岛 8°”，超出部分由经办人自理。

（4）大型宴会标准：指来访人员人均接待标准不超过 30 元（不含酒水），用于接待重要业务往来人员或上级领导。接待用烟为两盒“金将军”或“泰山”，接待用酒为两瓶“古塔”、“地窖”或两捆“青岛纯生”，超出部分由经办人自理。

六、与本管理规定不一致的其他条款一律以本管理规定为准。

二〇〇六年四月三十日

二、

第一章 总则

第二章 通信设备的配备

第三章 通信设备的使用费用报销

第四章 通信设备管理

第五章 违规处理

第六章 附则

协议书

一、

合作投资创办出租汽车公司协议

财源汽车修理厂（甲方）

兴旺服务有限公司（乙方）

双方经过友好协商，在平等互利的原则下，就合作投资创办出租汽车公司事宜，达成如下协议。

一、合营企业定名为“财旺出租汽车公司”。经营大、小车 50 辆。其中：奥迪牌轿车 7 辆（为二手车，行车里程不超过 15000 公里，外表呈新）、桑达纳牌轿车 33 辆（其中 25 辆含里程与金额记数表、空调、步话机等）、女神牌面包车 10 辆。

二、合营企业为有限公司。双方投资比例为 7:3，即甲方占 70%，乙方占 30%。总投资人民币贰佰贰拾万元，其中甲方壹佰伍拾肆万元（含库房等公用设施），乙方陆拾陆万元。合作期限定为 5 年。

三、公司设董事会，人数为 5 人，其中甲方 3 人，乙方 2 人。董事长 1 人由甲方担任，副董事长 1 人由乙方担任。正、副总经理由甲、乙双方分别担任。

四、合营企业所得毛利润，按国家税法照章纳税，并扣除各项基金和职工福利等，净利润根据双方投资比例进行分配。

五、合作期内，乙方纯利润所得达到乙方投资额、退还投资资金后，企业资产即归甲方所有。

六、双方共同遵守我国政府制定的外汇、税收、合资经营以及劳动法等法规。

七、如一方解除协议不当，应承担相应的违约责任，并向对方支付违约金人民币壹拾伍万元。

八、双方商定，在适当的时间，就有关事项进一步洽商，提出具体实施方案。

甲方单位（盖章）：　　　　乙方单位（盖章）：

甲方法人代表（签字）：黄刚　　　　乙方法人代表（签字）：周鑫

二〇一〇年十二月三十日　　　　　　二〇一〇年十二月三十日

二、

1．文中所有甲乙方包括签字时的署名均弄错。应为：新华市服装公司批发部为甲方，主任石强；新华商场为乙方，总经理张华。

2．货款结算时未说明剩余商品的货款如何处理。应在该项中加一句：所剩商品的货款，在展销结束后一个月，由乙方付清。

3．缺少开户银行与账号。应加上：开户银行：新华工商银行分行营业部。账号：00012134567812

改为：

零售服装展销协议书

新华市服装公司批发部（以下简称甲方）与新华商场（以下简称乙方）经双方协商，由乙方负责展销甲方服装，并提供市场信息。甲方负责提供展销货源。本着互惠互利、面向市场、共同搞好服装展销的原则，特订立本协议。

一、乙方负责展销甲方的男装、女装、童装，设立专柜，陈列样品，组织展销（也可兼搞批发），提供市场信息。

二、展销日期：9月20日至10月10日，为期20天。

三、乙方负责挑选花色品种，与甲方签订展销货源订货合同；甲方负责提供货源，做到优先安排，优先供应，及时发运。根据调拨凭证，双方建立商品移转账务记录。

四、甲方供应乙方的品种，除沪制呢制服装按批发牌价供应外，其余服装实行优惠作价，以批发价96折供应，零售价由乙方自定。

五、货款结算原则是约期结算，展销结束后，根据销售数量由乙方主动托付给甲方，所剩商品的货款，在展销结束后一个月，由乙方付清。

六、商品开箱后，发现短缺、串号、污损等情况，均按商业部纺织品内部调拨有关规定办理。

本协议书正本一式2份，副本一式4份，双方各执1份正本、2份副本。

甲方：
新华市服装公司批发部（印章）
主任：石强（签字）
开户银行：新华工商银行分行营业部
账号：00012134567812

乙方：
新华商场（印章）
总经理：张华（签字）

二〇一一年九月一日

责任书

一、

新华宾馆服务员岗位经济任务责任书

为了提高经济效益与服务效益，全面落实“谁主管，谁负责”、“谁负责，谁受益”的原则，特制订本责任书。

一、责任期限

二〇一一年一月一日至二〇一一年十二月三十一日。

二、岗位责任与经济任务

1．会议收入，单位占30%，主班占50%，剩余两班各占10%。

2．登记员、保安、服务员请假当天收入若高于350元只按350元计算，低于350元按实际收入计算；登记室各班有收旅客住宿押金的，要移交给下一个白班结转。

3．楼层服务员在完成本职工作的情况下，三人每月经济任务3万元（每人1万元）。

（1）完成经济任务：发固定工资及活工资。

（2）未完成经济任务：按完成任务总额的比例发固定工资、活工资。

4．在工作期间违反岗位责任规定的，违纪1次罚扣10元，违纪2次停止工休假1次，在一季度内违纪9次的取消年终奖，年内累计违纪18次的取消年终奖。

5．如违反规定触及法律的，除受单位惩罚外，另自负相应法律责任。

对以上内容，将严格遵守执行，如有违反，自愿受到相应处罚。

新华宾馆法人：　　　　　　　　　　　　　　　　　　　　责任人：

二○一一年一月一日

二、所缺内容

导语：

为确保全体师生的身体健康和饮食卫生安全，杜绝食物中毒事故的发生，根据《中华人民共和国食品卫生法》、《淞江市教育局安全工作实施意见》、《淞江职业教育中心安全工作暂行规定》，本着“谁主管，谁负责”、“谁失职，谁负责”层层签订责任书的原则，学校与食堂承包人签订饮食卫生责任书如下。

结尾：

本责任书有效时间范围为食堂承包人承包期。责任书一式四份，本食堂负责人一份，学校备案一份，总务处一份，伙食部管理员一份。

综合练习

一、

文种一

联合创办汽车修理厂的协议书

钱刚（甲方）

何华（乙方）

张午（丙方）

三方经过友好协商，在平等互利的原则下，就合作投资创办汽车修理厂事宜，达成如下协议。

一、合营企业定名为“华刚汽车修理厂”。经营各种类型汽车修理。

二、经协商三方投资总金额为人民币壹拾伍万元，其中甲方出资人民币捌万元，乙方、丙方各出资人民币叁万伍千元。合作期限定为5年，如遇特殊情况，经协商任何一方都可退出合作，同时，未退出的两方再签订补充协议。

三、工厂实施厂长负责制，厂长1人由甲方担任。

四、合营企业所得毛利润，按国家税法照章纳税，并扣除各项基金和职工福利等，净利润根据三方投资比例进行分配。

五、合作期内，乙、丙两方纯利润所得达到乙、丙两方投资额、退还投资资金后，企业资产即归甲方所有。

六、三方共同遵守我国政府制定的外汇、税收、合资经营以及劳动法等法规。

甲方（签字）：钱刚　　乙方（签字）：何华　　丙方（签字）：张午

二〇一一年二月十日

文种二

借　条

今借到张午同学人民币叁万伍千元整，作为两人合作创办汽车修理厂的资金。在汽车修理厂开业后拾个月内归还。

借款人：钱刚、何华

二〇一一年五月二十日

文种三

关于联合创办汽车修理厂的补充协议书

钱刚（甲方）

何华（乙方）

因联合创办汽车修理厂的丙方（张午）退出合作，经过友好协商，在平等互利的原则下，现甲乙双方就合作投资创办汽车修理厂事宜，达成如下补充协议。

一、丙方所出资的人民币叁万伍千元由甲乙双方出具借条，作为甲乙双方联合创办汽车修理厂的共同债务。

二、所借人民币叁万伍千元的共同债务，在开业后10个月内用工厂的利润偿还。

三、所借人民币叁万伍千元的共同债务全部偿还后，按甲乙双方当年投资比例计算作为甲乙双方各自的再次投资。

甲方（签字）：钱刚　　乙方（签字）：何华

二〇一一年五月二十日

文种四

华刚汽车修理厂员工守则

一、树立“用户第一、质量第一”的经营观念，热情接待车主，精心维修车辆，确保修车质量。

二、廉洁奉公，严禁以修车加班为名向客户索取财物。

三、遵守上、下班作息制度，请假要办理手续。

四、上班要穿工作服，佩戴标志，严禁穿拖鞋上班。

五、坚守工作岗位。工作时间不准串岗、聊天，不准到客户维修车上休息，不准乱动客户车内的开关、物品，不准进入接待室打私人电话和休息、闲谈。

六、遵守门卫制度，上班时间不准会客，进出厂门携带物品要登记，未经批准不准带外人进厂。

七、严格遵守安全制度，严禁在车间内吸烟。

八、服从调度，听从指挥，严格履行工作程序和作业程序，以科学的态度和方法修车。

九、爱护公物。客户车辆、车上的用品、车间用电器材及机具设备，要妥善保管，禁止野蛮操作。

十、积极钻研技术和业务，新员工要培训合格后才能上岗。

十一、模范遵守国家法规、法律和厂部各项规章制度，严禁赌博，严禁无证驾驶移动车辆和试车，严禁私自将客户车辆开出厂外。

十二、保持整洁，讲究卫生，作业区要保持干净的环境，车辆出厂一定要洗车洗尘，将车干干净净交给车主。

二、

文种一

曲霞职业技术学院学生会2009年度学生艺术节实施方案

（二〇一〇年十一月八日）

为确保2010年度学生艺术节的顺利进行，特制订本实施方案。

一、指导思想

以科学发展观为指南，以丰富学生课余生活、提升学生综合素质为目的，在学校团委的指导下，精心组织，确保高质量地完成本次艺术节的组织、实施工作。

二、活动步骤与措施

1．活动举办时间：12月20日至12月30日。

2．活动开幕式拟邀请学校领导参加，并请学校校长致开幕词。活动期间邀请学校团委书记周锋老师做顾问指导。由学生会主席石新同学负责邀请。

3．为保证艺术节的顺利进行，本次校园文化艺术节相关活动以各院（系、部）申报承办活动项目，主办单位进行项目评议的方式进行。由各院（系、部）结合实际提出活动申请，经校学生会审核同意，共同协商确定活动总体安排，各项活动由各院（系、部）学生会主要负责。申报、审核时间为11月12日至12月12日。

4．由校学生会统一提供本次校园文化艺术节活动的徽标，届时将发送至各院（系、部）团总支邮箱。各项活动宣传物品上须出现活动徽标及“曲霞职业技术学院校园文化艺术节活动”字样，并注明主办方曲霞职业技术学院校学生会。

5．各院（系、部）应充分发挥自身优势，申报特色型活动项目。并通过校园网络、海报栏等多种渠道进行活动宣传，尽可能采用多样形式开展活动，扩大活动的影响力和参与面，宣传费用从校学生会拨发的活动承办费用中支出。

6．各院（系、部）承办单位应保质保量完成活动项目和承办内容，包括前期活动策划、活动通知的下发、宣传组织（横幅悬挂、海报张贴等）、活动现场控制、活动过程中的安全保证、即时的通讯报道（20幅照片和1篇通讯稿需在活动结束后一日内提交至邮箱 qxzyjsxy@yahoo.cn）、成果展示、财务报销等工作，以保证活动的顺利开展。

7．校学生会批准活动经费原则

（1）活动费：前期宣传300元以内，水费100元以内。

（2）奖励补贴费：全校统一尺度。

集体：一等奖一个，奖金 300 元；二等奖两个，奖金各 200 元；三等奖两个，奖金各100元。

个人：一等奖一个，奖金 100 元；二等奖二个，奖金 80 元；三等奖三个，奖金 50 元；鼓励奖十个，奖金30元（现金或者同等标准实物）。

（3）评委费：每场最多3名评委，每人统一100元现金（请附详细签收单）。

注：获奖证书由校学生会统一发放，学生奖励请附详细签收单，其他所有活动经费均需凭合格发票报销。

8．整个活动由学生会主席石新同学全面负责、协调，副主席黄琳同学协助。

9．艺术节活动前的准备所需相关材料（如宣传时需要用的纸张、音响设备等）由宣传部部长何军负责向学校总务处领取、借用，活动结束后负责归还。以保障活动的顺利进行。

文种二

领　条

今领到学校总务处大红纸拾张，用于学生艺术节宣传。此据。

具领人：学生会何军

二〇一〇年十一月十日

文种三

借　条

今借到学校总务处音响设备壹套（具体设备见附件清单），用于学生艺术节活动。于 2010 年 12 月 31 日之前归还。此据。

具借人：学生会何军

二〇一〇年十二月二十六日

文种四

收　条

今收到学生会何军同学归还的所借音响设备壹套（具体设备见附件清单）。此据。

具收人：学校总务处任新

二〇一〇年十二月三十一日

文种五

校园文化艺术节活动项目承办责任书

为丰富校园文化生活，并为全校同学搭建提高实践能力和拓宽综合素质的平台，校学生会以校园文化艺术节为契机，面向各院（系、部）开展校园文化艺术节活动项目投标申报的承办工作。本次校园文化艺术节相关活动以各院（系、部）申报承办活动项目，主办单位进行项目评议的方式进行安排，为保证本次校园文化艺术节各承办活动项目的顺利实施，特制订本责任书。

一、活动原则

1．各院（系、部）结合实际提出活动申请，经校学生会审核同意，共同协商确定活动总体安排，各项活动由各院（系、部）学生会主要负责。

2．各项活动的展示、宣传、比赛活动面向全体在校生。

3．校园文化艺术节从 12 月 20 日开幕，至 12 月 30 日结束，各项活动要求按照活动方案，严格把握宣传和实施的时间节点。

4．各院（系、部）应充分发挥自身优势，申报特色型活动项目。

5．校学生会统一提供本次校园文化艺术节活动的徽标，届时将发送至各院（系、部）团总支邮箱，各项活动宣传物品上须出现活动徽标及“曲霞职业技术学院校园文化艺术节活动”字样，并注明主办方曲霞职业技术学院校学生会。

6．各项活动的宣传主要由各院（系、部）提出方案，通过校园网络、海报栏等多种渠道进行活动宣传，尽可能采用多样形式开展活动，扩大活动的影响力和参与面，宣传费用从活动承办费用中支出。

7．学生会将根据活动总体安排下拨部分活动经费到各院（系、部），各院（系、部）须根据活动方案完成相关活动，学生会支持各院（系、部）借助活动平台吸收社会赞助。

8．各院（系、部）在活动过程中应以活动承办方名义发放通知，并组织相关工作会议。除艺术节总体活动通知外，校学生会不再统一发文。各院（系、部）承办活动过程中须加强和校学生会工作的沟通，所承办项目的推进情况应及时告知校学生会。

9．各院（系、部）承办单位应保质保量完成活动项目和承办内容，包括前期活动策划、活动通知的下发、宣传组织（横幅悬挂、海报张贴等）、活动现场控制、活动过程中的安全保证、即时的通讯报道（20 幅照片和 1 篇通讯稿需在活动结束后一日内提交至邮箱 qxzyjsxy@yahoo.cn）、成果展示、财务报销等工作，以保证活动的顺利开展。

10．各院（系、部）应依照本责任书确定的各项原则，按照各项活动方案开展各项活动，活动结束后须提交校学生会拨付活动经费的使用情况说明。

11．校学生会批准活动经费原则

（1）活动费：前期宣传 300 元以内，水费 100 元以内。

（2）奖励补贴费：全校统一尺度。

集体：一等奖一个，奖金 300 元；二等奖两个，奖金各 200 元；三等奖两个，奖金各 100 元。

个人：一等奖一个，奖金 100 元；二等奖二个，奖金 80 元；三等奖三个，奖金 50 元；鼓励奖十个，奖金 30 元（现金或者同等标准实物）。

（3）评委费：每场最多 3 名评委，每人统一 100 元现金（请附详细签收单）。

注：获奖证书由校学生会统一发放，学生奖励请附详细签收单，其他所有活动经费均需凭合格发票报销。

二、承办项目

曲霞职业技术学院校园文化艺术节________________________活动

三、承办单位

曲霞职业技术学院________________院（系、部）学生会

四、校学生会拨付活动经费额度

批准明细

________学院：

1.

2.

3.

4.

5.

6.

共计________元。

五、主要活动时间节点安排

1．11 月 10 日，启动宣传工作，将活动通知在学校网站挂网；

2．11 月 20 日，提交报名表，报名截止；

3．12 月 20 日，开幕式；

4．12 月 31 日前提交即时通讯及活动照片。

六、活动目标体现

1．即时的通讯报道（20 张活动照片、1 篇通讯稿需在活动结束后一日内提交至团委邮箱 wenyisit@yahoo.cn）

2．院（系、部）团总支签字盖章：

日期：　年　月　日

第3单元

启事

一、

合资创办全自动塑料编织厂

我厂系利用废旧塑料生产编织袋、超薄背心袋的专业厂家，为了寻求企业更快发展，加强经济技术的协作，现征求有以下条件的单位联合办厂。

一、征求具备厂房100平方米、电力20千瓦、工人20名，及有8万元以上资金能力的单位，联合生产超薄塑料背心袋。

二、征求具有厂房600平方米、电力80千瓦、工人70余名，及有50～80万元资金能力的单位，联办全自动生产线，生产塑料编织袋。

我方联营方法是按设备额投入20%～50%，并负责包技术、包购料。有意合作者请来人来电联系。欢迎前来考察，可乘飞机或火车直达海城，到达后请来电话告知，我方即派人前往迎接。

海城卫达塑料编织厂
地址：海城解放路466号
邮编：311122
联系人：办公室沈玉
电话：057-8552300

二、

毛病：(1)“1时35分”不是丢失围巾的时间；(2)“在自行车货夹子上夹着一条围巾”属多余信息；(3)围巾“柔软”与否与寻物无关；(4)围巾价值不高，通常不会重谢。

改为：本人于昨天下午4时左右，从红光影院到新安里五号楼的途中（沿5路公共汽车线），遗失棕色长条围巾一条。有拾到者，请与新安里五号楼三单元606号罗晓华联系，不胜感激！

通知

一、

关于登山秋游活动安排的通知

为了丰富员工生活，提高大家工作积极性，公司定于11月9日（周五）前往阳山进行登山秋游活动。现将具体事项的安排通知如下。

一、活动指挥

总指挥：工会杨主席。工会其余四位委员分别负责一辆车，详见附表。

二、活动时间和行程安排

1．9日早上，班车按上班的时间、线路接送员工到公司（早餐自备）。8∶15员工统一在公司大门口集合，并按指定的车辆乘车。8∶20各车车长将实到人数报杨主席，并领取饮用水（2箱/每车）。

2．8∶30准时从公司出发，9∶30左右到达阳山下，并组织登山。上山下山为同一条道，往返约需2小时左右，登上顶峰共有9个站，第六站以后约有160多个台阶，稍陡峭。山顶海拔587米，顶峰风光无限。

3. 11：30 在山下集合乘车前往西丽果场，12：30 左右在果场农家菜馆用中餐，用餐后在园内休息游玩，园内有儿童游乐场地，湖边有石桌石凳，员工可打牌、钓鱼（自费），还可坐电瓶车（3 元/人）游览整个果园，果园面积很大，环境优美。下午 3：00 乘车返回。

三、注意事项

1. 登山时最好穿运动鞋，带适量的饮用水，穿戴有公司标志的衣、帽，以便于识别。登山流汗较多，要带好替换的衣物。

2. 周末登山人较多，带家属的员工要保护好家属小孩的安全，登山时要量力而行。

3. 防止山火，注意环保，严禁携带火种（打火机、火柴）上山。

4. 乘车要按指定的车辆，各车长要点好人数，员工如自行返程必须告知车长。

5. 听从组织人员的统一指挥，由于参加活动的人数多，各部门负责人要组织好本部门的员工，共同搞好此次活动。

特此通知

捷讯通信公司工会

二〇一一年十一月五日

附：各部门所在车辆编号及负责车长

二、这篇通知存在以下问题

1. 发文机关不当

通过通知内容可知，成立摄影小组并不是本部门行政和业务工作的需要，而是丰富干部职工的业余文化生活。这样的工作不应由行政部或办公室出面来做，而应由工会文体部门来做，用工会的名义发文。

2. 结构紊乱

通知开头阐述了成立摄影小组的目的和意义，结尾对此进行了简单重复。

通知的主体，本应按照活动内容、活动方式、报名须知等几个方面，有层次有条理地组织结构。可是本文的结构没有条理，相当混乱，仅以第三自然段为例，竟有四个不同方面的内容混淆在一起：报名条件、小组开展活动的时间安排、欲参加者的报名时间和地点、本文的传达和执行要求。

3. 违反有关政策，机构关系混乱

这篇通知说参加摄影小组的人可获得“毕业证书”，显然违反政策。只有经过教育机构的相关课程的系统学习，并经考试合格之后，才能获得教育部门颁发的毕业证书，一个业余性质的活动小组，不应有什么“毕业证书”之说。

活动时间的安排是每周二、四下午，这本是正常工作时间，小组成员却可以放下工作去参加业余文化活动，也是违反工作纪律的。

通知要求各党支部对本文件及时进行传达，部门关系明显是混乱的。行政部或办公室是行政部门，怎么能指挥党基层组织呢？党支部的工作，应该由上级党委来安排。

4. 表达逻辑不清，语言词不达意

第二段在说明学习内容时，对摄影的知识和技法概括得逻辑不清，十分混乱。关于拍摄技法和暗房技法，在概念上就没有分清，导致相互交叉、混杂。

语言词不达意的现象很多，这里只指出一点：第二段末尾说参加摄影小组的人可以“成为祖国有用的人才”，这是作者运用语言的能力不足所造成的语意混乱。

5. 落款中成文时间应用中文数字

公告

一、

国有工业用地使用权司法拍卖公告

受法院委托，定于 2011 年 6 月 29 日 11：00 在肇新联交所璧山支所对以下标的按现状依法以电子竞价方式进行公开整体拍卖，现公告如下。

一、拍卖标的

肇新市璧山县青杠街道石安三社的国有工业用地使用权约 53341m^2，出让用地（终止日期 2054 年 12 月 10 日），办有房地产证：“212 房地证 2004 字第 00260 号”。产权过户所产生的税费及需缴纳的其他费用均由买受人自行负担。参考价 1600.23 万元，竞买保证金 128 万元。

二、标的展示时间及地点：公告之日起，在标的物现场展示。

三、竞买登记手续办理：竞买人应在 2011 年 6 月 26 日（到账为准）前将保证金缴至指定账户（账户名：璧山县人民法院；开户行：建设银行璧山支行；账号：50001183600050202970），并于 2011 年 6 月 28 日（法定工作时间）前凭保证金收据及有效证件到肇新联交所璧山支所办理竞买登记手续（签订竞买协议等）方可取得竞买资格，逾期不予办理。

联系电话及联系人：41426404，喻先生

璧山支所地址：璧山县璧城街道中山南路 197 号金山花园一楼

委托法院监督电话：85292015

市高院监督电话：67673165　67673497

肇新加盛拍卖有限公司（盖章）

二〇一一年五月二十六日

二、

毛病：（1）发布公告的依据未说明；（2）“确保救灾捐赠款物全部到位”一句中“到位”的含义不明；（3）捐赠接收单位只说明了开户行，没有账号。

改为：（1）第一节：“四川汶川大地震发生后，社会各界十分关注灾区人民，纷纷伸出援助之手，奉献爱心。为方便社会各界和广大人民群众为灾区献爱心，规范捐赠工作，确保捐赠款物送到最亟须的地方，现将有关事项公告如下”；（2）将“到位”改为“用于灾区抗震救灾和重建家园”；（3）在两个开户行下面分别加上“账号：107012010900012278”、“账号：12810121080000202”。

请示

一、

佳丰粮油有限责任公司关于解决优质核桃产地
建设资金的请示

庆源市人民政府：

近年来，在市领导的关心、帮助和扶持下，我公司的生产基地不断扩大，生产效益逐年提升，已经发展成为市级大型企业，对于我市的经济发展作出了积极贡献。为了进一步发展地方生产优势，促进农村经济的发展，我公司拟从今年开始，用两年时间建成以东山乡为核心的 5000 亩优质、高产核桃基地。经规模论证，该基地需投入资金 200 万元。鉴于基地建设投入资金较大，我公司独立解决尚有较大困难，特请求市政府从市科技开发项目资金或银行贷款中

帮助解决资金100万元。

以上请示当否，请批示。

佳丰粮油有限责任公司（盖章）

二〇一〇年四月十日

二、

1．标题

（1）请示，与“要求”两字重复，“要求”二字可省去。对上级用“要求”的口吻也不甚妥当。

（2）“解决学生宿舍拥挤问题”不明确，既可以是增加学生宿舍，也可以是减少住宿生人数，根据本请示内容，应直接写明是“下拨建造学生宿舍楼经费”。

（3）“等问题”不符合“请示应当‘一文一事’”的要求，应删去“等”字。

2．主送单位

请示一般只写一个主送单位，根据“谁主管、请示谁”的原则，可保留“市教育局”，删去“市人民政府”。

3．请示缘由

（1）“已有的学生宿舍已无法容纳”表述不准，改为“造成学生住宿十分困难”。

（2）“基本上”不够明确，应写明“有八十六人是一个床位两个人睡”的。

（3）“严重影响学生的身心健康”，不全面，还应加上“影响学习、生活”。

（4）“我校决定再建一栋学生宿舍楼”，应讲明楼高和建筑面积是多少。同时，用“决定”一词也不妥，可改为“准备”。

（5）应补充说明建造学生宿舍楼的经费。如“经有关工程人员匡算，共需资金七百万元”。如果其中一部分资金是自筹的，还应写明“目前，我校可自筹资金四百万元，尚缺三百万元”。

4．请示事项

（1）应明确写明“为此，恳请市教委下拨给我校建造学生宿舍楼经费三百万元”。

（2）“另外……给予适当支持“应删去。

5．结语

应改为“特此请示，请批复。”

6．落款

应用学校的全称“南疆市第二职业中学”，并加盖印章。日期应用汉字写全称，即“二〇〇三年十二月十五日”。

报告

一

2010年校园安全自查报告

市教育局：

“安全大于天，生命重如山”，这是我校从领导到老师的一条坚定信念。学校始终把安全放在首位，坚信师生安全事关稳定大局、责任重于泰山。根据我市《关于对全市学校冬季安全紧急督导检查的通知》精神，我校开展了办公室、寝室、教室、食堂以及教学设备设施等全面性的安全工作大检查。进一步贯彻了“安全第一，预防为主”的方针，防止安全事故的发生，全力打造平安校园，营造学生健康成长的良好环境。现将我校自查结果报告如下。

一、组织学习，提高认识

学校在接到《关于对全市学校冬季安全紧急督导检查的通知》后，立即召开了校委会安全工作专项会议，明确了任务、责任，进行了细致的分工，筹划了学校下一步安全工作的打算。组织全体教师，召开了安全工作紧急会议。会上，李校长认真传达了通知精神，并结合我校的实际，针对我校当前安全工作要注意的问题，提出了严格的安全工作要求，提出了“安全大于天，生命重如山”的工作口号，要求大家充分树立“安全高于一切”的思想，指出了安全工作要深入人心，到岗尽责，安全工作不能有丝毫放松，学校要形成校园安全人人有责，大家时时想安全、处处抓安全的良好工作局面。

二、建立安全管理机构，工作踏实

我校一直十分重视安全工作，长期以来形成了校领导班子总揽全局、统一协调，各部门参与、密切配合的工作格局，形成了群防群治、齐抓共管的工作合力。按照教育局对学校安全工作的要求，结合我校实际，制定并与学校各环节部门、班主任、生活教师签订了《安全工作目标责任书》，明确了各责任人的职责，加大了对各环节部门及全体教师的安全工作的检查力度，不断规范教育教学管理、后勤管理、教师队伍管理及各项活动管理，并实行了安全事故责任追究制。

三、健全安全管理制度，责任到人

制度是工作落实的保证，我校对于安全工作力求做到完善规章，明确岗位，职责分明，责任到人。制定并不断完善了《安全工作检查制度》、《安全保卫制度》、《安全事故报告制度》、《学生安全教育制度》、《学校门卫制度》、《消防安全制度》、《学生校内外集体活动安全制度》、《意外事故和案例逐级上报制度》、《巡逻制度》、《放学护送学生制度》、《预防甲型 H1N1 流感规章》等制度，并积极落实。学校还实行了领导、教师值班制度，制定了学校安全检查督导制度，通过建章立制使学校安全教育活动制度化。

四、认真检查，督促整改

（一）根据通知精神，近日学校及时组织相关人员，按照通知要求的检查内容对学校涉及安全的各个方面进行了排查。

1．交通安全

在全校开展冬季师生交通安全专题教育，提醒师生强化交通安全意识，尤其是校门口车辆多，对学生安全更是威胁。学校制定了大雪天应急预案，可以根据天气情况，在上报局领导后，临时安排上学放学时间或者停课。学校有责任及时清除校园和校门口路面的积雪，保障学生行走安全。

2．校舍及设施

校长率领后勤人员，检查了办公室内及各班教室、宿舍、食堂、车棚、厕所、库房、围墙，以及水、电、气设施设备安全情况，发现各处照明灯都能正常使用，线路良好，门窗完好，墙体坚固，体育器材无破损。除五层办公室楼顶天台和车棚顶外，其他处未发现安全隐患。

3．取暖安全

学校今年改装集体供暖设施，施工现已正常结束，学校供暖达到要求。

4．消防安全

学校消防器材管理维护良好，消火栓有水，灭火器能正常使用。学校十分重视消防教育，11 月份，邀请我市消防队教官对全体师生进行了消防知识培训，并举行了“119 消防日逃生演练”活动。

5. 食品安全

学校食堂炊管人员均持健康证上岗。食品采购、加工全部定点，实行三餐 24 小时留样。食堂设施配备良好，保证食物不过期、不污染。学校饮用水水质合格，饮用水质量无问题。在班队会上经常教育学生健康消费，并结合社区人员查处学校附近所有小摊小贩，不许向学生兜售“三无食品”。学校内部小卖部不准出售食品。

6. 应急值守

每天 24 小时有领导带班，白天每个楼层都有教师轮流值班，夜晚有门卫和生活教师值班。值班记录登记完整，应急热线 24 小时畅通。

7. 甲流等疾病防控

坚持做到每天晨检和午检，严格执行“三防、四到位”。

（二）存在的问题及对策

1. 交通安全始终是我校安全工作的难点，学校放学之后，教师无法管理学生，尽管教师反复教育学生遵守交通安全要求，但学生仍然有在公路上跑、闹等情况，极易造成安全事故。学校将积极和相关部门协调，进一步优化校门口环境。

2. 车棚棚顶在大雪中有压塌的迹象，现已封闭，近日将重新加固或者拆除。五楼办公室天台加装外围护栏，防止意外坠落。

总之，学校从领导到普通教师，对安全工作重视程度较高，安全教育进行得比较扎实，安全措施也比较到位。我们在今后的工作中将继续努力，力求把安全工作做得尽善尽美。

顶山市怀文中学（盖章）

二○一○年十二月二十四日

二、缺少并应补写的内容

（二）存在问题

1. 活动方案欠完善

活动方案显然欠完善，包括活动的前期宣传欠缺，费用预算不合理，人员配给不合理等，这些无疑都影响了活动开展的效果。如没有安排展台，导致只能用瓜子箱堆成台子，严重损害了品牌形象。

2. 宣传不足

对于活动的信息传达，在报纸上刊登了一期活动广告，而且版面很小，选择的是价格最便宜的版位。这从传播原理的角度上说，都无法给受众留下强烈印象，同时参与卖场没有活动的宣传海报。因此在活动的当天很多消费者说他们不知道有这样的活动。

3. 执行力不强

整个活动的执行过程中出现了很多偏差，包括配送延误、兑换点的安排没有做到定点、明确。聘用人员素质参差不齐、执行效率低、客户不配合等，使活动的效果大打折扣。

（三）问题原因

1. 执行人员缺乏类似活动的开展经验，导致很多细节没有考虑到。

2. 经销商配合不够，导致活动开展的效率低下，很多事情就是由于经销商这个环节而影响整个活动的顺利开展。

3. 执行人力不足。整个活动的执行云台分公司只安排销售主任一人，导致很多事情不能得到及时处理。

六、改进建议

1．活动的方案必须要求周全、详尽。

建议必须在活动正式开展前半个月完成方案草件，以便于领导有充足的时间调整修改。同时完善活动的物资，如统一展台、帷幔、服装等。

2．类似活动要做到宣传充分。

建议依据需要加大广告的版面，选择较好的版位。由于彩版的价格和套红的价格相差不是很大，建议以后活动广告采用彩版。

3．加强执行力。

为了使活动能够达到很好的执行，建议在以后的活动方案中引进奖惩制度。对于执行较好的给予奖励，反之给予一定的处罚。

会议记录

一、

“元智校友会恢复成立筹备工作会议”会议记录

会议时间：2007 年 10 月 31 日星期五下午 4：30

会议地点：广化市元智中学三楼会议室

与会人员：李伟斌、刘汝基、叶广和、赵成安、陈大鹏、蔡洪升、何翰坤、崔英琦、梁进华、程伟棠、陈荣根、杨瑜琳、廖华辉、陆永强、夏萍等

会议主持：元智中学副校长贾金生

会议记录：陶霞

会议议程：

一、元智中学校长江平致欢迎辞及提出本次会议的主要议程

二、八八届校友、著名企业家李伟斌先生致辞

三、讨论并完善《元智校友会章程》

四、讨论确定元智校友会会员会费标准及收费方式

初步确定：

1．会费：个人年费 50 元起，永久性会员可一次性缴纳费用 1000 元。

收费方式：等申请到元智校友会银行账号之后，以集体缴费和个人自动缴费两种方式完成；既可以到当地银行缴纳，也可以通过网络缴纳；缴费时间可定在每年的 10 至 12 月份，因为 10 月 30 日既是校庆日，也是校友活动日。

2．建立专项校友会费缴纳登记册，缴费情况每年通过网络对校友公布。

五、讨论成立“元智校友会基金”的具体事项。

讨论意见：将基金与会费分开两个账户，分开管理。基金和会费需要制定详细的章程和细则进行管理。会费可用于日常活动经费开支，但基金则需要经过监督委员会讨论方可动用。

六、讨论元智校友会组织执行机构确立的合理性及可行性。

会议讨论并鼓掌通过理事会机构的确立。

七、讨论确定元智校友会恢复成立大会时间、形式及地点。

初步确定：十一月中旬在元智中学召开理事会全体理事大会，正式恢复成立元智校友会。

主持人：贾金生（签名）

记录人：陶霞（签名）

二、题目中的会议记录有以下问题

1．记录的标题欠明确，应为“关于九月份主题班会的讨论记录”。

2．缺少会议地点，需加上如“地点：402 教室”。

3．缺少讨论的过程记录（可以简要，但必须有），可写成：

“2．讨论：大家热烈讨论，一致认为，这堂班会课对初进职业学校的同学都很重要，应该尽可能让同学们参与其中的活动，活动方式丰富多样，锻炼同学们各方面的能力，让大家树立‘自知、自信、自强’的信念，也留下难忘的成长记忆。班委提出了活动的选择方案，也给主题班会提供了建议。”

4．缺少主持人和记录人的签名，应写上：

“主持人：何彬（签名）

记录人：张小路（签名）”

综合练习

一、

文种一

五十年校庆公告

通川河上风帆点点，飞凤墩边书声琅琅。世纪沧桑适逢盛世，千秋薪火恰遇良机。2008 年 12 月 28 日，苏通交通技工学校将迎来五十年华诞。在此，我们谨向长期以来关心和支持学校建设与发展的各级领导、海内外校友、兄弟学校、社会各界人士和朋友表示衷心感谢并致以崇高敬意！

苏通交通技工学校在五十年风雨沧桑中，曾几易其址，数更其名。一代又一代的苏通教职员工秉承志存高远、自强不息的精神，努力工作，开拓创新，为高一级学府和社会各条战线输送了一批又一批合格人才。尤其是改革开放以来，学校办学条件得到了极大的改善，素质教育开展得扎实有效，教学质量不断提高，多次受到省、市等有关部门的嘉奖，2003 年被评为省级示范学校。在新的世纪，苏通交通技工学校将抓住新一轮课程改革的大好机遇，以人为本，与时俱进，在开拓中求生存，在奋斗中求发展，在拼搏中求进取，主动适应当今时代发展的需要，实现苏通交通技工学校发展史上的新跨越。

五十年铸辉煌，盛世写华章。苏通交通技工学校决定于 2008 年 12 月 28 日上午 8 点准时举行建校五十年庆典活动。这将是学校发展史上的一个里程碑，是所有曾经或正在这里生活、工作、学习的人们的光荣与梦想，更是推动学校进一步发展的重要机遇。我们期待着与广大校友和各界人士聚首校园，同踏往昔土今日路，共忆师生情同窗谊；睹母校新容，谋发展大计，话美好前景。由于我们未知晓部分校友的通信地址，致使有部分校友的联系信无法送达。为此，特敬告全体校友，如未收到校庆联系函的，请速与校庆办公室取得联系，同时也恳请各届校友见此公告后，相互转告，广布佳音！

苏通交通技工学校校庆办公室电话：0540-7766883

联系人：陆广生

地址：苏通市城中西路 166 号

邮编：242100

特此公告，敬祈周知。

苏通交通技工学校（盖章）

二〇〇八年十二月十一日

文种二

苏通交通技工学校（1958—2008）五十年校庆启事

2008 年 12 月 28 日，苏通交通技工学校将迎来五十周年华诞，届时将举办盛大的校庆活动。

为迎接校庆，学校已成立了“校庆筹备委员会”，恭请各地校友（凡在苏通交通技工学校学习和工作过的师生员工），届时返回母校参加校庆活动。同时学校拟编《校史资料集》、《优秀论文集》，请各界校友踊跃提供有关史料及省级以上获奖论文、著作。拟参加校庆或提供资料者，请函告、电告姓名、单位、职务、毕业届次，或径与校庆筹备办公室联系。热烈欢迎海内外校友为母校的发展作出贡献。

学校地址：苏通市城中西路 166 号

邮政编码：242100

联系电话：0540-7766883

传真：0540-7766881

苏通交通技工学校校庆筹备委员会（盖章）

二〇〇八年十一月十二日

文种三

关于 50 年校庆活动筹备情况的报告

苏交校[2008]56 号

市交通局：

做好 50 年校庆是今年我校的重点工作之一，为了做到早计划，早安排，早落实，确保校庆的各项活动顺利举行，经过精心地筹划和部署，目前校庆各项活动的具体方案已初步确定，现汇报如下。

一、校庆活动主题

喜迎校庆•情系校园•共创和谐

二、指导思想

以邓小平理论、“三个代表”重要思想和党的十七大精神为指导，坚持科学发展观，通过举办 50 周年校庆活动，回顾办学历史，总结办学经验，丰富办学理念，展示办学成就，传承优良传统，扩大社会影响，以庆促建，凝心聚智，共谋发展。

三、活动原则

体现因地制宜，庄重喜庆，崇学尚朴，节俭务实的原则。庆祝活动以校内为主，届时邀请上级领导和各相关单位参加。

四、校庆活动任务

（一）组织召开校庆大会

（二）举办交通职教论坛

（三）组织召开校友联谊会

（四）组织师生文艺汇演

（五）制作画册和电视纪录片

五、活动时间安排

计划所有校庆活动，集中安排在 12 月 28 日和 12 月 29 日两天举行。

六、具体方案

（一）校庆大会

时间：12月28日上午9：00（约需1.5个小时）

地点：综合楼五楼多功能厅（可容纳357人）

邀请领导：市政府领导（分管交通的和教育的领导）、省交通厅领导和省劳动厅领导（厅领导和职能部门领导）、市教育局领导和市劳动局领导（局领导和职能部门领导）、市交通局领导（局领导和机关各处室领导）、曾经在学校工作过的领导

参加人员：教职员工、离退休职工、学生代表、校友代表等

会标：苏通交通技工学校建校50周年庆祝大会

回头标：风雨兼程五十载　砥砺进取创未来

主持：陈照光书记

议程：

1．全体起立奏国歌

2．马跃校长致辞

3．先进教师、教育工作者表彰并颁奖

4．代表发言：（学生、校友、教师）

5．领导讲话：

（1）市交通局领导讲话

（2）省交通厅、劳动厅领导讲话

（3）市领导讲话

6．观看建校50年发展史纪录片

（二）交通职教论坛

分两场：

1．开幕式

时间：12月28日上午10：40（约需1个小时）

地点：学术报告厅

主持：陈照光

议程：

（1）领导致辞（许威局长）

（2）领导讲话（钱清副市长、王敏副厅长）

（3）宣读学校首届交通职教论坛征文获奖者名单，并对获奖者进行颁奖（陈照光）

（4）学校发展与建设专题发言（马跃）

中午在山庄就餐

2．论文交流

时间：12月28日下午1：30（约需2.5个小时）

地点：学术报告厅

主持：沈季伟（副校长）

议程：

（1）邀请专家专题报告

（2）校内获奖论文交流

A．课程改革方面

B．教学实践方面

C．班主任工作方面

D．汽车维修专业实验实训体系建设

E．信息化建设

（三）校友联谊会

时间：12 月 29 日上午 9∶00（约需 2 个小时）

地点：第三会议室

参加人员：2007 年以前毕业的毕业生、学校教师等

主持：张文庆（办公室主任）

议程：

1．参观学校

2．马跃校长致欢迎辞

3．观看学校宣传片

4．校友代表致辞

5．座谈交流

中午在山庄就餐

（四）文艺汇演

时间：12 月 29 日下午 2∶00（或者晚上）（约需 1.5 小时）

地点：运动场

参加人员：嘉宾、全校师生

演出人员：本校师生

演出构思：

演出名称暂定为“风华五十载”。整台节目共分为四个篇章，分别以校园音乐情景剧《听老师讲那过去的事情》为背景，变换不同布景表现不同时代学校的面貌，以老师为学生讲述学校的发展史为主线，通过不同形式不同题材的节目来展现学校的发展历程，展示学校在改革开放的历史大潮中团结一心，不断进取的精神面貌，感悟历史、面向未来，凸现出技校人对职业教育的不懈追求和必胜的豪情。

第一篇章：风雨兼程篇，以合唱、舞蹈等体现学校创建期间所经历的艰难困苦。

第二篇章：菁菁校园篇，以群口快板、校园歌曲联唱、武术表演、街舞篮球等体现学校发展期间校内欣欣向荣的景象。

第三篇章：春华秋实篇，以教师演唱《好日子》、器乐演奏、小品、小合唱《教师颂》等体现学校经历一系列发展变革后通过学校几代教师的共同努力，使学校的汽车专业成为苏通市首屈一指的名牌专业。

第四篇章：守望未来篇，以师生配乐诗朗诵、伴舞重唱《长大后我就成了你》、教师群体健身操表演、教师大合唱自选曲目等，体现学校新的历史条件下，中等职业教育又面临新的历史机遇，抓住机遇，加快发展和对未来发展的期望，表达技校人再创辉煌的决心和信心。

（五）电视纪录片和画册筹备情况

1．电视纪录片

整部片子由六大篇章组成，分别是魅力交校、历史交校、技能交校、产业交校、文化交校、未来交校。分别从六个角度反映学校发展的历程和所取得的成绩。目前片子的文字稿已基本确定，正在构思和收集、拍摄影像素材。纪录片由省广播电视总台协助制作。

2．图册

图册以图片为主，辅以文字介绍，主要内容分四个主题展示，每个主题前有一段文字说

明。由苏通市转角广告有限公司协助制作。

具体设计：一、封面；二、序言；三、校训、校标；四、校歌；五、主体内容：1. 春风送暖（领导关怀、题词）；2. 风雨回眸；3. 今日辉煌；4. 展望未来；六、封底。全册约30页。

特此报告。

苏通市交通技工学校（盖章）

二〇〇八年六月十七日

二、

文种一

红十字会关于向西南旱灾捐款方式的公告

2009 年秋季以来，我国西南地区旱情持续加重，导致大面积人畜饮水困难，农作物减产，给群众生活、经济发展造成严重影响。为支持当地开展救助工作，湖广市红十字会号召社会各界人士伸出援助之手，与西南旱区人民共渡难关。

为方便有捐款意愿的社会各界人士，湖广市红十字会开通了捐赠热线 25228515，市民可通过银行汇款和实物捐赠的形式向灾区人民捐送物资，解决旱灾给灾区人民带来的实际困难。

湖广市红十字会医疗救助专项资金募捐账号：湖广市财政局代收费专用账户

开户银行：中国工商银行湖广市支行

账号：11002869417701

救灾救助编码：0701944003

医疗救助编码：0701944001

湖广市红十字会联系电话：0755-25228515

二〇一〇年三月六日

文种二

市教育局团委关于开展抗旱救灾捐款活动的通知

全市各中小学校共青团、少先队组织：

近来，我国西南地区遭遇历史罕见的特大旱灾，给当地人民群众生产生活带来了很大影响。根据团中央、全国少工委《关于组织动员广大共青团员和少先队员积极投身抗旱救灾斗争的通知》（中青联发〔2010〕8 号）要求，全市各级共青团和少先队组织要迅速响应党中央和团中央的号召，发扬“一方有难，八方支援”的精神，积极组织动员广大共青团员和少先队员投身到抗旱救灾捐款活动中。根据我市现状和实际，现将有关抗旱救灾捐款具体事宜通知如下。

一、捐款形式

各级共青团和少先队组织要动员广大团员和少先队员每人捐赠一元钱（主要用于购买一瓶饮用水）。团队各级专兼职干部可多捐，数额不限。教育局团委统一汇总上交市红十字会。

二、捐款程序

1. 各级团队组织积极发出捐款倡议，组织号召所辖团队组织和团员、少先队员开展抗旱救灾捐款活动。

2. 各级团队组织将所辖团队组织和团员、少先队员抗旱救灾捐款统一汇总后上交教育局团委，并开具捐赠票据。

三、有关要求

1. 各级团队组织要及时安排、周密部署，认真做好捐款活动的动员号召和组织实施工作。对于人群聚集较多的捐款活动，要提前做好安全应急预案，确保活动有序顺利开展。

2. 各级团队组织要认真执行救灾捐款管理使用规定，对上交捐款必须建立专门账目，如实上报，不得挪用、截用和扣留捐款资金。

3．各级团队组织要迅速行动，必须统一将捐款和捐款情况说明于 4 月 10 日前上交至教育局团委。

二〇一〇年三月十日

文种三

学生处、团委关于“心系灾区，水润西南”工作会议记录

会议时间：2010 年 3 月 16 日

会议地点：学生处办公室

出席人：学生处主任刘燕、副主任沙建新、学生处陈洁、徐开波、团委书记郑志

列席人：校行政办公室周东

会议主持：学生处主任刘燕

会议记录：学生处陈洁

议题：开展“心系灾区，水润西南”的系列活动

1．学生处主任刘燕：为积极响应团中央、全国少工委发出的组织动员广大共青团员、青年和少先队员投身抗旱救灾斗争的号召，根据团市委、市少工委的“心系灾区，水润西南”抗旱救灾特别行动文件精神，系列活动时间为 4 月 2 日～4 月 12 日，活动对象是全校学生（党总支、工会将组织动员老师参加）。

2．副主任沙建新：活动内容建议为六个“一”。

3．讨论确定为：

一个班会——甘露润心田：4 月 9 日，各班召开“心系灾区，水润西南”主题班会（中队会），提高学生节水意识，倡导学生为灾区献上一片爱心。

一份倡议书——浓浓鱼水情：校学生处、团委在 3 月 20 日联合发出倡议，号召全校师生节水，救灾。

一期节目——涟漪传肺腑：4 月 5 日、9 日晚 7:00，现代教育中心制作以“节水救灾，全国一心，支援西南旱灾”为主题的教育片在校园台播出，要求全体学生收看。

一期专刊——灾情震我心：4 月 5 日～9 日，以“节水，救灾，环保”为主题，向全校征文，出一期专刊，要求内容真实、教育意义强。优秀作品将进行评比和奖励。

一次募捐——点滴汇江河：4 月 12 日升旗仪式时，以班级为单位举行募捐仪式，老师到所任教班级进行募捐，募捐得到的款项进行统计后于 4 月 13 日交到校团委，统一进行公示后上交团市委转交市红十字会。

一个金点子——节水我最行：4 月 5 日～12 日，向全校学生收集节水“金点子”，有关节水的妙招、创意，或者是设计发明的节水小装置，都可以提交给班主任，4 月 13 日交校团委统一进行收集和评比。

主持人：（签名）

记录人：（签名）

文种四

“抗旱救灾”征文启事

2010 年，我国西南地区发生严重旱灾，云南、广西、贵州、四川、重庆西南五省区市，目前受灾人口已达 5100 多万人，其中 1609 万人和 1105.5 万头牲畜出现饮水困难。农作物受灾面积 4348.6 千公顷，其中绝收面积 940.2 千公顷。云南和贵州一些地区的干旱等级甚至达到百年一遇。

面对罕见旱情，国家高度重视抗旱救灾工作，军民正全力抗击百年一遇旱灾，努力将灾害造成的损失降至最低。

关注现实，关注民生，是每一个青年义不容辞的责任，面对同胞承受的灾难，请让我们拿起笔，为同胞写下祈祷和祝福，去滋润他们焦渴的心。而对于旱情，你又做过哪些节水的措施，记录下你的节水故事跟我们分享吧！

一、征文要求

1．主题：“节水，救灾，环保”，乐观向上，题目自拟；

2．内容：爱心义举感人事迹、节水环保小创意、环境问题的思考等；

3．体裁：文体不限。

二、征文时间

2010 年 3 月 20 日到 4 月 10 日，届时，我们对所有应征作品进行汇总和评比，优秀作品将给予奖励，并集成校刊专刊。

三、投稿方式

1．邮箱投稿：将文稿通过 E-mail 发至 xueshengchu@126.com

2．校园网论坛投稿：在校园网论坛语文学习板块下的原创点评区以回帖方式投稿即可。

3．手写文字投稿：由班级收齐交至学生处。

所有稿件请一律注明“征文”字样，并写明班级。

湖广市金正职业学校学生处（盖章）
二〇一〇年三月十八日

第 4 单元

广告词

一、

1．黄鹤楼位于湖北省武汉长江边的蛇山之顶，历史悠久，景色壮观，被称为“千古名胜，天下绝景”，因传说吕洞宾屡乘黄鹤过此地而得名。始建于三国时期，几经兴废，阅尽人间沧桑。新建的黄鹤楼于 1985 年建成开放，巍峨壮丽，倍胜于前。立黄鹤楼之巅，武汉三镇景色尽收眼底。或俯瞰，或眺望，一片绮丽风光，让人不禁发出“大江东去波涛洗净古今愁”的感叹。

2．古有神农尝百草/今日仍觅野人踪/神农架原始森林/等你破解千年之谜

二、

1．这则广告词结构完整，语言简洁，直接介绍商品的品名、配料、特点，语言朴实、自然，能使消费者对商品产生信任感，增强广告的宣传效果。

2．这则广告词以孩子天真烂漫的口吻，既突出了产品去污力强的功能，又体现了母子间的互爱，浓浓的亲情必将打动消费者。

海报

一、

技能大赛专题讲座

兹定于 2009 年 11 月 3 日 16:30 在学校第一学术报告厅举行省级技能大赛专题辅导讲座。

本次讲座由著名学者胡卫权为广大师生解读省级技能大赛标准，剖析典型试题。

欢迎广大师生前往参加！

创新职业学校实训处

二〇〇九年十一月三日

二、

1．遗漏和不妥之处有：（1）没有交代演出单位；（2）没有写明演出的具体时间；（3）没有写明演出票的票价；（4）主办单位应该是“楚汉市文化宫”。

2．标语：表演新颖　滑稽幽默　变化莫测

修改后的海报如下文。

精彩杂技　大型魔术

表演新颖　滑稽幽默　变化莫测

演出单位：舞龙杂技团

演出地点：人民大剧院

演出时间：2010 年 3 月 6 日 19:00

售票时间：自 2010 年 3 月 1 日始

票价：甲级票 80 元，乙级票 60 元

售票地点：人民大剧院

楚汉市文化宫

二〇一〇年二月二十八日

合同

一、

购销合同

甲方：明净市肉类联合加工厂

乙方：凯西市食品公司

为了繁荣市场，保证食用猪油供应，经双方协商，签订本合同，以资共同遵守。

一、甲方向乙方订购食用猪油贰佰吨，每吨叁仟伍佰元，甲方共付给乙方柒拾万元。

二、乙方于 2010 年 4 月 10 日、4 月 30 日、5 月 10 日、5 月 20 日分四次、每次伍拾吨在明净市火车站向甲方交付完所订购的食用猪油。

三、付款办法采取银行托收承付。甲方在验收第一批货物后 5 日内先付款 50%，在验收全部货物后的 5 日内付清余下货款。

四、采用铁桶包装。货物发运后的铁路费用及卸车费由甲方承担。铁桶回空由甲方运至明净市火车站，运杂费由乙方负担。

五、质量标准。按食用油规格水分不超过 1%为合格，不符合质量标准甲方拒收。

六、双方按规定日期交付货物或货款，逾期不履行合同的，违约方按每天 1%的尾款或货物折价款付对方违约金。

七、本合同一式两份，双方各执一份。

（落款略）

二、这是一份不合法，格式不正确，内容不具体、不明确，语言不规范的合同。存在的主要

问题有：（1）不合法。合同的主体应是法人，而这份合同的立合同人都不具备法人的资格与条件。立合同人应为“江滨市耐压机械厂”和“江滨市第一建筑公司”。（2）标题不正确。本合同的项目是建筑工程承包，用“经济合同”作标题，范围太大。应改为“建筑工程承包合同”。（3）合同引言中“经甲方要求”，不符合合同协商一致性的特点。应改为“经双方友好协商”。（4）内容不具体、不明确。该合同第一条中没有阐明建造厂房的式样、面积、高度、结构等，使乙方无法施工；第二条中的“一部分”、“抓紧”应具体化；第三条中的工期应明确，尤其是交工日期，还应有保证措施；第四条缺少材料标准附件。（5）合同没有说明生效日期。（6）该合同缺少违约责任的有关内容。（7）这份合同在语言上有欠妥之处，如第二条“归还”一词应改为“付清”。

说明书

一、

展望职业学校

第十届“职业技能展示节”说明

【活动名称】展望职业学校第十届“职业技能展示节”

【活动时间】五月份第二周的星期五（2010 年 5 月 9 日）

【活动内容】职业技能表演

【活动安排】

一、上午

1．开幕式

时间：8:30～9:30

地点：学校大礼堂

2．职业技能表演展示

按电子技术与应用类、加工制造类、交通运输类、信息技术类、土木水利类等 5 大类专业的顺序进行表演，各专业班级按类组队。

地点：在各大类专业实训中心

时间：9:40～11:30

注：邀请相关企业的领导、专家、区教育局领导以及家长观摩。

二、下午

1．企业领导、专家、区教育局领导听取学校领导汇报

时间：14:00～14:30

地点：学校第一会议室

2．企业领导、专家、区教育局领导对“技能节”发表意见

时间：14:40～16:30

地点：学校第一会议室

校长办公室（盖章）

二〇一〇年四月二十日

二、

太阳能充电器使用说明书

本产品是一款多功能太阳能应急充电器，内置 1200mAh 高容量可充电锂电池，可随时随地对您的手机、数码相机、PDA、MP3、MP4 等数码产品进行充电。造型华贵大方，小巧玲

珑，携带方便，时尚高雅。

使用方法

1. 使用之前请给您的太阳能充电器充电，有三种方法可以选择：

（1）将充电器置于太阳光直射处，太阳能将转化为电能给充电器内置可充电电池充电。

（2）将充电器 USB 线连接计算机，此时充电器指示灯会闪光，表示正在充电，当充电满后此灯将会熄灭。

（3）用交流适配器充电，充电时指示灯会闪光，当充电满后此灯将会熄灭。

2. 将转换接头连接到延长线，再将延长线的另一头连接到充电器，或直接将转接头连接到充电器。

3. 将转换接头连接到您的手机或其他数码产品。

4. 从您的手机或其他数码产品上将可看到正在充电，充电的同时您也可以用手机通话。

5. 将开关拨到“NO”，太阳能板在接受阳光照射时，太阳能充电指示灯呈绿色。

产品特点

1. 特别适用于应急场合。当您在野外作业或旅游，或者遇到停电时，太阳能充电器将会帮您的大忙，使您的手机随时随地保持工作状态。

2. 使用方便。无论何时何地，您都可以极为方便地给您的手机或其他数码产品充电。

3. 高效率充电。给您的手机充电 60 分钟，可以获得 100～150 分钟通话时间。

4. 环保、节约能源。使用绿色能源太阳能，您可为环保作出贡献。

5. 外形时尚，携带方便。造型简洁华贵，超薄不锈钢外壳设计，小巧玲珑，携带方便。

6. 使用安全。带有充电过充保护，有效延长您的手机电池的使用寿命，使用安全。

产品规格

1. 使用高转换效单晶硅或多晶硅片，太阳能转换效率高达 15%以上。

2. 太阳能电池板规格：5.5V/80mA。

3. 充电时内置高容量可充电锂电池：1200mAh。

4. 输出电压：5.5V。

5. 输出电流：1000mA。

6. 充电器给手机充电时间：约 60 分钟（不同品牌和型号的手机有少许差别）。

7. 太阳能给充电器内置电池充电时间：10～15 小时。

8. 用计算机或交流适配器给充电器内置电池充电时间：约 5 小时。

本产品适用于下列产品充电

手机（标准配置有诺基亚，三星，摩托罗拉，索爱，迷你 USB 五种转接头）；数码相机；PDA；MP3；MP4（内置可充电电池容量须小于 1200mAh）。

注意事项

1. 请不要用尖锐物体刮擦太阳能电池板表面。

2. 用太阳能给充电器内置可充电电池充电时，请将太阳能板朝上置于阳光直射处，以保证最佳充电效果。

3. 请不要长时间用计算机或交流适配器给充电器内置可充电电池充电，当充电指示灯长亮时请尽快停止充电。

4. 请不要用其他交流适配器给太阳能充电器充电。

5. 请不要在下雨天将充电器置于户外。

6. 如因短路保护，仅需拔掉短路负载，10 秒钟即可恢复供电。

策划书

一、

校园文明主题团日活动策划书

一、活动背景

我国是一个具有文明传统的国家，传承美德更要从学生做起。作为一名中学生，创建和谐校园、文明校园是我们义不容辞的责任。校园内的不文明现象很多，如乱丢垃圾、随地吐痰、说脏话、在公共场合吸烟、上课不听讲等，我们希望借助此活动向同学们传递文明的火炬，传达民族的精神。

二、活动目的

营造良好的校园文明氛围，促进校园精神文明建设，提高同学们的思想品德修养，帮助同学们构建和谐校园意识。

三、活动时间、地点

活动时间：2011 年 10 月 12 日

活动地点：2011 级化工工艺（2）班

四、活动流程

1．准备阶段

（1）策划活动内容，制定活动步骤、细则，班委会讨论具体方案。

（2）准备材料，人员安排。

2．活动步骤

（1）组织全班同学观看一场与文明有关的电影。

（2）情景剧表演：班级同学每 6～8 人自由组合成一个小组。每个小组分别表演情景剧，剧情涉及不文明现象。一个小组表演时，其他小组抢答纠正他们的不文明现象，找出错误最少的小组为大家表演一个节目，找出错误最多的小组获得奖励。

（3）短信传文明：同学们都拿出自己的手机，把此时最想对父母或同学说的话以短信的方式发给父母或同学。

（4）文明宣传语：每位同学写一句文明宣传语，做成宣传板，倡议同学们“文明行为，从我做起”。

3．活动结束

以团支部名义写一份活动总结。

五、活动经费预算

电影票　120 元。　　　宣传板　80 元。　　　奖品　30 元。

合计费用 230 元。

2011 级化工工艺（2）班团支部

二〇一一年九月二十二日

二、

新生开学电子产品促销策划书

一、促销背景

新学期伊始，新生们怀着希望和梦想进入了新的校园，远离了家人和朋友，随时需要联系和沟通，而 80%以上的学生都用手机短信。因此，手机是必不可少的。据以往经验，在开学一段时间内手机购买将是一个高潮。同时，新生对于 MP3、MP4 等电子产品的需求也很旺盛。鉴于此，我们计划在新生入学的这段时间进行一次电子产品的促销活动。

二、目标

扩大商场在学校的知名度，促进电子产品销售，并树立良好的企业形象。代理学生得到一定的报酬，并树立良好的学生代理形象。加强学生和商场的联系，达到互利共赢。

三、销售战略

1. 目标市场：主要针对新世界职业学校 2011 级新生。

2. 销售地点：新世界职业学校“仰望星空广场”。

3. 销售模式：采取户外人员密集处设点、登门演示促销、同学网促销等方式。

4. 销售队伍：学生 5～7 人、商场方 2 人。学生由万达商场进行短期培训。

5. 售后服务：由万达商场完全负责（发票、维修卡等均需齐全）。

6. 广告：具体制作由万达商场负责，可做大型喷绘、传单等。

7. 产品定价：商场给予稍低于市场价的优惠价。

四、行动方案

1. 9 月 3 日以前，广告印刷，人员培训，模型收集，场地布置，材料准备等前期准备。

2. 9 月 4 日～9 月 6 日，广告、销售全面展开阶段。

3. 9 月 6 日之后两个星期内，短期代理阶段。户外销售转向室内，在校内张贴广告，留下宿舍电话，手机号码。

五、合作双方权益

1. 商场方：提供广告费用、人员培训、必要的材料准备等，并与代理方共同负责安全问题。

2. 代理方：负责宣传、销售、学校工作、和商场方一起负责安全问题。

3. 合作方式：代理方不购买电子产品，不缴纳押金。根据销售量提成。

调查报告

一、

关于职业学校学生使用手机接收信息情况的调查

为了解职业学校学生使用手机接收信息的情况，我们通过问卷的形式进行了调查。调查的对象为明远市职业学校的学生，包括中职生和高职生。共发放问卷 140 份，经过检查，有效问卷 137 份。调查结果采用定量分析的方法，使用 SPSS 软件进行数据分析。

一、调查的结果

1. 手机使用的基本情况

职业学校学生的手机话费有 79%用于手机的传统功能——打电话和发短信，花费在新功能，如上网、手机报、手机电视广播等费用所占份额只有 10%。学生除了基本通信功能外，主要还是考虑娱乐功能，所占份额为 31.6%。对于娱乐的爱好应该是学生的一个普遍而具有代表性的特点。

2. 信息接收情况

（1）职业学校学生利用媒介接收外界信息情况。在科学技术不断发展的今天，学生接收信息的媒介从广播、报纸、杂志、电视、网络发展到了综合上述功能于一体的手机媒体，但是，职业学校学生主要是利用传统媒介获取信息，利用手机获取信息的仅占 15.7%，是这六种媒介中利用率最少的一个。这不得不引起我们的深思。

（2）拒绝利用手机接收媒介信息的原因。第一，66.7%的学生认为收费昂贵是最主要的原因，在基本通话费用和短信费用方面就要花费很多，在有限的生活费的限制下，在还有其他替代品来获取信息的前提下，利用手机获取信息，开通手机报、手机电视广播等只是重复花费。第二，有 36.4%的学生认为无用信息过多。有一些学生订制了手机报后发现手机报里的内容十分庞杂，只报道某一领域的手机报很少，有些领域根本没有涉及，手机报的种类也很少。学生不能根据自己的爱好进行订阅。第三，25.6%的学生因为手机功能的限制而无法利用手机接收媒介信息。

3．手机新功能接收媒介信息情况

（1）手机上网的使用情况和频次。有 59%的学生用手机上网接收过媒介信息，30.8%的学生用手机报和手机广播接收过媒介信息，5.1%的学生使用手机电视接收过媒介信息。使用手机上网、手机报和广播接收过信息的人数还是很多的。偶尔使用手机上网的频率占 63.5%，每天使用的占 13.1%，一周上网四五次的有 10.9%，一周上网两三次的有 2.9%，一周一次的占 0.7%。这个调查数据显示了手机上网在未来发展有巨大的前景。

（2）手机上网的目的。大部分学生是以搜集资料和资讯浏览为目的，查找天气、聊天和看电影小说所占比例也很多。

（3）对于手机新功能的态度。大多数同学认为手机新功能的便捷性很强，也很时尚。但是大家也强烈地感受到针对性很弱，私密性也不强，这两点也是它的致命弱点。别的缺点包括资费过高、资费标准不明、网速过慢、内容不够丰富。选择“没有兴趣”的学生很少，大约 10%。客观因素有屏幕太小，耗电量大，自己的手机不支持这项业务。

选择“费用过高”的学生所占的比例是最高的，7%的学生对于资费问题的态度是“完全不合理”，40%的学生认为不太合理，可见资费问题是一个亟待解决的问题。

二、评价和建议

虽然手机媒介有以上种种的弊端，发展还不是很完善，仍是起步的阶段。但是，手机媒体发展的大趋势是无法阻挡的。21%的学生认为手机媒介肯定会成为新的具有影响力的媒介，44%的学生认为手机媒介可能会成为新的具有影响力的媒介。从调查结果可以看出，大家对手机媒介寄予了很大的期望，手机媒体已经将其发展势头从通话、短信集中到新功能上来了，手机新功能如手机上网、手机报等的发展前景是不容小觑的。

我们认为，相关部门应该进一步创办一些具有针对性的、分门别类的信息提供给不同的受众群，提供多元化、多方位的服务；针对收入低的受众群降低收费标准，为他们提供价廉物美的信息大餐；加大对手机的一些新功能的宣传力度；电信业要加大力度，采取有效措施过滤垃圾短信、谣言短信和无用信息，提高自己的行业信誉；手机生产商应该进一步降低手机价格，推出价格低、配置好的手机给特定受众群，配合手机新功能的推广，达到双赢的目的；要进一步研发科技，提高手机上网的速度，赶上现代人生活的节奏，并且在使用时能达到省电的效果；加强法律监管，保护用户的隐私权。

二、

1．关于暑假课外阅读的调查。

2．（1）读书量偏小。（2）读书面相对较为窄小。（3）阅读途径不多。（4）缺少读书指导，部分家长甚至教师对课外阅读不够重视。

3．学校要设法增加图书馆的经费，多买一些好书，并组织课外讲座，做好读书指导工作，广泛宣传课外阅读的意义。

综合练习

一、

文种一：说明书

HYD—1502 电水煲说明书

一、产品特点

高效煮水

2000W 超大功率，快速煮开水。

人性化设计

双层隔热内胆设计，防止意外烫伤。

防溅顶盖设计，防止开盖时烫伤。

超大出水口设计，可轻松向煲体内注水。

塑料把手设计，手感舒适防滑落。

可拆洗的不锈钢过滤器，有效过滤水中杂质。

外壳采用金属亮光涂层工艺，精致美观。

超大水位窗设计，清晰查看煮水状况。

分离式底盘设计，取拿方便。

使用安全

防干烧设计，确保使用安全。

进口 Otter 温控器，延长使用寿命。

二、产品部件名称（略）

三、使用方法

初次使用之前

1．将底座放在一个干燥、平稳且易清洗的表面上。

2．第一次使用本产品前，请务必将机身上的所有附属物（如使用提示贴、蓝光水位贴、吊牌等）取下，以免发生危险。

3．若要调整电源线的长度，可将部分电源线绕在防滑橡胶底座的电源线贮藏室上，并将电源线卡在底座的槽中。

4．正式使用之前请将水加满到最高水位线处，把水烧开，等水变凉后用水彻底清洗电水煲的内部、壶嘴及不锈钢过滤器，以确保干净卫生。

使用电水煲

注意：禁止在无人看管的情况下运行本产品。

1．打开盖子或通过壶嘴向电水煲中注水（加水量请勿超过最高水位线）。

2．在接通电源之前请合上盖子，并确保盖子已正确盖好。

3．将电水煲放在底座上，将插头插入插座上。

4．按下开关，电水煲内的指示灯亮起，蓝光显示水位高度，电水煲开始工作。

5．水烧开时，电水煲开关将自动弹起，同时指示灯也自动熄灭。

6．在烧水过程中，您可以随时将开关拨至“0”位置，以中断烧水过程。

四、清洁与存放

清洁与除水垢

1．清洁产品前，务必先将电源插头拔掉。

切勿使用钢丝绒、研磨性清洁剂或腐蚀性液体（例如汽油或丙酮）来清洁产品。

切勿将电水煲或底座浸入水中或其他任何液体中。

2．清洁电水煲

用蘸有温水和无害清洁剂的软布擦拭壶的外表面。

3．清洗过滤器

（1）将过滤器从电水煲中拉出。

（2）请在打开的水龙头下挤压和转动以清洁过滤器。

（3）用软尼龙刷轻轻地清洗过滤器。

（4）重新将过滤器装回到电水煲内。

存放

1．将电水煲放置在一个水平、干燥、稳定的表面上。

2．电水煲不能接近其他热源放置和贮存。

3．请勿将杂物放置在电水煲上。

五、注意事项

1．如果电源线发生损坏，请交由制造商或其指定的专业人员进行维修。

2．儿童及无行为能力的人请在监护人监督下使用本产品。

3．倘若发生故障，应立即拔掉电源插头，切勿将有缺陷的产品置于工作状态。

4．本产品只能用于烧水，加热其他液体有可能会对电水煲造成损害。

5．勿使电源线接近热源。

六、主要技术参数

电压（V）：AC220～240　　频率（Hz）：50

触电保护等级：Ⅰ　　最大水量（L）：1.7

电缆长度（m）：0.75　　功率（W）：2000

尺寸（mm）：L234×W177×H232　　重量（kg）：1.4

壳体工艺：不锈钢

斯通电子集团　　地址：江南省楚淮市城西北路97号

电话：（0517）98878789　　传真：（0517）98879789

邮编：223200

文种二：广告词

IIYD—1502电水煲

散发着纯正的法国浪漫气息，融入都市中精以致用的时尚设计情怀

经典黑色钢琴烤漆，映衬与众不同的时尚观感

幽蓝的灯光为您带来更为清晰的视觉体验和纯粹的生活感受

黑色的内敛与金属质地的锋芒融汇于一身，用每一个细节展现出尊贵与高傲

通过综合力学和人体工学的手柄设计，让您的使用更加称心如意。

任凭水位再高，拉丝不锈钢外壳都确保烧水不烫手。

加热区蓝色水位指示灯，可清晰看到水位和水质的状态，让您安心、放心，幽蓝的灯光结合沸腾的水花是一种美，也是一种神秘。

1.7 升超大容积　水沸自动断电
防干烧保护　人性化防滑手柄
英国原装进口 Otter 温控器　360 度任意旋转电源底座
材质：不锈钢　功率（W）：2000
容量（L）：1.7　外形尺寸（长×宽×高）（mm）：234×177×232
净重（kg）：1.4　单价（CNY）：886

斯通电子集团　地址：江南省楚淮市城西北路 97 号
电话：（0517）98878789　传真：（0517）98879789

文种三：海报

斯通电水煲家电下乡启动仪式暨斯通电水煲杯少儿才艺表演
即时抽奖开奖　现场奖品派送

时间：2011 年 6 月 6 日 8∶30～19∶40
地点：楚淮市明清步行街展销中心

斯通电子集团
二〇一一年六月五日

文种四：策划书

斯通电水煲现场促销活动策划书

一、时间
2011 年 6 月 6 日。
二、地点
楚淮市明清步行街展销中心。
三、活动目标
把握购物高潮，举办“斯通电水煲家电下乡启动仪式”和“斯通电水煲杯少儿才艺表演”，促销斯通电水煲，扩大斯通电水煲的社会影响力，提高公司营业目标。
四、活动主题
斯通电水煲家电下乡启动仪式暨斯通电水煲杯少儿才艺表演。
五、活动对象
以预备购买电水煲的消费者为对象，以“斯通电水煲”的产品优异性为主要诱因，以家电下乡产品为辅助引导购买，利用现场抽奖、开奖活动，鼓舞和刺激消费者把握时机，即时购买；利用“斯通电水煲杯少儿才艺表演”活动，培养消费群体。
六、活动流程
1．现场准备（2011 年 6 月 5 日）
搭建舞台，悬挂背景广告，搭建彩虹门，斯通电水煲展示区、接待区、演示区布置，放置斯通电水煲样品。
2．启动仪式（2011 年 6 月 6 日）
（1）启动仪式准备阶段（8∶30～9∶30）：音响测试、人员到位、斯通电水煲产品介绍。
（2）贵宾接待（9∶30～10∶00）：在接待贵宾的同时进行斯通电水煲宣传片的播放。
（3）启动仪式正式开始（10∶06）：鸣礼炮 12 响，领导讲话，斯通电水煲家电下乡活动揭幕仪式。
（4）节目表演（10∶30～11∶30）：团体节目表演、斯通电水煲产品介绍。

（5）休息时间（11：30～13：30）：客户更具体了解斯通电水煲的各种性能。

3．少儿才艺表演

（1）斯通电水煲产品介绍（13：30～14：00）

（2）第一组才艺表演（14：00～14：30）："斯通电水煲杯少儿才艺表演"正式开始，中间少量穿插斯通电子集团产品介绍。

（3）现场抽奖、颁奖、促销（14：30～16：30）：斯通电子集团新老客户现场抽奖、第一组才艺表演少儿颁奖、进行有奖促销活动。

（4）第二组才艺表演（16：30～17：30）：斯通电水煲用户给各位选手颁发奖品，并现场对老客户进行采访。

（5）产品介绍（17：30～19：30）：更进一步介绍产品，接待咨询客户，签约订单。

4．斯通电水煲员工、新老客户、少儿才艺表演者以及现场观众合唱，活动到此结束。

七、广告表现

1．横幅：在市区淮海路、健康路、东长街、南大街、西长街、北大街各悬挂宣传横幅两条。

2．彩虹门。

3．广告方式：通过张贴海报和散发宣传单等形式，让大众进一步了解斯通电水煲。

4．纪念品：通过现场发放斯通电子集团纪念品，提高公司知名度和影响力。

斯通电子集团

二〇一一年五月十日

二、新能源公司决定新建天然气供应站需要调查报告作为其依据。黄淮石油天然气管道工程有限公司需要与新能源公司就建造天然气供应站项目签订《建筑工程承包合同》，才能保证两个公司的合法权益。

文种一

运安市城区燃气出租车供气情况调查报告

2009 年 10 月 8 日至 15 日，新能源公司采用走访、问卷调查的方式对运安市城区燃气出租车供气情况进行了调查。

一、燃气出租车市场基本情况

目前，运安市城区现有加气车辆 1200 多辆，其中燃气出租车 880 多辆，燃气专线出租车 300 多辆，燃气公交车 11 辆，燃气私家车 100 多辆。在正常运营的情况下，日需燃气量 1.8～2.1 万 Nm^3，所有这些车辆的燃气主要由运安市金鼎公司、运安市齐安天然气公司两户企业供应；两户企业拥有槽车 5 头 9 箱（5 辆牵引车头，9 辆载气槽箱），其中：金鼎公司有槽车 3 头 5 箱，齐安公司有槽车 2 头 4 箱，每台槽车载气 3000Nm^3，日运气能力至少在 1.5 万 Nm^3。

运安市出租车已经完成了"油改气"，不但减轻了城市环境污染，而且降低了经营成本。从出租车经营者的经济效益角度来看，按出租车经营者提供的数据计算，出租车每天平均营运收入 350 元。经营成本（包括燃料费、人员工资、维修费、车辆折旧、保险费、管理费以及其他费用）按天然气价格计算，每天成本为 280 元，盈利 70 元；在天然气供应不正常情况下，燃料按油、气各半计算，成本 330 元，每天盈利在 20 元左右。

从企业和经营者的要求来看，2005 年调整运价以来，出租车行业一直处于相对稳定状态，意见较多地集中在加气难、行车难这些问题上。一些出租车经营者以燃气供应不正常、燃油价格过高为借口，擅自将基价由 4 元提高到 5 元。

二、存在的问题及原因

导致燃气供应紧张的主要原因是气源紧缺。目前，运安市天然气主要从黄淮省富有县的本汉气井购进。本汉气井日产气约 3 万 Nm^3，主要供应附近地区的生产生活用气和运安市的车辆用气。非采暖期除保证附近企事业单位日用气 2 万 Nm^3 外，每日可供运安市城区 1 万多 Nm^3。进入采暖期，气源地附近企事业单位用气量增加，每日可为运安市城区供气 6000 多 Nm^3。最近，针对运安市气源紧张状况，金鼎、齐安两公司在有关部门的协助下，通过协调争取，本汉天然气公司初步承诺为运安市日供气 1 万 Nm^3，每 Nm^3 装车价 1.40 元，超过 1 万 Nm^3 的新增供气，每 Nm^3 按 1.90 元供给。加上长平油田镇原气井日产气 3000 多 Nm^3，这样，运安市日供气勉强可达 1.3 万 Nm^3，缺口仍在 5000～8000Nm^3。由于本汉天然气价格合理，运距近（150 公里），成本低，合同内供气进价 1.40 元/Nm^3，运输及其他费用 1.00 元/Nm^3，成本为 2.40 元/Nm^3，销售价格按市物价局核定的 2.90 元/Nm^3 执行，销售每 Nm^3 可实现利润 0.50 元。广太的西气东输一线管道气源稳定，但价格较高，每 Nm^3 装车价为 1.85 元，运输及其他费用按 1.00 元计算，每 Nm^3 成本达到 2.90 元/Nm^3，企业不但没有利润，而且要面临亏损的风险。所以，金鼎、齐安两家经营公司受利益驱动，不愿做无利甚至亏本生意，只依靠本汉天然气公司和镇原气井合同内有限的供气量，不愿开辟广太供气渠道或从本汉合同外购气，造成气源短缺，在供应数量和时间上难以保证正常供应，加之出租车气罐小，一罐气只能跑 5～6 小时，每天需加气 2～3 次，在燃气调运不及时的情况下，造成排队加气现象，有时每天用于排队加气的时间在 4～5 小时，甚至更多，影响了经营者的有效营运时间，效益下滑。

三、几点建议

1．政府采取政策引导支持，鼓励更多的投资者经营天然气，加快气化运安市的建设步伐，从根本上缓解燃气供应紧张的问题。

2．天然气经营企业要开辟新的气源供应地，除继续保持本汉最大能力供气外，把广太的西气东输一线管道气作为长期稳定的气源，保证市场正常供应。

3．有关部门要加大对天然气经营企业的管理约束，在天然气销售价格调整后，企业要千方百计地保证市场供应，每天保证 6～7 车（1800～2100Nm^3）天然气供应市场，如果出现断档、供应不及时等问题，要给予严厉处罚。

文种二

建筑工程承包合同

运安市新能源公司（以下简称甲方）

黄淮石油天然气管道工程有限公司（以下简称乙方）

兹有运安市新能源公司天然气供应站（施工批准文号：2010 年运安市建字 15 号）工程任务，甲方委托乙方施工。为确保此项任务顺利进行，经甲、乙双方协商，特拟定如下条款，双方共同遵守。

一、工程地点：运安市西安路 258 号。

二、工程项目及建筑面积：工程项目为运安市新能源公司天然气供应站，建筑总面积 13274m^2，包括：站内工艺管道工程 782m^2（石油天然气行业标准（SY）SY4203—2007），自动化仪表工程 1047m^2（石油天然气行业标准（SY）SY4205—2007），储罐工程 3968m^2（石油天然气行业标准（SY）SY4202—2007），加气棚 2156m^2，站房 4679m^2，附属建筑 642m^2。

三、承包方式及取费方式：本工程为包工包料，乙方按设计图纸一次性承包到位，不做预算，按运安市有关取费标准编制预、决算书。甲方应于接到本工程决算书五天内，将审计意见通知乙方。双方签章后生效。

四、工程总造价：人民币 10619402 元。其中：站内工艺管道工程 852×782m²=666264 元，自动化仪表工程 852×1047m²=892044 元，储罐工程 810×3968m²=3214080 元，加气棚 782×2156m²=1685992 元，站房 782×4679m²=3658978 元，附属建筑 782×642m²=502044 元。

五、材料供应：乙方根据工程需要向甲方提供国拔及部管材料指标数量（包括钢材、木材、水泥、油毡、沥青、玻璃、铅板、钡粉等），甲方将材料供应指标交付乙方，由乙方办理采购、订货、提料、运输手续。

六、付款办法：自协议签订之日起三天内，甲方付给乙方工程总造价的 21%备料款，计人民币 2230075 元。其中甲方按乙方统计进度逐月付给乙方工程进度款，所剩工程款（总造价的 5%），竣工验收后七日内结清。

七、工期：此工程于 2010 年 4 月 10 日开工，2011 年 3 月 30 日竣工。如遇应由甲方负责提供的材料、设备、图纸不全或设计、建设单位提出较大工程变更，增加工程项目等，影响乙方正常施工时，造成返工或停工者，由甲方负责赔偿经济损失，工程顺延。

八、其他：

1. 2010 年 3 月 30 日以前，甲方必须使现场达到三通一平，以保证按时开工，否则，延误开工，顺延竣工日期。

2. 施工中如遇人力不可抗拒的自然灾害，工期顺延，工程有关损失，甲方负担。

3. 协议签订后，如发生材料调价，按国家规定日期调整，增加总造价。

4. 甲方向乙方提供施工用地、办公室、电话、仓库等设施；电源、水源由甲方引到红线以内，施工用的水、电费用，由乙方支付。

5. 本工程实行以下奖惩办法：工程质量达到优良标准，工期每提前一天，奖励总造价的 0.02%；延误一天，罚总造价的 0.02%。

6. 本协议所定条款，如遇违约，由违约方担负由此引起的一切责任。

九、分工：

1. 甲方。应及时向乙方交付施工图纸九份及有关资料。负责施工现场地上物的拆迁、清理。办理施工用水、用电，达到三通一平（路通、水通、电通、场地平整），并负责办理施工占用场地手续。

2. 乙方：严格按照施工图纸及操作规程施工，确保工程质量，按国家《石油天然气建设工程施工质量验收规范》验收，工程质量达到优良。

十、竣工验收：工程竣工时间确定后，乙方应提前通知甲方，会同有关部门进行正式验收。经验收合格后，双方签订《工程竣工验收证书》。

十一、本协议正本一式两份，甲、乙双方各执一份。副本 14 份。双方签章后生效。

甲方：运安市新能源公司（盖章）	乙方：黄淮省石油天然气管道工程有限公司（盖章）
地址：运安市华泰路 138 号	地址：西南市北门街 76 号
电话：（0910）88877788	电话：（029）66677666
代表人：潘建成	代表人：季华君
开户银行：运安市建行	开户银行：西南市建行
账号：15624896329	账号：16892765428

二〇一〇年三月二十五日

第5单元

求职信

一、

求职信

尊敬的领导：

您好！我是秣陵汽车工程学校汽修专业11届的一名学生，即将毕业。

秣陵汽车工程学校是省内著名的汽车、机械等人才的重点培养基地，具有悠久的历史和优良的传统，素以治学严谨、育人有方而著称。学校与德国宝马、日本丰田等公司有着非常好的合作关系。在这样的学习环境下，无论是在知识能力，还是在个人素质修养方面，我都受益匪浅。

三年的学习，我具备了扎实的专业基础知识，系统地掌握了汽车理论、汽车及车身设计等有关理论；能安全操作电焊、气焊并能胜任汽车日常维护及修理。在实习企业的一年实践，我考取了驾照，能独立驾驶，也有了验车、检修等经验。同时，我利用课余时间广泛地涉猎了大量书籍，不但充实了自己，也培养了自己多方面的技能，现在我能熟练操作计算机办公软件。

此外，我还积极地参加各种社会活动，抓住每一个机会锻炼自己。三年的中专学习，我深深地感受到，与优秀同学共事，使我在竞争中获益；向实际困难挑战，让我在挫折中成长。前辈们教我勤奋、尽责、善良、正直，学校培养了我实事求是、开拓进取的作风。 我热爱汽修这个行业，贵公司也是我市有名的汽修企业，殷切地期望能够在您的领导下，为这一光荣的事业添砖加瓦，并且在实践中不断学习、进步。

收笔之际，郑重地提一个小小的要求：尊敬的领导，无论您是否选择我，都希望您能够接受我诚恳的谢意！祝愿贵单位事业蒸蒸日上！

求职人：王大力

二〇一一年五月二十一日

联系电话：022-36008251

通讯地址：秣陵市大光路78号秣陵汽车工程学校06级汽修1班

邮政编码：120058

附：个人简历一份

证书复印件等

二、

格式方面存在的问题有：

1. 缺少标题“求职信”
2. “你好”另起一行
3. 署名、日期应在右下方。 署名前应有“自荐人:”，日期应为中文数字

内容方面存在的主要问题有：

1.“金融类独树一帜、享有盛誉的品牌学校”此处不够谦逊，过于自大。
2. 未针对所求职业，突出自己的特长和个性。对自己的专业知识学习涉及太少。
3.“人们的投资理财意识日益增强，我感觉投身于金融事业大有作为。因此，我非常热

爱我的专业，”热爱专业的理由表述不妥。

4．“我的财会电算化水平也很好”中“很好”等用语应避免使用。对于自身情况，应多摆事实而少下结论。

5．“恳请您在×月×日前务必给予答复，”要求不妥当，不能强求。

6．缺少附件、联系方式等。

应聘书

一、

应聘书

尊敬的灿新公司领导：

您好！

首先感谢您在百忙中给了我这份关注，同时也希望是您为我打开一扇成功之门。从电视中得知贵公司在招聘会计，出于对我个人能力的自信，以及对灿新计算机公司雄厚实力、巨大发展潜力的信心，我不揣浅薄，希望能成为贵公司的一员。

我是广海职教中心的一名应届毕业生，专业是财务会计。在校三年间，我既注重文化基础课的学习，又重视专业技能的实践，更注重个人综合素质的提高。在老师的严格教诲和个人努力下，我学习了基础会计、商业会计、企业会计、成本会计等专业理论课程，具备了扎实的专业基础知识。我能够熟练地操作会计电算化系统软件模块，也熟悉手工记账，并参加了考证鉴定，获得了会计中级证书、收银员证书等。在校学习的最后一年，我完成了毕业实训，同时也掌握了有关财务的出纳实务知识，以及统计知识。

在校期间，我曾担任班长和学生会副主席，多次策划组织了大型校园活动。这些管理工作锻炼了我的组织能力，也让我学会了在工作中如何与人合作，进行协调。我还是校足球队的队员，曾代表校队参加了广海市中学生足球比赛，获得了第二名的好成绩。

学习之余，走出校门，我尽量去捕捉每一个可以锻炼的机会，让自己近距离地接触社会，感受人生，尽快地成熟。现在我渴望能到贵公司财务部门担任一定的工作，使所学的理论知识与实践有机地结合，让自己的人生有一个成功的飞跃。

我相信贵公司正是我所追求的理想目标。如果能成为贵公司的一员，我会尽我所能做好工作，为贵单位增光、添彩。希望贵单位蒸蒸日上。

此致

敬礼！

应聘人：王新

二〇一一年六月二十三日

联系电话：0562 3652425

通讯地址：广海市田园路78号广海职教中心08级财会1班

邮政编码：230058

附：个人简历一份

证书复印件等

二、

贵单位“良好的企业形象，出色的工作业绩，广阔的发展前景，对知识的高度重视，科学的管理模式及合理的用人机制”深深吸引了我。我学业初成，故怀着对未来美好生活的憧憬，凭着“初生牛犊不怕虎”的闯劲，希望成为贵单位的一员，为贵单位的发展添砖加瓦。

竞聘词

一、

关于竞聘支行会计经理的演讲词

各位行领导、各位同事：

大家好！首先我要感谢行领导给我这样一个锻炼的机会，不论这次竞聘成功与否，我都将获益匪浅，对我今后做好本职工作必定有很大帮助。

我之所以竞聘支行会计经理，是因为我相信自己已经具备担任这项职务的基本条件。从2005 年大学毕业后，在我行工作的两年多时间里，我一步步从基层做起，储蓄、出纳、会计、交换、联行直到会计主管，经过不断学习和实践，积累了丰富的会计工作经验和会计管理知识，熟悉各种相关的法律、制度、规定。在工作中始终严格自律，兢兢业业。参加完成了以下工作：营业部筹建，本、汇票业务及电子联行系统的申办与开通运行，账户管理系统的建立，年终结算，新系统上线等。在做好本职工作的同时，协助领导对营业部的会计工作进行了组织协调。这些都为我今后做好会计经理的工作打好了基础。

如果行领导任命我为支行的会计经理，我将充分运用我的会计工作经验和会计管理知识，组织、协调和辅导柜员做好支行的会计工作，在工作中坚持原则、诚实正直、廉洁奉公，防范和控制好业务中的各类风险，做好营销服务工作，协助行领导和外勤人员进行业务开拓工作，争取早日使支行成为我行发展的重要支柱。下面我简单介绍一下我对支行会计经理工作的一些设想。

一、建章建制，科学管理

不管是规章制度的执行、业务的操作，还是服务质量的提高，都离不开人，离不开人的主观能动性。如果我是支行的会计经理，我首先要做的是从内部管理工作入手，制定切实可行的岗位责任制，确定每个柜员的工作任务和岗位职责，做好岗位责任制的细分与量化；其次，做好人员的培训和学习工作。主要采取两种学习方式，基础会计制度和技能的学习以自学为主，重要会计制度和新业务的学习以集中培训为主，定期对学习情况进行考核，考核成绩与工作报酬挂钩，努力创造良好的学习风气。采取轮岗等方式，为柜员学习综合业务知识创造条件，从而提高柜台人员的整体素质，为做好工作而打好人员基础；最后，注意在工作中一定要按制度办事，杜绝违规操作。

二、会计核算与营销并重

如果说做好会计管理是会计经理的责任，那积极营销就是会计经理的义务。新时期下的会计工作与以往的旧模式相比已发生了质的变化。行长在 2006 年财务会计工作会议上提出了会计人员客户经理化，指出这比专业客户经理具有不可比拟的优势。身为会计经理，必须率先认识到这一点，要高度重视营销工作。我区是宁海的一个新的经济增长点，吸引投资能力强，区内企业科技含量高，发展前景好，各家银行都在区内设立了支行一级的机构，我支行在成立之初，就同时面临极好的发展机会和激烈的市场竞争，这对会计经理而言，就意味着要采取各种措施，提高服务质量，为客户提供比其他银行更加优质和更具特色的服务。我拟从以下几方面入手。

第一，在宣传上，我认为要组织好柜台宣传工作，使柜台成为我行对外宣传的桥头堡。在宣传中要有针对性，如针对本区企业科技含量高的特点，大力宣传网上银行，积极推荐客户使用网上银行办理业务。争取在营业厅设置网上银行宣传台，安装一台计算机模拟网上银行操作，使客户在办理柜台业务时，能够亲身体验我行网上银行方便快捷的优势，同时这个布置也有利于树立我行高科技银行的品牌形象。

第二，在日常服务方面，要严格按规范化服务和限时服务的标准进行考核，提高服务效率。一般情况下每个柜台前等待办理业务的客户不能超过两名，每个柜员都要做到微笑服务、热情服务，要主动为客户排忧解难，为不同客户提供个性化服务。

第三，支持和鼓励会计人员走出柜台找客户，挖掘所有潜在的客户资源，对吸存工作做得好的人员予以奖励，增加工作积分，做到全员面向市场。

第四，要充分利用新系统大前置、大集中的特点，努力收集各种会计信息，做好分析工作，寻找准确的市场定位，研究切实可行的市场开发策略，为行领导的决策提供参考，为支行的业务开拓提供帮助，扩大会计服务的深度。

总之，我的会计经理工作宗旨就是时刻牢记“四个立行”的经营方针，团结全体工作人员，做好内部管理与控制，安全规范地处理业务，防范风险，控制风险，为支行的业务发展保驾护航，积极开展营销工作，不断提高服务质量，推行会计人员客户经理化，使支行的柜台成为管理严格、业务规范、营销有力的星级柜台。谢谢大家！

二、第三个最好。第一个比较平实，缺少一点感情色彩；第二个有感情色彩，但比较程式化；第三个能结合现场的情况来演讲，让人感觉到了竞聘者的真诚，容易打动人。

个人简历

一、

一、个人简介

姓名：李琴	性别：女	出生年月：1975 年 3 月 10 日
籍贯：岳东市	民族：白族	政治面貌：群众
学历：大学本科	专业：文秘	

二、学习经历

1996.9～2000.7　岳东职业技术学院工商管理系　文秘专业

其他培训情况：

1．英语通过国家 CET 六级考试，英汉互译表达流畅。

2．擅长利用互联网进行各种网际信息交流，具有一定网站建设、规划经验。

3．能够熟练运用并操作 html、Frontpage98 等工具制作各类网页及特效图。

4．能够熟练操作 Windows 平台上的各类应用软件（如 Word97、Excel7、Internet explorer 等）。

三、工作经历

1．2000.9～ 2004.8 华宁电子会计公司秘书科科长

2．2004.9～2005.7 宁宝有限公司总经理秘书

四、求职意向

秘书。我相信爱一行才能干好一行。我对文秘工作一直很感兴趣，中学时期已有多篇文章发表，并担任校刊的编辑工作。多年的专业理论学习和工作实践，使我有了较好的文字功底、敏锐的观察力、优秀的口头表达能力和关注追踪社会热点的能力。工作了几年后，我已具有一定的工作经验、管理协调能力，而且也乐于与人合作。相信贵公司会觉得我是此职位的合适人选！

请给我一个机会，我将还您以夺目的光彩！期盼与您的面谈！

联系电话：0730-12345678 手机：13901234567

联系地址：宁通市鼓楼区宁宝大道 52 号　　　邮编：510026

证明材料：各类证书

二、（略。根据个人具体情况填写，只要符合实际情况、用语规范即可）

推荐信

一、

推荐信

尊敬的温馨皮具有限公司领导：

实习是我校教学工作的重要环节，是学生获得实践经验，适应社会的有效途径，学校一直高度重视学生实习工作。近悉贵公司在我校招聘实习生，特推荐我班苏志鹏同学。其理由如下。

1．苏志鹏同学品学兼优。在校期间，他能自觉遵守校纪校规，组织管理能力强，是班级的副班长、学生会学习部副部长。在校连续三年获优秀学生称号。

2．苏志鹏同学专业学习优秀。他已学完所有的秘书大专自考课程，并全部一次性通过全国统一考试。不仅拿到了京华大学的自考专科文凭，而且取得了计算机操作员中级职业资格证书、秘书中级职业资格证书，曾获全市计算机录入比赛二等奖。2007 年获国家奖学金。

特此推荐，请予考虑。

天华职业学校 06 级文秘班班主任：李梅

二○○九年六月十二日

二、

格式错误：

（1）“尹老师，你好！”应为“尹老师：”，“你好！”另起一行，空两格。

（2）署名、日期应在右下方，日期应为中文数字。

写法错误：

（1）开头表述不清，未说明自己同被推荐人之间的关系。

（2）中段部分，被推荐人的情况没有做介绍。推荐的理由不具体、充分。

（3）“请予任用。”表达自己希望能办成此事的愿望语气过于强硬。

综合练习

一、

文种一

应聘书

尊敬的新华房地产公司人事部经理：

您好！

我是本市新明财经学院一名市场营销专业的应届毕业生，很感谢您在百忙之中审阅我的材料！作为一名渴求有所作为的年轻人，新华公司良好的公众形象和发展前景深深吸引了我。我希望能成为贵公司的一员。

大学四年，我系统学习并掌握了营销管理、营销策划、营销战略、广告学等相关专业知识，并不断地通过自学来拓宽自己的知识面，广泛涉猎金融、会计、法律、计算机等领域的知识。一分耕耘一分收获，我先后获得三次系“三好学生”、一次院“三好学生”和一次“优秀学生干部”等荣誉称号，英语通过四级，计算机通过二级。

“纸上得来终觉浅，绝知此事须躬行。”我积极参加学生会工作和各种社会实践活动。在担任院学生会校报编辑部部长期间，我全面负责院刊《财院青年》、《院团学生工作反映》的编辑工作。并结合本专业的要求，抓住各种机会，赴各地进行调研，帮助企业、商家进行营销策划或产品推广，曾在新兴广告公司实习六个月，使自己的组织协调能力和专业能力有了实质性的提高。

“会当击水三千里，直挂云帆济沧海。”背负着沉甸甸的责任和期望，我真诚地等待着您的检阅，期盼着能为贵单位贡献自己的绵薄之力！

祝您和贵单位事业兴旺发达、蒸蒸日上！

热切期盼您的回音！

此致

敬礼！

应聘人：林明

二〇一一年六月十三日

联系电话：0731-12345678

手机：13901234567

联系地址：新明市开发区学院大道53号801幢201室

邮编：513024

Email：linming@126.com

附：个人简历一份

证书复印件等

文种二

个 人 简 历

个人资料

姓　　名：林明	政治面貌：中共党员
性　　别：男	学　　历：本科
出生年月：1988年11月	毕业学校：新明财经学院
民　　族：汉族	专　　业：市场营销
籍　　贯：新明市	健康状况：良好

学习经历

2004年9月～2007年7月　　新明高中

2007年9月～2011年6月　　新明财经学院

其他培训情况

2009年通过国家计算机二级证书考试

2010年通过国家大学英语四级考试。

知识结构

专业课程：营销管理、营销策划、营销战略、广告学等

选修课：会计学、法律基础、计算机基础等

工作经历

2010年7月～2010年8月　　新宁房地产公司市场调研

2011年元月～2011年6月　　新兴广告公司实习

主要社会工作

中学：班长、校学生会主席、校足球队队长。

大学：班长、学生会校报编辑部部长、校足球队队长。

荣誉与成绩

中学：2005年优秀学生、2006年优秀团员、三好学生、2007年优秀干部。

新明市英语竞赛三等奖。

大学：2008年院优秀学生干部、2009年三等奖学金、2010年二等奖学金。

自我评价

★有较强的组织能力、活动策划能力和公关能力。如在大学期间曾多次负责组织大型体育赛事、文艺演出，并取得良好效果。

★有较强的语言表达能力。小学至今，曾多次作为班、系、校等代表，在大型活动中发言。

★有较强的团队精神。如在同学中有良好的人际关系和较高的威信，善于协同“作战”。

求职意向

营销人员。我性格活泼开朗、兴趣广泛、适应力强，有较强的口头表达能力、与客户沟通的能力。虽然没有真正踏入社会，但社会实践经历给了我丰富的经验。我热爱营销工作，相信贵公司会觉得我是此职位的合适人选!

二、

文种一

竞聘辞

各位尊敬的校领导和未来的技术专家、企业家们：

大家好！

富兰克林有句名言叫做：“推动你的事业，不要让你的事业来推动你。”今天我正是为了推动我的事业而来的，来竞选校长学习助理。我是09数控的李恒。

那么我凭什么竞选呢？一定有人要问。我的回答是：“我有三颗红心，那就是：热心、责任心和进取心。”具体地说，就是高涨的工作热情、高度的责任感和不断进取的精神。也曾经有人问我：如果用一个词来概括学生干部应具备的品格，那是什么？“真诚！”这就是我的回答。入校以来，在老师和同学们的帮助下，我真诚待人，乐于交友，以一颗真诚的心做了一些实实在在的事。同时我还有着广泛的兴趣爱好：文学、音乐、画画、篮球等。当然，既然来参加学习助理竞聘，成绩好是前提。在今年的省职校技能大赛中，我获得了三等奖，我将在这方面继续努力，再创佳绩。因此，我相信我和大家有许多共同语言，有利于今后开展工作。我想，说到这儿，你们对我已有一定的了解，有没有在心里为我喝彩呢？但是千万别喝彩，因为那只是美好的回忆，我需要的是未来的成绩。

大家都非常清楚现在我们所处的社会环境。我们正处于信息时代，竞争越来越激烈，技术更新日益加快。特别是目前，中国加入WTO后，机遇与挑战并存。要适应这样一个社会，实力十分重要。首先，总的学习成绩好是基础。其次就是需要有特长。未来的社会也是一个个性化的社会，所以，我想周末开展一些活动是必要的。这学期以来，一直有老师开设专题讲座，办得很成功，受到了同学们的欢迎。我想也可以让同学们利用暑期搞一些调查研究，做一些准备，开学后可以尝试让同学来搞一些讲座。这样既可以促使我们去深入研究一些问题，又可以锻炼我们的能力，一举数得。同时，我认为，在当今社会应变能力也是十分重要的，所以学校应该开展一些像知识竞赛、现场答辩会等活动来提高我们的应变能力。我想对学校学习管理的设想我就不多谈了，如果你想知道具体的，那就投我一票，看我的具体行动吧！以上只是个人的一些思考，也许在座的各位领导和老师比我想得更深，看得更远；也许其他竞选者比我讲得更有新意，更有创见。但我坚信，我的设想会得到你们的理解和支持，因为我们有一个共同的目标，那就是建设好学校，使我们前进中等专业学校的教学蒸蒸日上，培养更多高素质的人才！我们的目标一定能够实现！

奥运精神：重在参与。今天我是成功的参与者，明天我将成为参与的成功者。

二〇一〇年十月二十六日

文种二

推荐信

尊敬的校领导：

在全校学生中选拔校长学习助理是我校教学管理工作的一个新举措，同时也是激励同学努力学习，获得实践经验，适应社会的有效途径。为此，特推荐本班李恒同学。其理由如下。

1．李恒同学管理能力强。他是班级的班长，学生会学习部副部长。2009 年被评为校优秀学生干部，2010 年被评为校优秀社团管理干部。

2．李恒同学学习成绩优秀。他各科成绩发展均衡，在今年的省技能大赛中，他获得了三等奖。在校连续两年获校奖学金。

3．李恒同学爱好广泛。他喜欢文学、音乐、画画、篮球等，业余时间在班级经常组织同学们进行相关的活动，丰富了同学的业余生活。

特此推荐，请予考虑。

09 数控班班主任：宋洵梅

二〇一〇年十月二十二日

文种三

自荐信

尊敬的校领导：

我是 09 数控班的一名同学，今天在校园里看见了学校招聘校长学习助理的启事，内心颇为激动。我对该工作有着强烈的兴趣，而兴趣是从事一项工作的动力源泉，正是因为兴趣的指引，我鼓起了勇气向校领导进行自荐。我愿意为学校的发展献出自己的力量，也希望在这个平台上更好地锻炼自己，提升自己。

我性格活泼开朗，处事沉着、果断，能够顾全大局。现担任 09 数控班班长一职，并任学校学生会学习部副部长。我具有一定的管理能力，2009 年被评为校优秀学生干部，2010 年被评为校优秀社团管理干部。我兴趣爱好广泛，喜欢文学、音乐、画画、篮球等。不过，这些不影响我对学习的喜爱。我对学习有着浓厚的兴趣，各科成绩都较好，在今年的省技能大赛中，还获得了三等奖。在校期间连续两年获校奖学金。

俗话说："海阔凭鱼跃，天高任鸟飞"。作为一名志存高远的青年，我需要一个广阔的空间来展示自己的能力。"欲穷千里目，更上一层楼"，只有站得更高才会看得更远，我希望能在更高的位置上发挥更大的作用，协助学校领导将我们前进中等专业学校管理得更好。再多灿烂的话语也只不过是一瞬间的智慧与激情，朴实的行动才是开在成功之路上的鲜花。请校领导给我一个施展才能的机会!我愿意用我的行动来证明一切！

此致

敬礼！

自荐人：李恒

二〇一〇年十月二十日

第6单元

新闻

一、

奔放的激情　无限的活力

江海职业技术学校“第五届校园文化艺术节”隆重举行

为弘扬五四精神，展现江海学子的时代风采，活跃校园文化氛围，由校团委主办的 2011 年江海职业技术学校“第五届校园文化艺术节”于 5 月 12 日至 14 日隆重举行。

5 月 12 日下午 3 时，教学楼四楼电教馆近千人的大厅，座无虚席。“东陆风华”艺术演出拉开了此次校园文化艺术节活动的序幕。演出以激情四溢、动感欢快的架子鼓联奏《飞扬的青春》开场。随后，来自学校各年级、各专业的近百位同学精心展示了他们带来的舞蹈、歌曲、相声、魔术、武术、跆拳道、乐器演奏、服装表演等节目，如动感十足的爵士舞《我就是我》，现代舞《Any club》《海高达人》，深情悠扬的萨克斯合奏《神话》，异域风情的新疆舞《欢快地跳吧》等。整个演出张弛有度，高潮不断，掀起一浪高过一浪的热潮。观众的掌声、尖叫声、助威呐喊声，此起彼伏，不绝于耳。这些充满青春活力的表演深深震撼了在场的观众。表演结束后，同学们的掌声热烈而持久，如暴风雨般久久不能平静。

在接下来的三天中，本届文化艺术节还将举行一系列丰富多彩的文化活动，如“我爱我校”校园演讲比赛、“青春之歌”话剧比赛、“雅乐颂歌”管弦乐晚会。

举办校园文化艺术节，对提高广大学生的艺术鉴赏力和陶冶学生情操，将起到积极作用。

二、

1.《“徒儿”休得无礼》。标题传神，意图明确，“借体”教化更易实现。

2.《狼狗咬伤我左腿 主人打断我右脚》。标题上下两句，以对联的形式，恰当概括了这个事情之所以成为新闻的原因。新闻界有句俗语“狗咬人不是新闻，人咬狗才是新闻”。所以这前后两句，缺一点都不是新闻。而且这种对联形式的标题，对仗工整，拿来对应的新闻元素悄然地传达了媒体的感情立场。

3.《爱拼才会赢 成败皆英雄》。引用流行语，朗朗上口，充满创意。充分表达中国男篮的拼搏精神令国人赞叹。

4.《〈集结号〉集结完毕》。巧用报道内容中重要信息入题连缀，强化信息要点，容易记忆又引人注目。

5.《锄头柄与互联网》。怎么锄头柄与互联网还有联系，真是闻所未闻，怪事一桩。作为读者，就有欲望仔细读下去。如果标题为《农民也用上了计算机》就显得平淡、直白。

通讯

一、

陈孝生：打工走完大学路

7 月 7 日晚，青城化工学院橡胶专业 96 级学生陈孝生最后一次来到了教室里。此时的教室已空无一人，他静静地坐在那里，整理着自己的书籍，也整理着自己的思绪。第二天，他就将告别青城，到连江一家企业上班。四年中的每日每夜，四年中的甜酸苦辣，让他感触太深太深了。

（一）

23 年前，陈孝生出生在青城白莲镇燕子岩村的一个贫困农民家庭里。12 岁，母亲因病去世，18 岁时，父亲又抛下正在上高二的他和年仅 8 岁的弟弟离开了这个世界。1996 年，陈孝生以顽强的毅力考入青城化工学院。这年 9 月，他带着乡亲们凑的 2000 元钱来到了青城，交上学杂费和住宿费后，他身上就只剩下了 500 元钱。

“我第一个学期 5 个月就是靠这 500 元过来的，”孝生回忆说。“当时我每天只能吃馒头，而且只能是半饱，有时上课实在饿得受不了，就趴在桌子上听课。”陈孝生说，当时为了省钱，吃惯米饭的他改吃馒头，因为馒头稍便宜而且也更充饥。据陈孝生的同学说，当时身高一米七的他，体重只有 99 斤，体检时医生告知他是严重营养不良。

（二）

转机来自打工。陈孝生的境遇被学校知道后，学校在大一下学期为他安排了勤工助学岗位，让他到图书馆打扫自习室卫生，每月 160 元钱。他听到这个消息高兴得蹦了起来。本来，自习室卫生每周两次就足够了，但他深深懂得这份工作对他的重要，他每天晚上 9 点半以后，都会准时到自习室，把卫生彻底打扫一遍，桌椅擦拭得一尘不染。

大学第一个暑假，陈孝生顾不得回家，他留在了学校打工。他要靠自己的双手为自己筹措下学期的学费，他被安排在一条 200 多米长的沟里割草，每天报酬 20 元。那条沟里的荒草比人还高，底下全是污泥，处处是蚊虫。第一个 7 小时下来，他的手上全是血丝和水泡，但他咬紧牙关，硬是坚持了整整 31 天。有人劝他不要这么玩命，陈孝生却认真地说：“我希望天天都这么累，因为有活我就不会挨饿了，没活我就没饭吃了。”

此后的几年里，陈孝生又到学校礼堂打扫过卫生，还放过电影，当过图书管理员，做过家教，参加过市场调查，当过搬运工，他就像一只勤劳的蜜蜂一样，处处寻找着供养自己生存的养分。据统计，大学四年，他每天平均打工 3 个多小时。

（三）

打工生活也磨砺了陈孝生的性格，改变了他对人生的认识。刚入大学，面对经济和学习的双重压力，他感到“有些喘不过气来”，也感到有些自卑。但是，打工使他彻底减了“压”。“我一生的转折点就是 1997 年 4 月获得了勤工助学的机会。”陈孝生说，“当我发现我能通过自己劳动解决困难时，真有一种绝处逢生的感觉。”据他介绍，几年来，他基本上是捡别人扔掉的纸打草稿，写作业。也很少买衣服，最贵的一件衣服还不到 50 元。但是，他说，他为此不仅不感到自卑，还经常自豪。因为他是靠自己的双手养活自己的，这是别人与他无法比的。他的辅导员也说，陈孝生虽然经济上比较困难，但他自信、乐观的人生态度，让家庭条件好的同学都自惭形秽。

“我感觉，一个人一生不可能总是一帆风顺，也不可能总是倒霉，挫折也是人生的一份宝贵财富。”陈孝生说，“困难都是暂时的，通过我们自己的劳动也是完全可以改变的。大学四年，我从遇到的困难中学到的东西很多，假如今后我再遇见类似的困难，我肯定能够克服。”

（四）

四年中，陈孝生不仅靠打工完成了自己的学业，而且，每年寒假回家时，他都要带上节衣缩食省下的几百元钱，还他父亲去世时借乡亲们的债，给寄养在他叔叔家的弟弟买些衣服和学习用品。四年来，他不仅没有申请过减免学杂费（1998 年学校给其减免过一次），也没有申请困难补助，还还上了父亲去世时借下的 2000 多元债务。

他的学习等各方面同样交上了合格的答卷。他总是挤一点一滴时间来学习。四年来，他的学习成绩一直排在班级前列，四次获得奖学金，还曾获得过青城大学生社会实践先进个人、优秀学生干部、优秀团员等荣誉称号。今年4月，他光荣地加入了中国共产党，成为一名预备党员。

谈起今后的打算，陈孝生说，由于叔叔家也非常贫困，他的弟弟去年因为缴不起学费失学了，他眼睛湿润地说："我工作后的第一件大事就是要让我的弟弟上学，背着书包重新返回学堂，让2岁丧母8岁丧父的弟弟从此也能拥有幸福的童年和美好的明天。"

二、

一晚上灭鼠390只
灭鼠徒弟遍天下
深谙老鼠习性
最大的心愿是失业

评论

一、

问候中拉近高职院校师生距离

冀文彦

学生在课堂上向老师问好，表达的是学生对教师辛勤付出的感谢，教师也能从中体味到学生对他们的尊敬。沧海高等职业院校的做法对于拉近师生距离和改善校园育人环境有着一定的意义。

笔者以为，如今在高职院校，师生接触和交流有限是不争的事实。很多学生只能在课堂上与老师见上几面，课下再无接触，空间上的隔离使得师生关系逐渐淡化。教师是"过来人"，在学习和生活上有着丰富的经验，他们能给学生的各个方面进行指导和点拨。除了课堂上，师生还应在生活中多多接触，学生要把老师作为自己的知心朋友，并建立起友谊。笔者呼吁，高校应营造培育良好师生关系的氛围，正如这一声声"老师好"的问候，让更多的互动形式走进师生生活，并真正深入他们的心底。

二、

很久以来，员工想在工作中实现自我价值、提高收入水平，只能通过行政职务的提升。为此，不少人无奈地放弃了自己的专业。公司高薪聘请退休技术人员任首席专家，一方面为了弥补重要岗位专业技术力量的不足，同时也是为了积极引导中青年员工重视专业技术的学习，走专业技术发展的道路。公司积极推行专业技术首席专家制度，就是要引领崇尚专业技术的风尚，为广大员工树立学习的榜样。

简报

一、

华海模具厂

简　报

2011年第6期（总第28期）

办公室编　　　　　　　　　　　　　　　　　　　　2011年4月3日

==

2011年3月铜、铝、锌市场价格行情

本月铜、铝、锌材市场价格呈现震荡走高之势。铜材上涨幅度最大，锌材次之，铝材涨幅相对最小。其中，标准铜市场平均价格为 59310 元/吨左右，平均每吨比上月上涨了 4048 元左右，涨幅为 7.33%；铝锭市场平均价格为 16189 元/吨左右，平均每吨比上月上涨了 111 元左右，涨幅为 0.69%；锌锭市场平均价格为 18133 元/吨左右，平均每吨比上月上涨了 671 元左右，涨幅为 3.84%。

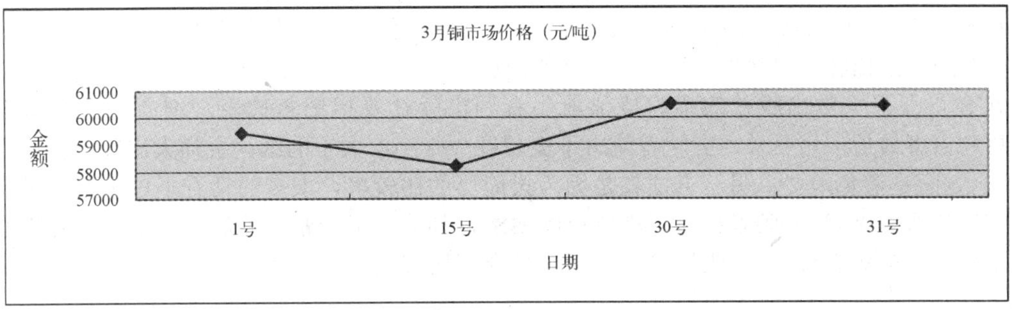

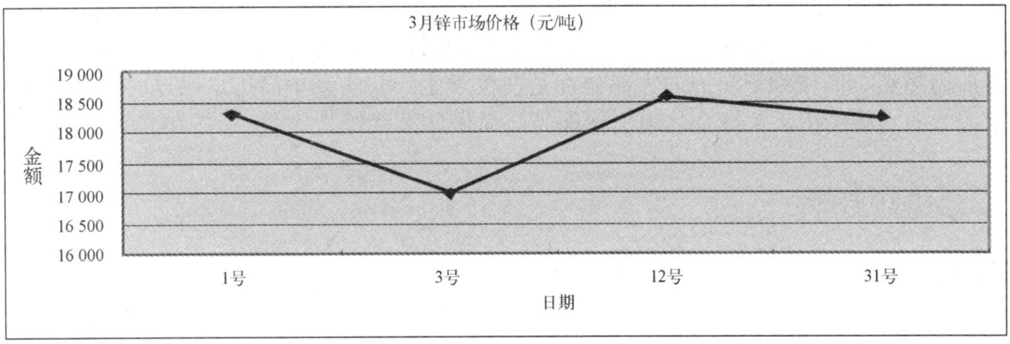

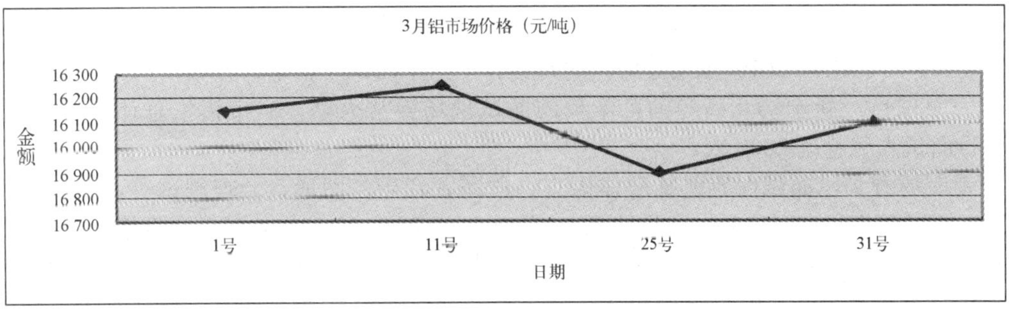

报：厂领导
送：厂各部门
发：办公室各成员

二、

江苏省中等职业学校和中小学
深入学习实践科学发展观活动
简　　报
第 66 期

江苏省中等职业学校和中小学深入学习

实践科学发展观活动指导小组办公室　　2011年1月25日

广播稿

一、

一张纸简历走俏人才招聘市场

近日，在金州综合性人才招聘会上，不少招聘单位公开反对求职者携带厚厚的简历前来应聘，甚至打出招牌，明文规定只收一张纸的简历。

在金州师范大学出版社的招聘摊位前，看到出版社要招销售代表。细心的应聘者会发现，招聘启事最后一句要求，应聘者简历不能超过一张A4大小的纸。金师大出版社招聘人员说："一方面是避免浪费，另一方面就是因为投简历的比较多，太多的话看不过来，我觉得没有必要写那么复杂。"应聘者按照招聘单位的要求，都准备了一张纸的简历，不过仍然担心简历太单薄了。应聘者说："一张纸简历主要还是介绍比较表面的东西，更多的还是通过口头来表述。"

通过调查发现，现场大约500家招聘单位几乎家家都青睐一张纸的简历。不少招聘人员都表示："这样可以节约我们的时间，也节约了他的时间，大家都方便。"据现场招聘单位介绍，目前仍然热衷制作豪华简历的大部分都是在校学生。其实豪华简历早已过时，用人单位更注重求职者的实践经历，关键是体现出你能为公司做什么就好。

二、①⑤⑥③④②

综合练习

一、

文种一：消息

2000男生争夺91名"男阿姨"名额

5月29日，我省2010年免费培养幼儿男教师招生面试在新宁、苏城、扬江3地同时拉开。作为面试点，新宁幼儿高等师范学校的面试现场异常火爆，3市招生总计划一共才91人，首日面试人数就近2000人。

记者现场看到，面试内容包括肢体语言、舞蹈、音乐、朗诵、心理测试等，每名考生面试需要半小时，当场拿到分数，如果达到60分以上（满分100分）就可以拿合格证书。

据介绍，拿到合格证的学生，中考可填报今年招收五年制免费幼师男生的新宁幼儿高等师范学校、苏城高等幼儿师范学校和扬江高等幼儿师范学校3所之一。首批计划中，新宁、扬江、天济3市的招生总计划为91人。由于竞争激烈，估计新宁考生的录取线会在600分以上。

文种二：通讯

江南免费幼师男生招生面试激烈程度超公务员

这是一群初三的男生，他们在面试老师前做广播操、做舞蹈动作、唱歌、打节拍、说绕口令，还要进行素描、心理测试……看起来蛮复杂的面试，考的到底是什么呢？原来，他们是在争当幼儿园"男阿姨"；而且竞争还不是一般的激烈：要三百个人才能取一个，竞争激烈程度超过公务员！

5月29日，为期两天的江南省2010年免费幼儿师范男生招生面试在省内三所幼师同时展开。新宁幼儿高等师范学校承担新宁市、扬江市、天济市三市的考生面试工作。记者目睹了

"男阿姨"面试全过程——

天哪，报名排队几百米！

昨天上午 8 点左右，新宁市幼儿高等师范学校门口已经挤满了前来等待报名面试的学生和家长，队伍一直延伸到马路上。记者看到，报名队伍是从学校里的面试教室一直排出来的，蜿蜒有好几百米。原来，本打算 8 点开始的面试，由于人数太多只好提前半小时开始了。而此时，不少考生和家长正在陆续到达，忙着先领取《2010 年免费幼儿师范男生面试信息表》，填表、贴照片，然后才能排队、面试。"知道会有不少人报名，但没想到这么火！照这个架势，估计要到下午才能考了！"看着密密麻麻的人群，一位刚从天济陪孩子赶来面试的家长感到形势紧张，表情也变得严肃起来。早上 9 点半左右，学校已经发出 2000 多份的面试登记表。

个子超过 1 米 85 不行！

据有关人士介绍，此次招收免费幼儿师范男生特别组织面试，其目的就是要在填报考志愿前淘汰不具幼儿教师潜质的学生。记者了解到，面试内容包括五官形体（20 分）、普通话（20 分）、音准节奏（20 分）、美术（20 分）、舞蹈动作（10 分）和心理测试（10 分），总分 100 分，60 分合格。合格标准为：身高一般应在 1.60～1.85 米，五官端正，面部无明显特征和缺陷，无口吃，无色盲、色弱，体型匀称，四肢无残疾；普通话较标准，音乐基本素质较好，动作协调，具有基本的绘画能力，适合从事幼儿园教学工作。

在面试现场，男生首先要量身高和查视力。一位招生老师告诉记者，身高超范围、色盲色弱都是"一票否决"。"这个标准还是比较合理的，男教师太高会让幼儿园的孩子感到比较压抑，交流有距离；个子太小，作为男教师的优势作用就不明显了。"

不爱孩子不行！

记者探访发现，面试主要安排在美术面试教室和综合面试教室。"本来美术考试分为两种，素描和命题作画。但今天人太多了，主要就考素描，15 分钟作画基本是能看出这个孩子的美术天赋的。而幼儿教师肯定要有美术功底，因为色彩、绘画等都是培养孩子想象力和动手能力的重要手段。"一位面试老师告诉记者。

素描考试结束后，考生将走进综合面试教室，在这里老师会请考生做广播操、做舞蹈动作、唱歌、打节拍、朗诵或者说绕口令等；而心理测试是在聊天中完成的。"如果幼儿园发生恶性事件，你会怎么处理？"、"对你影响最大的一位老师是谁？为什么？"、"你觉得做幼儿教师需要什么素质？"……一位负责心理测试的老师透露说，琴棋书画固然重要，但都是可以再学习的，而心理素质却是非常关键的。面试着重通过交谈观察学生的性格是不是比较乐观积极、情绪是不是比较稳定，而最重要的是看他们是不是真心喜欢孩子，"只有爱孩子，才可能当好老师。"

"四""十"不分不行！

记者在现场看到，面试合格当场就能拿到面试合格证，而只有面试合格者才能填报免费师范生志愿。不过由于自身条件的限制以及考试发挥等因素，一些考生总分没有过 60 分，因此面试失败。据介绍，面试合格虽然是按照 60 分算的，但面试中有些孩子会存在特别的弱项，不适合当老师，所以单项拉分就会非常厉害。一位来自扬江的考生非常沮丧地告诉记者，自己的总分好像只有 54 分，其中普通话只有 2 分。"我'四'和'十'不分，说绕口令没说好。"

从面试的情况初步统计，大概 100 个考生中有 5 个会被淘汰。因为参加面试的都是初中的孩子，为了稳定孩子们的情绪，面试老师特别嘱咐他们，这次面试对接下来的中考没有任何影响，他们完全可以正常填报其他志愿。

这些男生说“我愿意当男阿姨”

——模考700多分，够上名高中了，可就是对“男阿姨”心动

“我很喜欢小孩子，我们家的小朋友跟我关系都很好。”来自新宁第三中学的曾全亚告诉记者，自己在学校的成绩中等偏上，来报考幼儿园男教师是因为自己觉得蛮适合的。“我会唱歌，跳舞跳得也不错。最重要的是我很有耐心，应该可以做好教师这个职业吧。”而另外来自扬江大生初中的 5 名男生是结伴而来的，为了面试，他们还请老师突击了音乐。“来试试看吧，我们觉得当‘男阿姨’不是什么丢人的事情。”

记者在采访中发现，来报考幼儿男教师的考生成绩大多在中游，但其中也不乏一些成绩优异者。新宁学生王强（化名）一直在班上都是前 5 名，在不久前的中考一模考试中考出了 700 分以上的高分，这个分数能够在新宁上一所知名的高中了。但王强这次却对到幼儿园当老师心动不已。“我觉得这个职业很好，而且未来的就业前景也很好，可以减轻家庭负担，其实不一定上高中考大学才叫有出息。”

“我爸妈让我当男阿姨”

——现场七成报名男生遵循家长意愿，“被报名”参加面试

在现场，不少考生都是由家长陪同而来。每每有考完的考生出来，就会有一大堆家长热切地围上去打听面试内容；而很多时候，一旁的孩子却显得并不积极。由于第一天扎堆面试的太多，一些后来了解到面试流程的家长甚至决定带孩子回去先模拟练习，第二天再来考。

采访中，记者和一位来自新宁外校的男生聊起了天。“你想不想当幼儿园老师？”“不知道。”“那为什么要来面试呢？”“我爸妈让来的。”记者发现，和这位男生抱有相同态度的考生现场约有七成。一位考生妈妈直言不讳地表示：“考上这个不仅免学费，而且还补助生活费，最重要的是以后工作又是‘铁饭碗’，这么好的事谁不想啊！”

文种三：评论

“男阿姨”名额争夺战，争的是铁饭碗还是优待遇？

近日，我省 2010 年免费培养幼儿男教师招生面试在新宁、苏城、扬江 3 地同时拉开。作为考生面试点，新宁幼儿高等师范学校的面试现场异常火爆，3 市招生总计划一共才 91 人，首日面试人数就近 2000 人。（《新宁日报》）

据悉，江南此举是因为目前江南省幼儿园师资队伍性别结构严重失衡，男女性别比达 1 比 99，许多幼儿园长期无男教师。为改变这一现状，力图从 2010 年起试点师范男生免费教育，力争在 3～5 年内使全省每所幼儿园拥有 1 名以上男教师。

为了实现这一目标，如此声势浩大的“男阿姨”招聘便如火如荼开展起来。近年来，幼儿老师这些传统上女性专属的职业范围内正日渐出现男性的身影，可以说打破女性一统天下的幼儿园教师的格局，越来越成为一种趋势。

当然，增加一定数量的幼儿园男教师的意义与价值毋庸置疑，不仅可以使教育师资性别平衡，同时也能给孩子提供女性所无法提供的保护。但是，如此争夺“男阿姨”名额的初中男生们是否确实有献身幼儿教育事业的崇高理想抑或对孩子的真诚爱心呢？笔者不做评判。

先从给予的政策来说，根据政策，免费师范生在校学习期间免除学费，免缴住宿费，并补助生活费，合计标准为每人每学年 1 万元，所需经费由省财政统一安排。入学前与录取学校和所在省辖市教育行政部门签订协议。免费师范生毕业后回生源所在省辖市，由市教育局负责安排到公办幼儿园任教。各省辖市确保每一位到公办幼儿园任教的免费师范毕业生有编有岗。政府对于幼儿师范男生背后的优待政策已经给出了明确的解释，在校期间的免学杂费、补贴，毕业后的保证在编在岗，如此优惠的保障措施在新形势下就业压力越来越重、就业环境愈来愈严峻的今天，对

于应届毕业生来说，吸引力显而易见。此外，编制的存在更是对于日后工作稳定的重要保证，有了编制自然就如同抓住了“铁饭碗”一般，工作稳定，工资诱人，吃穿大半辈子不用愁。

如此优待，难免让人不禁怀疑，成群结队的竞争者们更多的是冲着男幼师职位背后的编制和优厚的待遇而来，而并非真正钟情于幼师的职业，有意献身于教育事业。所以，在“男阿姨”名额争夺战打响之际，希望相关部门规范选拔措施，严格选拔程序，“火眼金睛”挑选出一批具有良好道德素质，真正有爱心、有恒心并且有能力的男幼师。

二、

文种一：消息

工信部：7 月 1 日起新售计算机将预装上网过滤软件

7 月 1 日以后，在我国境内生产销售的计算机出厂前将预装一款名为“绿堤”的绿色上网过滤软件，而进口计算机在我国销售前也将预装该软件。

这款软件具备拦截色情内容、过滤不良网站、控制上网时间、查看上网记录等功能。工信部等几部委使用中央财政资金买断其一年服务供全社会免费使用。

工信部在《关于计算机预装绿色上网过滤软件的通知》中指出，此举将有助于构建绿色、健康、和谐的网络环境，巩固整治互联网低俗之风专项行动的成果。

文种二：评论

“绿堤”筑起维护健康自由之堤

7 月 1 日之后，在我国销售的个人计算机将预装一款绿色过滤软件，消息一出，引发社会广泛关注，引起网民热烈争议。这一“绿堤”软件，目的在于洁净网络环境、保护未成年人利益、保持互联网内容的健康安全。

事实上，网站内容分级制度已在许多国家和地区推行，如美国要求所有境内含情色内容的网站都必须加入联邦贸易委员会（FTC）设计的“分级标示与警语”；日本实行了新的游戏分级制度，以减少色情游戏对青少年的危害；台湾地区也颁布了《计算机网络内容分级处理办法》，要求所有网站必须遵守。随着社会的发展，做好互联网管理工作，给青少年朋友一个良好的成长空间已成为互联网管理必须面对的问题。

在我国的网民中，年轻人所占比例最高，特别是青年学生所占比重很大，网民低龄化的态势非常明显。在自由、开放、繁杂的网络中，面对让人眼花缭乱的网络游戏、网络色情、网络暴力，充满好奇感的年轻人很容易深陷其中、不能自拔。时下一些学生沉迷网络、精神颓废，甚至走上了犯罪道路，让人扼腕叹息；而一些父母“救救孩子”的凄惨呼唤，也不知让多少人潸然泪下。这些无不表明，加强网站的分级管理，保护未成年人健康成长已经刻不容缓。

尽管在一些成年人看来，想上什么网站是自己的自由，过滤软件显得多余而没有必要，但是互联网管理是一项社会系统工程，需要政府、企业和用户乃至全社会共同参与。未成年人是国家的未来，我们每个人都有义务为维护健康网络环境作出贡献。而且，不需要过滤软件的用户完全可以将之卸载，这仅仅是举手之劳而已，又何来限制自由之说？

记得曾看过这么一篇寓言故事。河水对渠水说：“你看我多自由自在，不像你，整天按照人类的意志在渠道里流动。”渠水说：“不错，我是在按着人类的意志流动，你不也是在按着大自然的意志流动吗？与其都是在流动，还不如按照人的意志而有用地流动。比如，我可以蓄水发电，灌溉良田，你呢？再者，只要你深刻理解了自由，你就会明白：‘在渠道里的自由并不见得比渠道外的自由少。’” 过滤之后的网络环境，在笔者看来就如“渠道里的自由”，更有利于构建健康有序的网络世界，还未成年人以绿色安全的成长氛围，这才是“深刻理解了的自由”。

当然，过滤软件本身存在着一些漏洞和隐患，有可能给用户造成不便，需要技术部门采取措施不断完善和改进。但这不妨碍我们以过滤软件为起点，尽快建立起网站内容分级制度，保护青少年的权益，保证互联网在我国的健康发展。

文种三：简报

北方股份有限公司

简　　报

2009 年第 16 期（总第 122 期）

生产部编　　　　　　　　　　**2009 年 8 月 3 日**

"绿堤"软件预装情况

2009 年 7 月 1 日至 8 月 1 日，生产部共生产计算机 36872 台，其中商用计算机 12245 台，家用计算机 12887 台，笔记本计算机 7645 台，服务器和工作站计算机 4095 台。其中，29354 台（79，61%）计算机完成"绿堤"软件预装，剩余部分将于 8 月 10 日前完成。

类　　型	生产数量（台）	完成软件预装数量（台）	剩余数量（台）
商用计算机	12245	10023	2222
家用计算机	12887	9841	3046
笔记本计算机	7645	5712	1933
服务器和工作站计算机	4095	3778	317
总计	36872	29354	7518

报：公司领导

送：公司各部门

发：生产部各生产小组

文种四：广播稿

我市中小学迎来"绿色 e 时代"

本月底前，我市中小学校园网的计算机终端将完成绿色上网过滤软件安装。届时，校园网上的不良信息将被有效剔除，校园网络环境将得以净化。

黄海职业学校电教处主任王涛：自从安装上了绿色上网过滤软件，再为学生上课时，就不会为随时有可能弹出的不良信息或画面而感到尴尬了。

市教育局赵强局长：在接到工业和信息化部《关于计算机预装绿色上网过滤软件的通知》后，市教育局高度重视，快速行动，出台了《关于落实中小学校园网络绿色上网过滤软件安装使用工作的通知》。要求全市各中小学校及时安装，保证软件在本月底前全部处于有效运行状态，我市中小学校迎来"绿色 e 时代"。

据了解，"绿堤"是一款保护未成年人健康上网的计算机终端过滤软件，可以有效识别色情图片、色情文字等不良信息，并对之进行拦截屏蔽。

反侵权盗版声明